徐
复
观
全
集

徐复观全集

无惭尺布裹头归·交往集

九州出版社

图书在版编目（CIP）数据

无惭尺布裹头归. 交往集 / 徐复观著. -- 北京：
九州出版社，2013.12（2023.12重印）
　　（徐复观全集）
　　ISBN 978-7-5108-2553-8

　　Ⅰ．①无… Ⅱ．①徐… Ⅲ．①徐复观（1903～1982）
—传记 Ⅳ．①K825.4

　　中国版本图书馆CIP数据核字(2013)第304276号

无惭尺布裹头归·交往集

作　　者	徐复观　著	
责任编辑	王　佶　童丽慧	
出版发行	九州出版社	
地　　址	北京市西城区阜外大街甲 35 号 (100037)	
发行电话	(010) 68992190/2/3/5/6	
网　　址	www.jiuzhoupress.com	
印　　刷	三河市东方印刷有限公司	
开　　本	650 毫米 ×950 毫米　16 开	
插页印张	0.5	
印　　张	26	
字　　数	297 千字	
版　　次	2014 年 6 月第 1 版	
印　　次	2023 年 12 月第 3 次印刷	
书　　号	ISBN 978-7-5108-2553-8	
定　　价	59.00 元	

徐复观（左）与孙立人（右），约 1952 年在雾社

徐复观（右）与殷海光（左），1967 年于东海大学

出版前言

　　徐复观先生的著作散见于海内外多家出版社，选录文章、编辑体例不尽相同。现将他的著作重新编辑校订整理，名为《徐复观全集》出版。

　　《全集》共二十六册，书目如下：

　　一至十二册为徐复观先生译著、专著，过去已出版单行本，《全集》基本按原定稿成书时间顺序排列如下：

　　一、《中国人之思维方法》与《诗的原理》

　　二、《学术与政治之间》

　　三、《中国思想史论集》

　　四、《中国人性论史·先秦篇》

　　五、《中国艺术精神》与《石涛之一研究》

　　六、《中国文学论集》

　　七、《两汉思想史》（一）

　　八、《两汉思想史》（二）

　　九、《两汉思想史》（三）

　　十、《中国文学论集续篇》

　　十一、《中国经学史的基础》与《周官成立之时代及其思想性格》

　　十二、《中国思想史论集续篇》。编辑《全集》时，编者补入若干文章，并将原单行本《公孙龙子讲疏》一书收入其中。

　　十三至二十五册，将徐复观先生散篇文章分类拟题编辑成书：

　　十三、《儒家思想与现代社会》

　　十四、《论智识分子》

徐复观先生的著作，以前有各种编辑版本，其中原编者加入的注释，在《全集》中依然保留的，以"原编者注"标明；编辑《全集》时，编者另外加入注释的，以"编者注"标明。

为更完整体现徐复观先生的思想脉络，编者将个别文章，在不同分类的卷中，酌情少量选取重复收入。

《全集》的编辑由徐复观先生哲嗣、台湾东海大学徐武军教授，台湾大学王晓波教授，武汉大学郭齐勇教授，台湾东海大学薛顺雄教授协力完成。

九州出版社

二〇一三年十二月

编者前言

　　徐复观教授，始名秉常，字佛观，于一九〇三年元月卅一日出生于湖北省浠水县徐家坳凤形塆。八岁从父执中公启蒙，续在武昌高等师范及国学馆接受中国传统经典训练。一九二八年赴日，大量接触社会主义思潮，后入日本士官学校，因九一八事件返国。授身军职，参与娘子关战役及武汉保卫战。一九四三年任军令部派驻延安联络参谋，与共产党高层多次直接接触。返重庆后，参与决策内层，同时拜入熊十力先生门下。在熊先生的开导下，重启对中国传统文化的信心，并从自身的实际经验中，体会出结合中国儒家思想及民主政治以救中国的理念。年近五十而志不遂，一九五一年转而致力于教育，择菁去芜地阐扬中国文化，并秉持理念评论时事。一九七〇年后迁居香港，诲人笔耕不辍。徐教授于一九八二年四月一日辞世。他是新儒学的大家之一，亦是台、港最具社会影响力的政论家，是二十世纪中国智识分子的典范。

　　我们参与《徐复观全集》的选编工作，是以诚敬的态度，完整地呈现徐复观教授对中华民族的热爱和执著，对理念的坚持，以及独特的人生轨迹。

　　九州出版社出版《徐复观全集》，使得徐复观教授累积的智慧，能完整地呈现给世人，我们相信徐复观教授是会感到非常欣慰的。

王晓波　　郭齐勇

薛顺雄　　徐武军　　　谨志

目　录

悼陈果夫先生

今天东京各报的夕刊，都载着"陈果夫氏死去"的一条短简消息。我看完后，便对其他的重要新闻看不下去了，在房子里徘徊了一阵，不由自主地拿起笔来写了这样一篇拉杂的东西，借以表示对果夫先生真诚的哀悼。

过去我和布雷先生有一段文字的因缘，有更多的生活接触。我虽不完全同情他对政治上的看法，但久而久之，却完全了解他在政治上的苦心。这种苦心，常有超出乎议论异同之外的感召力。所以由布雷先生之死所给与我精神上的冲击力，可以说是当然的。至于我和果夫先生，见面的机会不多，公私的关连更少，但我骤然看到他的死讯，使我发生了和布雷先生死时同样的凄怆之情，也许从这种地方，可以感到果夫先生有其真正的存在。

我和果夫先生开始认识，是在他接朱家骅先生的组织部长，聘请我当设计委员的时候。这已是他政治生活的尾声，内外的环境，和他个人的病势，都是一天一天地交相煎迫。他真正负责时候的作风做法，我没有直接的了解。他对国民党的是非功过，站在国民党外，固然容易论定；但站在国民党内，则颇属难言。社会上骂他是顽固反动，假定这是指他一贯的反对共产党而言，则过去骂他的人，今日对他应知所愧怍。国民党内有不少的人责备他狭隘自私，我也曾一样责备过他。可是平心而论，管组织的人，其职责经常是要分清哪是自己的，哪不是自己的；要做到这一层，已不容易，要叫大家都谅解，更是困难，所以久而久之以后，便容易犯这种嫌疑。而在国民党内，尽管有比他廓大无私的少数个人，却不见得有比他不狭隘的势力。所以我过去每和朋友谈到国民党的改造问题，总劝大家先求原则性的团结，再用原则来作选拔淘汰的标准。我从来不相信只要把某一部分人打下去了，便可以把国民党改造好。但关连到这类的政治性的说法看法，对于我个人早成陈迹，再不值得一提。我现在所感触到的，只是果夫先生所给我的印象，是爽健亲切、恳笃周到，富有东方的人情味。就是已经与他翻了脸的旧同志，每谈到他这一点，也都保留着对他的敬意。立夫先生喜欢谈中国文化，果夫先生没有立夫先生谈得圆满，但他的气质却保存着有中国文化的一面。这一点，我想总会留给国民党以好的影响。

果夫先生一和我见面，便喜欢谈他对组织的见解。好像他是以人的生理机体，作为党的组织极则，想由此而完成一套组织理论，以为国民党健全组织的张本的。他在台中养病的时候，有一次又和我谈得津津有味，简直打不断话头，结果受了他夫人的一顿指摘，才笑着分手。其实，人的生理细胞的组织活动，和人与人间的组织活动，完全是两个范畴。把生理细胞的活动拿来作一个要健全组织的比喻，好像说"人要有铁样的坚强意志"的比喻一样未尝不可。若超出了比喻的范围，那便有许多问题可以辩论了。但我从来未这样地辩论过，这不仅是出于我的世故，而且也是通过他热情的语调，感到他"老骥伏枥，志在千里"的心情，这也可以说是他对于国民党的一种悲愿。

果夫先生死于国民党之中，他以坚强的意志，和自己的沉疴奋斗，争取了生命的时间，但依然没有达到亲见九州同一的愿望，我不难想见他死时心情的沉重。而他平生由其气质之美所给与人的一种深切的人情味，在这沧海横流的时候，我想，当不仅我个人对他有感动的回忆吧！

八月廿六日夜于东京

一九五一年九月六日台北《中央日报》

辛亥革命精神之坠失

——痛悼居觉生先生

　　昨晚睡觉时，看了看觉老请我吃饭的帖子。今早起来，却读到老人突然逝世的新闻。在这世界上，在比我老一辈的人中，再没有像觉老这样一个深切爱护我的人，使我失掉心头最后的温暖，身托炎邦，心栖冰窟，这真是我平生最大的哀恸。个人的哀恸，只合用个人的眼泪偿还。我这时所不能不写的，却是由觉老之死，而感到辛亥革命精神的坠失，这或许可以提出来供世人共同的悼念。

　　我和老人认识并不太早，第一次见面，是在重庆司法院办事处的一个灯昏月黑的晚上。他听说我从延安归来，便找我问共党的状况。他听了我带着紧张而忧虑的陈述之后，他点头笑了："共产党一向就是这样的东西，但不必悲观，只要抗战胜利，这问题总可以解决的。"我那时的感想是，如何在这位院长的身上，简直看不出一点现在大小官员由权力观念所转出来的声势。这种素直简朴的农村的气息，也或许就是当时开国的精神。这使我对辛亥革命，开始有一种新鲜的感觉。以后读大东出版的《梅川日记》，文字真切，无半点浮词，而自然流露着六朝人的一种飘逸之气。其中有《偷金菩萨》与《沔阳监学》二则，尤使我大为感动。那时所谓革命活动的人物，是那样的认真，而又是那样的洒脱。你说他们是在革命，而他们又好像是在游戏，大家只是以一片天真之情，去干那被捉住便杀头的勾当。这批人，好像是在共同构造一个艺术品，因而他们也都成了艺术品中的人，脑筋里不曾安顿得上死生问题，更从何处能着半点权力观念？所以惊天动地的事业，被大家一哄就哄了出来。哄出来了以后，请黄兴先生来当总司令，请中山先生回国当总统，一切都是行所无事的，没有心机，不讲控制，一个世界就轻轻地改变过来了。于是我屡次找着觉老说："这些故事，应该编成剧本，在舞台上演出来，使现时人仍能对辛亥革命的精神，再有一番亲切之感。权力观念，把现代人的头脑压昏了，如何能挑得起时代的重担？所以辛亥革命的楚人精神，对现代仍是需要的。"觉老听了，总是笑一笑说："能演出来倒很好，只是没有人编得剧本。"这件事，也算我和觉老一桩共同未了的小心愿。幸好，前天老人很高兴地告诉我："我的《梅川日记》找一本出来了，交正中书局再印。"

民国卅七年冬，徐蚌会战紧张，人心浮动。有一天，老人和我说："我们一齐回湖北去吧，死还是死在故乡的好。"我听了惊奇地问如何回去法，他说："我想当省政府的主席，你为我组织一个精练肯干的班子。我在上面无为而治，让你们猛干一场，挽救得多少算多少，你说好吗？"于是他老人煞有介事地催着我得便向总统提了出来，并开始着实物色人选，朱怀冰、彭楚恒两位先生，都在他打算之中。过些时，我对他说，这件事恐怕不会成的。他笑了笑说："呵！那就算了。"自后，局势剧变，几个月没有见面。卅八年，有一次我经过广州，会见何敬公，他开头便问："蒋先生对居觉老组阁的意见怎样？"我说："哪里会有此事？"敬公随手拿中常会通过案子给我看。我连声说："我不赞成，我要找他老人家切实劝阻。"随即匆忙地打听了一阵，找不见他老人家。第二天，立法院以一票之差失败了。过些时，我回到台湾，到草山去看老人，我说："还是多活几年的好，幸而不曾成功。"老人也只是笑笑："局势坏，他们要我干，我就把老命拿出来。立院诸公不愿我干，倒也是对我的体谅。"接着又照例儒、佛、老、庄，谈了一阵。这类的事，在老人，总是行云流水地过去了。老人对文化，尤其是对中国文化，有无限的热情。《民主评论》出刊后，几乎每篇文章都看，看了后又提出来谈。年来爱护《民主评论》，爱护与《民主评论》有关的各先生，无微不至。对钱宾四、唐君毅、张丕介、牟宗三诸先生，尤称不绝口。与牟先生作忘年之交，朝夕过从。这次我来台北，告诉他老人家，说即将赴香港恢复《民主评论》，并告诉《民主评论》加强阵容的情形，老人听了大为欢喜，他说："我也继续写点日记补白。"昨晚写的先烈张振武之冤狱一段，即是为《民主评论》所成的绝笔。我不知《民主评论》恢复后能继续几时，《民主评论》今后又如何能寄托他老人对文化的一点希望，我想这都会令《民主评论》的同人所同声一恸的。

楚人任侠敢任，而尝有守孤抱以轻天下之情，故历史上秉大义以发天下之大难者多为楚人。发大难而不计其功，有其功而亦不以此自拘自滞、自矜自恃者，亦多为楚人。盖楚人有性情之真，而少功名之念，此楚人之所以失，亦楚人之所以得。其事例则近见于辛亥革命。其人物，则近见于老人之平生，而老人则既死矣。老人年来不断劝我应接近现实，尤虑我或以孤直估不测之祸。老人对我个人的温情，和我对国家不能自抑的激越之意，尝不断交战于中。今后只能凭我个人的孤直来照顾我自己，再得不到老人的照顾了。然老人精神之所护持者，岂仅我一人？而由老人所象征的辛亥命精神之坠失，这也或许是说明了一个时代的悲剧。老人于入睡前，自己洗足，洗未竟而逝，死生大事，在老人都是一片轻松。死后有不少有知识有良心之书生，拭泪于老人之灵侧。则老人所象征之辛亥革命精神，或犹未尽死。我将以此慰老人，且聊以自慰。

十一月二十四日夜

一九五一年十一月二十五日台北《中央日报》

日本真正的汉学家安冈正笃先生

日本现时的汉学家，大体说可分三派：一派是继承日本"国学派"反汉学的传统，但进一步以治汉学的外表来达到反汉学的目的。这一派可以津田左右吉氏为代表，他著了不少关于这一类的书，其所采的途径是以穿凿零碎的考据，把中国学术的真正精神拆散、曲说，然后作出中国文化一钱不值的结论。他在《支那文化与日本》一书的序言中，很清楚说明假定承认中国文化的价值，承认中国文化对日本的影响，便会增加中国人的信心，增加中国人的抗日意志（此书系在中日战争中出版），增加日本对中国"活动"的困难。他所用的方法与态度，恰和五四运动后若干人所倡导的"新汉学"相似；而津田氏在上一序文中，也正是引中国这一派来相印证。这一派不曾了解学术的普遍性，最低限度，不曾了解中国文化的普遍性；更不曾了解一个民族的光荣伟大，主要是表现在对自己文化的传承和对外来文化的吸收。在文化上不能传承和吸收的民族，是生命力已经僵化了的民族，因之也决不是能创造文化的民族。

另一派是受清代学术的影响，致力于中国学术专题的考证。他们是采取为学术而学术的态度，在考据方面用力甚勤，成就也甚多。现时在各大学的汉学讲座中，以此一派最为有力。这一派之不同于前一派，是他们没有混杂着政治的动机，保持客观的态度，所以他们考证出的某一部分的事实，各有其学术上的贡献。他们对于自己所治的一门，都有浓厚的兴趣与深厚的感情。不像中国有些人抱着中国的东西向学生讲了半天，结果宣布"这实在毫无意义"。我不知这种人为什么不选择自己觉得有意义的去向学生讲，而偏选无意义的来自讨苦吃。

此外的一派，是受中国朱学和王学的影响，从思想上，从人生上，来了解中国文化，接受中国文化的一派，这是日本汉学的正统，也是凝铸日本民族文化的一支最大的动力。日本的儒者太宰春台，认为"日本人之所以免于禽兽之行，皆由中国圣人之教"。其实，中国圣人之教之所以能使日本人免于禽兽之行，正由日本这一批儒者的真诚努力。日本大儒之一的伊藤仁斋，在《论语》每卷的卷首，都写上"最上至极，宇宙第一"八个字，由此可以窥见其无限虔敬的精神。由日本儒者此种虔敬的精神，所以儒教是中国的文化，同时也是日本的文化；孔子是中国的圣人，同时也是日本的圣人。这还有什么民族的间隔，乃至民族的高低呢？认真地说，中国文化，在许多中国人的心中已经死去，却在许多日本人的心中活着；这是中国的耻辱，是日本的光荣。西方的国家中，假定有人以基督是希伯来，苏格拉底是希腊，而认继承其文化大统，会有民族的问题，那才真是笑话。此一派实际为日本储积了明治维新的精神，也不断地从精神上提撕陶冶了明治一代的维新人物。到了大正时代，此风突为之一变。儒家在社会的影响，让位于唯物主义、功利主义、法西斯主义，因而酿成横决亡国之祸，而汉学乃缩入于书斋中，成为少数学人考据专精之业。当然仍有一部分人士，由近代哲学的修养，回转身来，从思想上肯定中国文化，阐扬中国文化，使中国文化仍能在人生中生根，这可以"斯文会"的一派人士作代表。而活力最强，给日本社会影响最大的，则是我这里要介绍的安冈正笃先生。

在上述三派中，固然我不以反汉学为目的者为汉学家，我也不以纯考证学派为真正的汉学家。纯考证学派，当然有其学术上的价值，但此种学术的价值，与中国文化的基本精神并不相干，因为他们根本不落在文化价值的问题上面。中国文化的价值，必须在人生实践中去领取。而中国文化对人生实践所提供的不是瑰奇特异，而只是"布帛之言，菽粟之味"（程伊川祭程明道语）。这是意味着中国文化所给与人生的，一方面是平淡，一方面是经常。假定不从人生实践中去领受中国文化，则将觉得文字上所表现的只是一种平淡，而不见其为不可须臾离的经常。不能意识到是从经常中转出来的平淡，这是现代人所不能欣赏也不必欣赏的。因之，现代人（包括中国和外国人）便很不容易接触到中国文化的核心，便也不容易承认中国文化在世界文化中所应占的真正地位。所以孔、孟而后，中国文化的命脉是在宋明的程、朱、陆、王，而决不在清代的阎、胡、戴、惠。日本的真正汉学，是由朱学、王学以上追孔、孟的这一派，而不是书斋文经堆里的考证家。明了了这个意思，便可明了我称许安冈先生之为日本真正的汉学家，决非阿其所好。

我之认识安冈先生，是在一九五一年旧节端午的那一天，由一位友人的介绍，他请我们在某一株式会社的别墅中吃精致的日本料理，盘中一尾鲤鱼，巧妙地栽着一枝小菖蒲，特别增人节物之感。那时中国大陆已经沦陷，日本还在占领之中，大家所谈的自然是国家的忧患、世界的忧患。但我发现彼此忧世之心相同，而他的风度，却于坚韧不拔之中，特别现出一种从容坦荡之致，当问题谈到紧迫时，他却引用一句朱子或阳明的成语，使我觉得问题的归趋，也只是如此。这我才感到因为他对于"理"是"资之深"，所以便能"信得及"，因为能信得及，所以自然能忧而不惧，思而不迫了。

不认识安冈先生的人，以为他总有七十上下的年纪，因为他成名得太早。见面，则好像四十几岁的人；而真正的年龄，还不到六十岁。我最先读到他的一本著作是《王阳明研究》的第十版，而其初版则为大正十一年三月，即民国十一年三月，这时他不过二十多岁。我不知道这部书是不是他的处女作，但他一生得力最深的，确是阳明之学，再由阳明而推扩开去，则绝无可疑的。他认为"凡人间所能创造的最庄严的人格，都由阳明所实现；他的这种创造人格的强有力的思想，凝结而成为阳明之学"（上书再版序）。这两句话，不仅表示他对阳明的信心，同时也表示他突入到阳明之学的中核，也突入到中国文化的中核。中国文化，都是中国圣贤，由人格创造中流露出来，以启发人人各自完成其人格创造的。此外，我读到他的《东洋伦理学概论》、《东洋政治哲学》等，这都是从身体力行中来阐发中国圣贤的实学，把握中国圣贤的精髓，以拯济人类灵魂饥渴的著作，不是玩弄烦琐的论理与空虚的概念的著作，所可同日而语。日本文部省于昭和五年特推荐《东洋伦理学概论》为最好的伦理学书，短期内销到十八版，诚非偶然。他以其身体力践的一贯精神，流露而为著作，前后不下二十种。此外，则击剑、围棋、赋诗、写字，都有精深的造诣。他的字，于深厚之中，有飘逸之致。假定我们因他对宋明学的造诣，而以为他是一个带点迂腐气的道学先生，那便大错而特错。

他是带有英雄气、名士气的道学家，而英雄气更多于名士气，这是孟子所说的"豪杰之士"。

但是，若仅从一大堆著作中去了解安冈先生，则安冈先生也不过是日本许多作者中的一个作者；与一般作者去争一日之短长，这个是他的本愿。他是要在人生中实践中国的文化，要在社会中实践中国的文化。他要使中国的文化精神，给与徘徊于十字街头的日本人以启发，使其能浸透于日本人的云为动定之间，给日本人以一条正当可走的路。他以宋明儒讲学的精神与方法，在战争期间，曾办一个金鸡学院，这里所教的不是一堆泛滥的知识，而是圣贤切身作人处事的道理。学生来自社会各种职业、各种年龄，修学的期限也有伸缩性。这个学院是使每一个人反身切己而有所得，不是什么资格、文凭。几年的结果，他的学生遍日本，有海陆空军人，有各公司的经理，有中小学校长，有各机关的课长课员，大家都以师事之，称为"安冈先生"。他也"抗颜为师"，以师道自任。战后金鸡学院被废，他又结成全国性的"师友会"，以"攻究东洋政教的精粹，究明世界新的情势，给现代人以正当的教养与指针，以助成日本之复兴及内外文化之提携为目的"。每月开讲座两次，初一是"照心讲座"，由安冈先生讲阳明学，及其他中国圣贤之学。十五日是"时务讲座"，由名人作专题讲演。有一次，师友会在东京护国寺月光殿，作三天全国性的集会，特约我去作一次讲演。安冈先生告诉我说："我要使你从这些全国各地的农村领袖中，知道除了混乱的东京以外，我们尚有一个广大而坚强的农村，可见我们日本不是没有前途。同时也借此机会，使日本各地农村的领袖，知道中国有这位徐先生。"集在这里的几百人，有许多人的年龄，和安冈先生不相上下，而且都是在社会上负责任、有地位的人。他们一概是自己动手来招待自己的先生和先生的客人，决不假手于"下男"、"下女"。这是中国"有事，弟子服其劳"的古训。在开讲的时候，其仪节之庄严肃穆，听讲时精神的凝集贯注，无一人一刻有怠容苟色。我感到从书本上所想象的旧日高僧大德、硕学名儒，上堂讲学的盛况，不图在日本躬逢其盛。真是既以自幸，尤以自愧。

因为过去有许多日本军人很尊重他，或支持他讲学，或拜他为师，于是有人说他是右倾势力，因此而于日本占领期间被盟总追放，直到旧金山和约签订的前夕才被解除。其实，这是一部分人的误解。一个真正以儒家精神为命脉的人，无所谓左，无所谓右，而只是一个"中"。落在现实上，尽可由道德的观点不赞成浮薄的自由主义，但决不会赞成反自由、反民主的法西斯主义。因为无自由，不民主，便根本没有道德。尽可由仁心的表露而热爱自己的国家，但决不会落入狭隘的国家主义的陷阱中以致成为侵略主义。因为不爱自己的国家是不仁，因爱自己的国家而危害旁人的国家，一样地是不仁。除了道德，除了仁，还有所谓中国文化、东方文化吗？今日我们知道，当中日战争末期，日本曾有一派人，想找出合理的和平途径，来结束中日战争，以挽救两国的厄运。事虽不成，然这已可看出一部分日本人士对纠纷了六十年的中日关系，已发生了若干反省与转向。安冈先生此时正以其私人力量，影响着日本政府的此一部分的人们；且曾两到上海，实际研究此一问题的可能性。近两年我从《师友》月刊和许多归自日本的朋友中，知道他为了日本的前途，为了中日的关系，为了抵抗共党的狂澜，正在加强他的讲学活动。听说他不久将到自由中国来讲学，并与自由中国朝野人士交换文化上的意见。我想，自由中国的人士将欢迎这位真正汉学家，而我个人和先生的许多友人，更都引此为欣慰。

　　写到此，我又想到另外一位日本友人——中山优先生。他的识度深宏，文章典雅，曾与绪方竹虎氏共事于《朝日新闻》很久。现在卜居于东京附近的一个乡间，以阳明之学，教其乡人。我初去访候他的时候，看到一个渐有秋意的菜圃中，围着两间半老旧的房子。他的书案上有一部四书和什么人的诗集。他年老的和乡下人一样的太太，用中国方法炒了一大盘菜，我们就相对地饮起酒来，边饮边谈，上下古今，纵横户外，都有他一套精炼的见解。另有一次，他陪我到多摩川的河边散步，把他认为日本战后所应走的一条路，以亲切而确定的口吻描述给我们听。他是典型的乐道安贫，高人逸士，但他并不是避世遁世。现在他正和故军事理论家、不与东条合作的石原莞尔中将有关系的一群有志之士，结成一个团体，为其主张而作全国性的奋斗，一天一天地可看出其成就。旁人看他是饔飧不继，但他脑筋里却装满了圣贤的道理和对国家的经纶。他和安冈先生是两个典型，影响力似乎不及安冈先生大，但在他的身上，同样可以嗅出东方文化的真味，领略到东方文化的真价。一个像样的国家，他们的政府纵不很理想，但它的社会必定要有几个像样的人物，必定能容许社会上有几个像样的人物。若是一个国家连社会上也没有一个站得起来的人，或不容许社会上有一个站得起来的人，这个国家便只有走上灭亡之路。日本目前虽然混乱，但从这些日本友人看，我相信其一定会是前途无量的。

　　　　　　　　一九五三年八月十六日《民主评论》第四卷第十六期

按语：《学术思想之自由与民主政治——答徐佛观先生》[1]

按：唐先生此函，不仅对我个人，多所疏导，对社会当前风气，亦系一主要之疏导。我是主张在文化方面，应多做点疏导工作的。疏导即是"接引"。但恨自己学力不够，所以常常以此期望之于牟宗三、唐君毅两先生。故特将此信郑重刊出。惟我八月十一日给唐先生的信，虽无底稿，但年来这一些的问题，曾不断地私相讨论，所以内容大体还记得。因为唐先生此信中似乎把我的信在某些地方看错了，所以简单列举出来，并供读者参考。首先我得声明的，我平生除熊先生外，受牟、唐两先生的益处最多，对两先生的推重，有加无已，曾因此而招致若干误解，大概认识我的人都知道。不过，我是一个富于妥协性的人，觉得可以彼此沟通的，便应加以沟通。所以遇到社会对两位先生的批评，常与人争得耳红面赤；但随后也把人家若干意见，提出来和两位先生讨论；因私人友谊太深，也常反复争论不休。其中重要的一点，是许多人认为文章太长，文字又近于艰深；我一方面觉得这是来自时代风气之薄，一方面也是我们接引的方法不足。所以主张文

---

[1] 唐君毅著。

章不宜太长，内容非万余字可尽者，宁可运用技巧，分作两篇、三篇独立论文的形式去发表。文字方面，主张尽可能地力求平易，减少一般读者的困难。这里我决非以什么标准来说文章的好不好。因为刊物是要人读，而读刊物的是社会上各阶层的人。当然我承认这其中许多不是关于文字，而系关于读者的程度及读者的耐性。同时我要求唐先生为《民主评论》写几篇轻松的文章，因为唐先生这一类的文章也写得非常地好；这是为了读者，同时也是为了唐先生。想借此使读者了解许多不易看懂的文字，是在内容而不在文字技术。其次，假定说我有一点思想，这思想的方向，可以说是与两位先生并无不同；但我觉得文字语意之间，总希望能避免误解。唐先生有一封信上，说到不平而后能使之平，我则以为平而后能使之不平者平。例如我认为政治民主，是要在思想文化上生根，如唐先生所说的种种。但我并不因此而认为民主政治便是浅薄不足道。某一问题的重要性，当视其谈问题的角度不同而不一致。谈哲学时便推尊自己所信的哲学，谈政治时便可推尊自己所信的政治原则。我不很赞成各问题各部门都是层级的金字塔式的关系，在下的一部门为达到在上一部门之一阶段。因为这样一来，只能承认在最高一层的才有价值，而其他的部门会落空。有位朋友告诉我曾见唐先生有篇文章对民主政治，若有不屑不洁的口气，固然我知道这是唐先生对于许多假民主之名而否定学术文化之徒的愤激之辞，但我仍将这种情形转告唐先生，觉得不必引出此种误会。我知道唐先生对民主政治的热爱，而一直是为它想在中国如何能生根之道。因此而我们应倡导儒家精神，及西方的人文主义、理想主义；我从来未怀疑过这些文化的大流，会与民主政治相离反，或者以为会造成极权政治。同时我也从未以为谈到学术问题时必须落在政治效用问题上面。不过认为假定谈学术问题而涉及政治时，只指出民主政治必须以这些文化为根源，而在文字的技巧上，不要使人因此而误会到我们是在贬损民主政治。我曾经说过民主政治的本身，即是对政治的限定，对学术文化的开放。所以理想主义可以作民主政治的根源，而经验主义也曾为民主政治而努力。若是站在民主政治的立场，对于理想主义与经验主义之争，只作为是思想问题的争论，在政治观点上可以付之不问。若像许多浅薄者以为要民主便须否定儒家、人文、理想主义等，这是他对民主之未能真正理解，并且他所说的并不是民主，民主本身没有这种粗犷的否定性。若谈到理想主义等而便卑视政治上的民主，则人们也当然可以不加欣赏，因为大家不能离开政治上的现实。所以我以为学术上的争论，不必牵涉到政治上的争论。另外，我在那封信上，还提到不赞成唐先生在《西方文化之根本问题》一文中对黑格尔的意见，并对宗教为西方文化核心的说法，也表示怀疑。这不是反对宗教，而是觉得宗教以外也有一根有力的线索。这都是平日通信随便谈个人的意见。至于一谈到政治，我之所以尊重民主，是因为我虽未负过实际政治的责任，但我个人在实际政治中的痛切体会，反复推求，大陆何以沦亡，国家何能恢复，只有在这一点上求得答案。我们可以说文化问题不解决，国家无前途；也可以说政治问题不解决，文化也无从谈起。近年来在文化上的许多阻滞、诬矫、委曲，不是真正来自学术上的争论，而是来自若干政治上的干扰。学理上的争论，我认为是必要，而政治上的干扰，实际上并且也损害了政治。我决非以民主为摩登而加以趋附，更非想以此为攻击任何人任何派之工具。至于去年胡适之先生返台时，我曾主张对胡之批评暂时放下。第一，我并不是崇拜他的权威，因而转变了我学术上的基本态度。第二，我不是想借此作何种政治企图，或者是加入到捧胡的一派中去找个教书的饭碗。我那时的感触是，他的学问成就和思想路数是另一问题；但于此乱离之际，读书人应尊重读书人，应该使社会风气转一转，使社会知道读书人也是可贵的，使社会上多有几种标准。而人与人之间，一面应知道什么地方是与人不同，也应知道什么地方是与人相同，这便可消除人间许多隔阂。同时，我认为那时攻击胡氏者的动机和目的，与我们平日对他的批评并不相同。陈布雷先生在死之前不久，曾把他写给胡氏的一封长信的底稿给我看，内容是说明蒋总统在主张政治的自由民主上，与胡氏并无不同，但实际上遇着了哪些障碍，以争取胡氏的合作。去年与胡氏打对台戏的人，好像是说你要自由民主，我们却偏偏不要。这实在是对蒋总统与台湾以莫大的损失。我当时非常愤慨何以今日连陈布雷先生这样的人也没有一个。老实说，这是政治观点，不是学术观点。因此而引起的误解，我感谢唐先生给我以说明的机会。但是唐先生的这一封信，对于当前浮浅的风气，确是有力的一针。我之主张将此信发表，其意固然是作我个人的鞭策，同时也望社会好学深思之士，能因此而有启发。

徐佛观书于台北九月六日夜

一九五三年九月十六日《民主评论》第四卷第十八期

悼唐君毅先生

一

昨天（二月二日）早上七时，赵潜先生在电话中告诉我："唐先生去世了。"我赶到和域台他的寓所，许多朋友、学生和他们的太太，都很悲哀地陪着唐夫人坐在客厅里。唐夫人继续地说："他（唐先生）看到昨天（二月一日）报上说大陆上开始恢复孔子的名誉，心里很高兴，要把他的著作，寄给大陆上的三个图书馆。今天晚上在乐宫楼的团聚，他说，虽然不能吃东西，也应当去和各位先生见见面。最近气喘，昨晚大约四、五点钟，感到很不舒服，不肯用氧气，起来躺在客厅的椅子上，急送浸信会医院，在近六点钟的时候便去世了。"

前年九月间，唐先生发现肺癌，在台北荣民总医院把右肺的大部分割掉，返香港休养。前年十二月间，再赴台北检查，发现癌菌已散入淋巴腺和腰脊椎骨，西医只好劝他改吃中药。他吃几种中药后，身体居然支持住了，回到香港，每周依然两次到新亚研究所上课，我几次劝他："肺部动了这大的手术，决不宜于上课，何况你上课时又这样地卖力？"他答复说："我现在改用谈天的方式上课，也很有意思。不上课，心里总感到不安。"研究所的课室、办公室，要走上五层楼，我走上去有些喘气，有位同学告诉我："唐老师现在不用直上的方法，用慢慢横上的方法，上一层，休息一下。老师也可学唐老师的办法。"我的性格宁愿喘气，总喜欢一口气直上。到了去年下季，大概他实在再爬不上五层楼了，便改在二楼图书馆里上课。除了中间进一次法国医院外，他就不愿缺一次席，为了传播学术种子，他真是鞠躬尽瘁，死而后已。

二

唐先生之死，引起我最大的感慨是，想为自己的国家民族，在文化上尽一番责任的中国学人所遭遇的横逆和艰苦，大概是其他国家的学人所无法想象得到的。唐先生没有出国留学，在三十岁左右，即成为南京中央大学哲学系的名教授，除了比较艰深的论著为思想界所重视外，他以诗人的情调写出的《人生之体验》一书，文字优美，内容层层转进，将读者带进一种理想的人生境界中而不自觉，为当时一般知识青年所乐读。有一次，我的大女儿从美国写信回来称赞此书，我转告唐先生，此书在港、台的重印，大概也受到此事的影响。以唐先生的学问，假定没有真正国家民族文化的责任感，唯以当相声、耍机灵的方式，图谋个人利益，我相信他便没有近十多年来精神上所受的痛苦。最可悲哀的是，顽童常常不知道医生为他打针，劝他吃药，是为了抢救他的性命，却反而大骂大吵，有时还要丢石头，放冷箭。这是我和唐先生近年来的共同遭遇。不过，我会随时叫喊出来；唐先生的涵养，总是忍住不说。但忍住不说，在精神上所受的煎熬，较

无惭尺布裹头归·交往集

之叫喊出来的人可能还要厉害。我能比他后死，大概这也是原因之一。

民国卅八年，唐先生来港，与钱宾四、张丕介两先生，合力创办新亚书院，有一个共同的志愿，即是要延续中国文化的命脉于海外。因为我和张、唐两先生是好友，而对钱先生又敬之以前辈之礼；大家的志愿相同，来往密切，当时的情形，我了解得最清楚；他们三个人，真可谓相依为命，缺一不可。如果今日有人想抹煞这段事实，等于抹煞自己的良心。他们在艰苦奋斗中，新亚的规模日益扩大；我可以这样断定，香港之有一点中国文化气氛，有少数中国人愿站在中国的立场做中国学问，是从新亚书院开始。但这不是殖民主义者所愿见的，不是江青的徒子徒孙们所愿见的，也不是大买办阶级所愿见的。三种势力合在一起，形成了十年来对新亚的侵蚀与捍卫的斗争；唐先生与吴俊升先生们支撑其间，所得到的，可以说是遍体鳞伤、满身血污的结果。这也是此时此地应当有的结果。

三

四人帮的批孔，是由责骂孔子诛少正卯的故事开始，以后才升到"克己复礼"是为奴隶主复辟的高度。在一九五八年，有人主张以孔子诛少正卯的手段，对付台湾内部主张民主自由的人士；我于是写了一篇《一个历史故事的形成及其演进——论孔子诛少正卯》的文章，从考证上断定此一故事，是出于法家思想系统所伪造出来的。此文于同年五月十五日在《民主评论》上刊出后，我曾托屈万里先生转向胡适之先生请教；胡先生写了封信给屈先生，屈先生把信转给我。胡先生信上的大意是说，除了故事的演进，未必像我所排列的这样整齐外；经此考证而此故事是出于法家系统的伪造，则可以断言。胡先生并说："罪过得很，我过去也以为这故事是真的……"

大陆上既认定此故事是真，而对此故事性质的断定也与我完全相反。首先以考据形式发表文章来诬蔑孔子的，是一位年龄七十多岁的老教授。有位朋友送了册单行本给我，我翻了翻，连考据的常识也没有，这种很幼稚的文章所以得到重视，我知道这是中共的政治问题，不是学术问题。当时我正忙着写旁的东西，便置之不理。自此文刊出后，指向孔子的炮火，如连珠箭般地射出，唐先生便在《中华月报》上刊出一篇辩明此故事是伪的文章，以证明大陆对孔子的攻击全是无的放矢。香港有位自称懂得训诂的先生，闻江青裙角的骚风而起舞，写一篇更幼稚的文章，反驳唐先生。以后在香港"震派"的刊物上，一连有文章骂孔子，骂唐先生及维护中国文化的人。一直到最近，还有"溜"到香港来的"溜派"特办一刊物，接连三期继续张四人帮批孔的余焰。二月一日，外电说大陆出版的一月份《历史研究》上刊出一文，为孔子辩护，也是从孔子诛少正卯这一故事开始，认为四人帮对孔子的攻击，没有历史事实的根据。唐先生病中看到这种消息，以为对孔子的诬蔑，开始有了昭雪，不觉为中国文化前途庆幸，所以这一天还吩咐研究所的赵潜先生，要安排这，要安排那；不知十几小时后，他自己却一瞑不视了。他最后的大著《生命存在与心灵境界》，凡一千二百多页，是他在台北荣民总医院中，亲作最后一校，刚刚印出来了；他的哲学系统，大体上得到完成。我撰一副挽联，追悼这位三十多年的老友，及在文化战线上的同志。

通天地人之谓儒，著作昭垂，宇宙真恒薪不尽。
历艰困辱以捍道，尼山巍峙，书生辛苦愿应酬。

一九七八年二月十日《华侨日报》

自由的讨论

这里把三封通信，聚在一起发表，而冠以此一标题，想借以表示两种意义：一是有关自由问题的讨论，一是朋友间的自由讨论。发表的目的，是想为此一讨论留个纪念，而不一定在讨论的内容。因为大家有一共同前提，即是对自由人权的绝对肯定。至于所见不同的地方，我希望读者在人类大的实践过程中去求证验。发表是得到三位先生同意的。下面我所加的表白，是稍述个人的感想，借为"纪念"两字下一注脚。

一

我是一个性情偏急而容易冲动的人。黄东发把宋代诸儒加一番考按后，慨叹地下一结论说："此任道之有贵于刚大。"但我知道自己只是冲动而不配说是刚大。三十岁以前，可以为一着棋和人骂架。四十岁以前，常常为了个人的职责，和长官之类的人争得耳红面赤，几乎因此丢掉性命。现在，有关个人的一切是非荣辱之念，经大陆沦陷的这一大铁锤锤得干干净净了。但若触到与大家共同命运有关，而为自己的良识所不能印可的问题，便在情感中往复激荡，非倾吐出来不可。政治上，我常常警惕于最后的集体自杀，便偶然冲出一两篇时论性的文章。听者固属切齿，而我到现在还要写这类的东西，又何尝不是万分的痛心。文化上，因早岁沉埋于马恩主义，中岁忙于混差事求生，所以一直是在失学状态中。近几年才闭户读书，真觉得学海茫茫，望洋兴叹。大概人类对于自己所追求而又不曾到手的东西便是自己所最虔敬的东西。正像一个不曾追求到手的女人，将是一生心目中最美丽的女人。所以我对于人类的文化，常有一种莫名其妙的虔敬之心，尤其是对自己祖先的文化。每读到我所能欣赏的文章，不论是古人的今人的，不论是中国的外国的，常常由内心的感激，几乎真正是手舞足蹈。相反的，遇到凡是未经分析解剖的处理，而一口气提出抹煞武断的结论，内心总是愤愤不平，仿佛是自己受了很大的委屈。在此种情绪下近来写了一篇《吴稚晖先生的思想》，更写了这样神经质的一封信。我在写这一封信时，鼻腔施了手术尚未全愈，边写边渗着血。写到半途，太太要我去睡，睡到夜晚两点钟，依然披衣起来写完。有的地方写成文言，有的地方又写成白话。写完后本想把"乎"字之类的一律改为"呢"字、"吗"字，或把"呢"字、"吗"字之类的一律改为"乎"字。但我的字是写得那样地乱而且挤，不重写便改不下去，我没有重写的耐性，只好听它这样乱七八糟地寄出去。现在除了尊重佛泉先生的好意，把原信笺上的第二张稍修正几句外，一概只字不动地发表出来，以作我个人生活中的纪念。为了《吴稚晖先生的思想》一文，陈伯庄先生曾来信责我是"灌夫骂座"，这责得并不太过。但朋友们若了解我这种骂座是出于"赤子之心"，大概也会随后加以谅解。而今日的世界，是最适宜于促进每一个人涵养的世界，所以这种冲动的骂座，今后大概不会多有了。

我的信是写给雷儆寰先生的。后来才知道引起讨论的那篇《自由中国》的社论是殷海光先生的手笔，所以儆寰先生回我的信也是殷先生写的，当然也是代表雷先生的意见。这里便引起我的另一感想。大约是三十四年冬季吧，偶然在一位同乡夏先生家里（现在是殷先生的岳丈）遇见殷先生，天气相当地冷，而殷先生穿的衣服并不十分够。可是一谈到共产党的问题，他精悍深刻的见解，使我大吃一惊。我早感到国民党里的庸腔滥调，反不了共产党的言伪而辩的邪说；遇见殷先生，好像发现了新大陆，自然，成了好朋友。十年来我们的关系正如他有一次和我说的一样："我有时非常痛恨你，有时又非常地敬重你。"这句话，实在可供两个人共同使用。我的年龄比他大，他的学问比我好，我说他性情过于狷急，但两人比起来也正是二五等于一十。他读书和生活的严肃认真，是我的朋友中所少见。这是真正的特立独行之士。他在一段长时间里，是站在理论的前线，充当对共党斗争的大将；来台之初，更怀着满腔报仇雪耻的热情，要继续地拼一番。但这几年来，却把精神转到书斋里去了。并且和许多有知识有血性的人士一样，认为不加强自己的战线，便无法向敌人进攻；于是，他的有关时事的文章，也多半是出于要先加强自己战线的悲愿。稍具良知良能的人，难说认为我们的战线，没有到非加强不可的程度吗？尤其是在文化阵线上，仅靠着连上的司务长带着火头军在前线骂阵而即可取胜吗？说到这里，"忧心如焚"的心，又在燃烧着。张佛泉先生是国内有数的政治学者。避难来台，埋头著述。其即将全部脱稿的《自由与人权》一书，每章后面的附注就是几十条：即此一端，也可窥见他对学问的严肃态度。此书之第二章，曾在《自由中国》上发表。有一次，方杰人、牟润孙两先生请客，饭后我和张先生从中正西路慢慢步行到民主评论分社，一路上我申述对他那一章文章的若干意见，请他指教。他说"一部书分段发表，是很不利的，我想不到这一章引起你许多误解。在此书的以后几章，都有答复"。现在读张先生的信，知道那一章已有修改，我当以能及早读到为荣。这里我只想补充两点：（一）《世界人权宣言》第一条及第二九条，均提出有关道德的名词，不仅在其"前言"之中。（二）我的信上提到杜威的《自由与文化》的地方，佛泉先生加了"杜威只说民主态度应扩展至人生之每一面"的眉批，但我的根据是《自由与文化》上的"对于这种看法，即认为政治自由，是唯一必要的，有了政治自由之后，其余的自由均会随着时间而增加的观念，现在已经不容易接受"，"美国人以前认为：爱好自由，既是人类的天性，只要一旦得到解除国家和教会的束缚，就可以产生并继续保有一个自由的制度；这个看法，现在看起来，未免有点不妥"。又说"现代的美国人大可一反他（杰弗逊）的论调，并且进一步追究：政治自由，是否可以脱离文化自由而单独存在"（以上均见人生出版社译本页四至五）。

总之，因为是以雷儆寰先生为中心的《自由中国》的论点，所以才能引起一番讨论。我相信讨论的结果，不是谁压服了谁，而是可以把问题更凸显出来，彼此都可以得到好处。最低限度，在我个人是如此。

徐复观记　二月十七日夜

儆寰先生：

《自由中国》，为今日论坛重镇，其所负使命，不仅在个人情绪之发泄，而实负有启蒙之任务；因此，在立言上，似应力求平实合理，不可故作矫激之谈。盖曲说不足以对治曲说，武断不足以对治武断。此一极端，必激起彼一极端，事实故如此也。昨日午后，弟正执笔为某报写一短文，适接《自由中国》十卷三期，遂搁笔先读《谈真自由》之社论，读后殊感不安。谨以此函奉商，敬乞赐教正。此社论，大约系张佛泉先生论点，望便中请佛泉先生指正是幸。

时下有一部分人，提出"有国家自由，无个人自由"的口号，这当然是绝对的错误。没有个人自由的国家，是奴隶国家。此种国家在历史上有时亦可横行一世，但实系人类之大敌，所以我们要反对这种口号。何况提出此种口号之人，根本缺少国家观念，这可由许多具体事实上得到证明，故尤为可笑。并且我国政治上的自由，已明白规定为宪法之一章；而道德与科学，又皆当今之所提倡；稍有常识的人，都知道自由是道德与科学的源泉。则今日少数人之反对自由，弟真不知其用意何在。然若承认国家系一政治单位（共产党不承认），而此一单位有不自由之情形，一如我国近数十年之实况，则为国家求自由之口号，似乎不致犯有逻辑上之罪恶。近代民族国家成立以后，每一个人之向外活动，最显著的如商业活动，实无不以国家为背景；其活动所猎取之对象——如殖民地——亦无不指向一个一个的国家民族，而并非在一个国家民族中仅针对着一个一个的人。在国际中竞争失败因而失去自由独立之国家，任何个人皆不能有自由；于是大家为了获得个人之自由，便不能不先求得国家之自由，此乃近代历史中显著事象之一。中山先生正在此一情势之下提出其革命目的为"在求中国之自由平等"，弟认为这并无过失。在英国等近代建国最早，而又久握霸权之国家，其人民不了解国家自由之意义，固不足异。吾辈八年抗战之血迹未干，而不承认国家求自由之意义，试问当时针对逃兵役、走私发国难财，或当汉奸顺民之徒，而宁愿辗转奋斗于枪林弹雨之中，一死而不复视之万千烈士，其心目中若非有一为国家求独立自由之观念，能如是乎？贵社论之说曰，国家只可以言"独立"，不可以言自由。试问法国之《人权宣言》，内容强调自由，故人权与自由可互用连用；而美国之《独立宣言》，内容亦系强调自由，则独立与自由，独不可以连用互用乎？贵社论举出国家无自由之论据曰："是否意指一个国家可以不受国际义务的约束？是否意指一个国家可以不守国际公法而我行我素？是否意指一个国家可以自外于联合国？"若有人套用此种腔调以反对个人自由曰："所谓个人自由，究何所指？是否意指一个人可以不受社会义务的约束？是否意指一个人可以不守国家法律而我行我素？是否意指一个人可以自外于自己的国家？"先生等觉得此两者之论证，果有上下床之别乎？人有"人权"，国家有主权。人权被侵犯，即个人之不独立、不自由。国家主权被侵犯，即国家之不独立、不自由。二者具有交互作用。何致提到"国家自由"一词，便令贵社诸先生"惶惑莫名"乎？

贵社提出为"自由"正名的问题，古今中外，比较抽象的名词，没有一个没有引申、推衍的。打开辞书一看，能不能找出此类名词，每一词只有一种解释呢？我们于此，仅可找出哪是根本义，哪是派生义，即引申义；哪是狭义的解释，哪是广义的解释。断无仅许存在一种解释，而将其他解释一律去掉，而可称为"正名"之理。若真如此，则 liberty 只可音译，不可译称"自由"。因"自由"一词，来自翻译之佛典，其大意系不受生死轮回所缚系，毫无人权之意，如何可用以来译 liberty？

我还要附带地说一句，人权固然离不开自由，但人权并不就是等于自由。在美国的《独立宣言》、法国的《人权宣言》，及联合国之《世界人权宣言》中，皆将自由列为人权之一，这在文字上是可以清楚看出来的。所以无自由即无人权，是对的。但说自由之外，再无人权，或说人权之外，再无自由，就值得多想一下（等于说没有氢便没有水，但不可说氢即等于水，或水之外无氢）。

其次，在政治范围内谈自由，必落在人权自由之上，这是非常正确的。但是贵社反对谈"自由意志"这一类的问题，弟谨提出两点请教。

社论说"人的行为无不受因果法则之支配，或受函数关系所决定"，这里"无不"，当然共产党也包括在内。共产党的行为，是受因果法则之支配，或被函数关系所决定，与先生们正同；科学的任务，只在指出其真实的因果法则与函数关系，此其间，安设不上是非，说不上善恶；而史达林与希特勒之徒，只不过是此种法则或函数关系之"符号"，贵社犯不上斥之为"魔"。凡说到是非善恶好坏这一类的名称，都关涉到应不应当的道德问题。人若除了"实然"的问题以外，还有"应当"的问题，则人不能完全是被决定的。假定人是完全被决定的，则不会发生"应当"的问题，亦即不发生道德不道德的问题。但古今中外，除了特别偏激之徒以外，在人类的行为范围内，不能不承认有道德不道德的问题，于是在因果法则之外，便还有"腐气"十足的人，要提出"自由意志"这类的问题以追研道德如何可以成立。先生们不喜欢谈此类问题，是无所谓的。人类思索之进程有浅深，思索的进路有同异，于是对于"问题"的承认，也各自不同。但何必要武断地反对旁人、抹煞旁人呢？假定先生们所不了解、所不喜欢的，便都是一钱不值的谬误，则宇宙未免太窄狭矣。

不错，佛泉先生曾告诉我："政治问题不必谈道德，道德问题中又有什么自由的问题可谈呢？"自由是人类的实践，而不是口上空谈。所以真正在争取自由中有伟大实践的人，我觉得对自由的了解，或许比我们要深刻一点。杰弗逊（Thomas Jefferson）在退休后，给亚当士（John Adams）的许多通信中之一信中说"我们的国家，已经给予了世界上一个人身自由的榜样，可是还没有把道德上的自由做到"（佛泉先生按语：杰所用"自由"原有两个指称）。可见这位开创美国自由制度的伟人，还承认有所谓道德的自由。杜威，我们应当承认他是为自由而奋斗的伟大学人之一。当他感到仅靠政治上的人权自由还不能确保自由时，便在八十岁的高龄，写《自由与文化》一书，以广探自由的根源和根据（佛泉先生按语：杜威只说民主态度应扩展至人生之每一面）。"人生而自由"的另一涵义，应为人即是自由，所以会浸透于人的一切生活之中。反自由即是反人性。何至像先生们仅准留住自由在政治中的一部分，而要将其他的部分都斩断，有如戚夫人被刑后的"人彘"呢？我一样认为仅靠道德不能解决政治问题，道德的自由，不能代替政治的人权自由。并承认实现政治上的自由，为实现其他自由的先决条件。但我不觉得道德一定要和政治隔离，道德自由一定要和政治自由隔离。至于在谈这一方面的自由时，不谈那一方面的自由，以便界划清楚，那是另一问题。《联合国宪章》及《世界人权宣言》，是佛泉先生写《自由与人权》的根据（当面谈时，好像是如此）。在《宪章》前言中提"良心"、"理性"、"道德"等不能以"清单"开出来的名词，以作支持人权的精神支柱。此一宣言产生的慎重，大家都知道。先生等应该想想：在那三十条的短短条文中，何以要夹入这些先生等所不喜欢的词句？何以参加研究此一宣言的学者、政治家，概念上都没有先生等清楚？都不如先生等科学化？都不能如先生等的清新而都带有腐气？我们今日蓑尔一身，仍能冒险犯难，为自由奋斗，意识或不意识地都是在为人类求出路，而不仅是为了求个人情绪上的满足，则正应在此等处所认真地思索一番。思而不得其故，不妨以谨慎的态度暂加搁置，不必以武断抹煞为快。自由的好处，是能"万物并育而不相害"。拿着一张"清单"而去打掉一切，先生等不会感到此一世界的寂寞吗？

弟之基本用心，实系太重视《自由中国》在目前所负之责任及所作之贡献。千万不可以武断偏激的态度，致减少在时代中所能产生的作用。弟不学无术，然以相敬相爱之情，愿与先生等互为诤友。出言无状，而情有可原。

　　　　　　　　　　　　　　弟徐佛观上　旧历除夕

二

佛观先生：

来教敬悉。所涉论点，如严格分析之，为数太多，恕未能一一列举，兹仅将来教中与本刊《自由日谈真自由》社论确乎相干之论点，略陈鄙意于后：

一、关于"国家自由"与个人自由者

（一）民主国家多提倡个人自由，而近代独裁国家，至少自黑格尔以降，多强调"国家自由"。从此一显明对照，吾人不难窥见个中机括。

（二）"个人"为一generic term。"国家"是否如此，在政治学中迄为一争持未决之论题。否认国家为一 generic term 而又反赤者，固大有人在。

（三）"国家"为一类名。国家之类与其中个体分子并非立于同一平层之上。国家之类较被包于其中的个体分子高一层级。故，吾人用来形容个人自由的那些性质谓词，不可用来形容"国家"。于是，吾人不能拿"不守国际公法……"等反对"国家自由"一词之论据套来依样反对个人自由。

（四）本刊立论，素来比较着重与政治范围相干之学理与事实。吾人鉴于近数十年来，独裁的政治机构动辄谓"必先牺牲个人自由方换取国家自由"，结果"国家自由"未见实现，而个人自由首遭剥夺——淹没于所谓全体主义之大海中，而万劫不复。痛定思痛，吾人认为必须标出"国家独立"一词，以免若干人假"国家自由"之名以乱个人自由之实。从个人自由出发，谈争取国家独立与民族解放，实较切实且少被利用之危险。区区苦衷，谅蒙鉴察。

二、关于政治与道德者

（一）吾人说在政治层次中不谈"意志自由"一类之自由，只意指在政治层面中"不谈"而已。"不谈"并不等于"否定"。吾人之所以不谈，盖因该种自由系属道德范畴以内者，而诸人权始属政治范畴。为免混乱，泾渭不可以不分明也。"意志自由"一类之自由，实现到极处，人人可作圣作贤。诸人权如一一实现，则人人可作自由人。民主政治之本格的目标，并非使人人成圣成贤，而系使人人享有诸基本人权。

"自由"一词如不加限制谓词，也许可指所谓"自由的精神状态"。"自由的精神状态"之实现，弥漫六合，确乎不是一张清单所开得了的；但一凝铸到政治层次，则必须是一张清单所可开出的那些条：少了一条不够，多了一条不行。这又是一个层次问题，不可以不判然划分也。

（二）民主政治并不蕴涵反道德。恰恰相反，它可能为道德之实现创造一可能的环境。从"自内而外"言，道德先于民主，但从"自外而内"言，则民主先于道德。二者孰先孰后，全系相对的。一家一派之思构的秩序，并非即是现实世界演程之秩序。因，思构不等于实在。如思构即为实在，则主客如何分别？

三、关于"决定"与"人文"者

本刊该社论谓"决定并非强制"，正所以斥将自然律混作人文律之谬说。该文谓，虽同在"决定"之下，但人仍有选择之自由。此正所以为道德与价值之迎接开启一门。

先生如未过分忽略原文字句，当不难了然于此意耳。

弟雷震敬复　五四年二月十四日清晨

三

儆寰先生：

徐、殷二先生大函均读过。"一二三"社论也再读了一遍。佛观先生所提的问题，在弟《自由与人权》一书之第二及第六章中均有较详讨论。第二章改订稿已请海光兄阅过。佛观先生来北市时甚愿将二、六两章呈请指正。弟近正将西人所用"自由"分析为两个"指称"，或两个"意义系统"：一指经政府保证的诸权利，一指"内心自由"（或"不自由"）。弟站在政治学立场只着重讲解第一个指称下自由之意义，决无抹煞第二个指称下的自由之用意。

恰恰相反，若有抹煞第二指称下的自由之意，我们就不必要讲第一指称下的自由了。讲求第一指称下的自由，正为的人人可以随己意讲第二指称下的自由。我想此义若能说得清楚，便可免惹佛观先生一肚子气了。

佛观先生函（第二页）中所说"国家自由"之"自由"，弟意仍须解作"权利"。例如说国家应有自由，即：（一）邦国以"名义的整体"资格应享有几种"权利"之义（义务自亦涵在内）。我中国几十年来对外争国家自由，实均确凿有所指，即平等"条约权利"是也。易言之，争国家自由只在取消不平等条约，而代以平等条约而已。（二）联邦制度下，有所谓"邦权利"者，亦均有所指（或指一切专托与联邦）者。（三）国对内而言，可以社团法人资格享有几项"次于人的权利"（quasi-individual rights），例如财产权或控诉权等。除了以上三个意义，其余所谓"国家自由"大都不是我辈所愿讲的了。

佛观先生函（第六页）曾论及《联合国宪章》及《人权普遍宣言》之"前言"中所提出的道德名词问题。此问题在美国制宪时即曾有讨论（见 *The Federalist*，no. 84）。弟之回答为：《人权清单》之"前言"确已搭上伦理界，但非混合于伦理界，此其一。《人权清单》中之伦理名词以尽少用为宜，此其二。所用伦理名词，如"人之尊严与价值"等，必须于单内所列之条款中能确定其意义方可（不然便等于留了大漏洞，可引起政治上无穷的麻烦），此其三。故《人权清单》中虽有道德名词，但须不向单外求其意义为宜（因向外求时，便不知应以哪一家说法为妥），亦即《人权清单》本身须意义自足，自成一独立的"意义系统"方可。法儒法布丹曾参加《普遍人权宣言》之制订，谓所开人权皆为"实际结论"，不必再问各赞成者所持之理由如何，因一问及理由则必言人人殊而争论起矣。此言极是。惟佛泉意，与其称此等为"结论"，不如称为起点。因此等条款正是近代民主邦国所不可或缺的"进行工作之诸设定"（working hypotheses），亦即国人所深深信仰之条款也。专此奉答，并望顺寄佛观先生一阅。

弟佛泉　五四年二月十日

一九五四年三月十六日《民主评论》第五卷第六期

"死而后已"的民主斗士

——敬悼雷儆寰（震）先生

一

台北《中央日报》昨天（三月八日）报导了雷儆寰先生于三月七日在荣民总医院因患脑毒瘤逝世的消息，我不禁感叹地说，这位朋友，真可算作死而后已的民主斗士。

我和雷先生，在重庆已有机会认识。回到南京，我当蒋故总统的幕僚，虽然一贯认为国共斗争的胜败，决定于国民党能否改变自己的社会基础，并反对以屠杀为斗争的手段，但对"党外人士"，却存有菲薄厌恶的心理；而雷先生当时正是负联络党外人士的责任，我不知不觉地，也对他存有菲薄厌恶的心理。彼此友谊的开始，是逃难到台湾，我不断反省，渐渐体悟到，只有民主才能挽救国民党。我在香港办《民主评论》，雷先生两次来港，发现他主张只有由国民党实行民主，才可以团结反共。两人的政治观点，在民主这一点上，有了相互的了解。《民主评论》的经费，是我向故总统蒋公要来的；他创办的《自由中国》的经费，当时似乎是由教育部资助。此外，还有由臧启芳先生创办的《反攻》。所以有两次曾由当时教育部长杭立武先生邀约在一起，交换意见，对于以民主救国民党，以民主团结社会，彼此间有了更深的了解、自信，我们的交往便多起来。

但在文化上，彼此之间，却有很大的距离。《自由中国》以胡适之先生为首，以毛子水先生为胡先生的代言人，是反中国传统文化的。殷海光先生本来和我私人的关系最深，所以开始也在《民主评论》上写文章，后来因文化观点便完全走向《自由中国》。《民主评论》当时以钱穆、唐君毅、牟宗三三位先生为中心，是发扬中国传统文化的；我则一面强调民主，同时也维护传统中国文化；于是我和唐、牟两位先生之间，渐渐形成要以中国文化的"道德人文精神"，作为民主政治的内涵，改变中西文化冲突的关系，成为相助相即的关系。我在政治方面多写些文章，唐、牟两先生在文化上多写些文章。由文化取向的不同，又时常引起两个刊物的对立与危机。

二

殷海光先生以后成了《自由中国》的主将，他最恨唐、牟两位先生，写了很尖锐的批评文章；我则奋起为两位先生辩护，于是不知不觉之中，彼此成了嫌隙。但雷先生性情坚韧而宽厚，对朋友非常有耐心，一直维持住我们间的友谊。我由台中到台北时，他常常约集座谈，交换时局的意见。当青年反共救国团即将成立时，我有篇批评性的文章写给他，毛子水先生反对采用，他改动一两句，依然采用了。这种例子不仅一次。中美协防条约成立时，我从东海大学写信给他，大意谓国民党在有危机感时，举措比较谨慎。因协防条约的成立，国民党有了安全感，就会故态复萌。我劝他约集十几位有志节、有远见之士，组成一个经常性的座谈会，每月座谈两次，对时事交换意见后，分别写文章，鞭策国民党能走向合理的方向。他回信的大意说："我们批评时政的言论，因为他们（国民党的领导层）知道我们没有组织，尚可以忍耐。经常性的座谈会，他们会误解为组织，便更难讲话了。"我所以要把此事记出，是说明我们在前一阶段主张民主，批评国民党有些做法不民主，根本动机是要救国民党，要加强国民党的力量，决没有向国民党领导层争权力的半丝半毫企图。

忘记了从什么时候起，大家进一步认为要实现民主，只有在国民党以外，再成立一个政党，使国民党处于合理竞争的地位，这对国家，对国民党都有好处。雷先生便经常邀集民、青两党及国民党中志趣相同的若干人士，在他家中交换意见，我也是其中的一分子。当时的构想，是希望在美的张君劢、胡适之两位先生合作，当新党的领导人。张先生回信赞成，并愿与胡先生见面；胡先生回信则含糊其辞，根本不提张先生。过些时候，胡先生回台湾来了，雷先生特约集大家在他家中晚餐，欢迎胡先生，并正式谈组党的问题。当晚到了二十多人，胡先生一进来，和大家还没有好好打招呼，便挨着我坐下，和我争论文化上的问题，因为我曾批评了他。我当即笑着说："今天是谈民主政治的，民主政治容许各种不同的文化意见，胡先生现在何必谈这些？"但胡先生说："这些问题应弄清楚。"以后大家虽然把话头设法转到政治上去了，但胡先生始终没有表示一种明确意见。我发觉胡先生不会陪着大家搞现实政治，而对我又有相当的敌意。假定我继续参加，则将来谋事不成，大家会感到我应负责任，所以自此以后，便不再参加。这里我应点明一点，到此为止，民主政治的活动（假定说这也算活动的话），还没有台湾本省人在里面。

一九六〇年，我到日本休假半年，九月一日回到台北时，雷先生知道了，马上来到民主评论分社要我和大家见见面。我此时才知道已有本省人士参加，下午在成舍我先生府上和大家见面。雷先生开玩笑地说："大家都承认要实行民主政治，必须有反对党，现时万事俱备，只欠一个领导人。胡博士不干，欢迎徐先生来干吧！"我当即严肃地说："各位组织反对党，我举双手赞成。但因我不是搞现实政治的材料，并且有部书急需写成，决不参加，所以今天不要把组党的情形向我说出来。"于是彼此谈谈日本的情况，我便走了。此时我的好朋友唐乃建先生当国民党中央党部的秘书长，第二天（九月二日）一早便约我到党部，谈到雷先生组党的事，我告诉他："雷要我参加，我拒绝了。从报纸上剑拔弩张的许多诬蔑的报导看，你们好像要有所行动，我非常反对。"唐先生笑笑说："那你是两边都不参加了。"我为了避免是非，从党部出来后，立即返台中东海大学。九月四日轰动一时的雷案发生了，我十分愤怒，在特别到东海大学向我打招呼的一位年轻朋友面前，痛骂了一顿。自此案发生后，台湾在很长一段时间中，没有真正舆论。直到近两三年，台湾的民主运动，已由外省人士合作的第二段，进入到今日以本省人士为主的第三段。

三

以下我叙述若干零星记忆。

故总统蒋公七十诞辰将届，由当时总统府秘书长张岳军先生发表谈话，希望各方人士，以进言代替庆祝。雷先生特别来到东海大学，要我写篇文章，我不肯写，雷先生说："你这个徐复观，就是甓扭，平时不要你说话，你偏偏要说；现在要你说话，你却又不肯说。我远来一趟，决不能空手而回。"结果我只好写了一篇《我所了解的蒋总统》。抚心自问，我写的时候，实出于爱护之诚。不知怎的，这篇文章引起了轰动，有位在大陆时当过省政府主席的先生，用红蓝笔详加圈点后转送给其他朋友看，《自由中国》这一期，听说销售了十一版，当然还有其他比我写得更好的文章在里面。因这一篇文章而把我与蒋公的关系，拉得更远，完全是我意料以外的。

有次我到台北，雷先生找来了，两人一起坐三轮车去吃饭。在车上我对他说："我和你坐三轮车，会多惹是非，真倒霉。"他回答："笑话，我才倒霉。有人会报告我又和不安分的徐某在一起。"说后彼此大笑。我曾告诉他："你们的社论中有些话实在说得过火，何必？"他叹息地说："我不是不知道。文章写出来后，我要把些过火的话去掉，他们（写社论的人）就大发脾气，说再也不写，我只好将就。"有次我过旧历年到台北中心诊所检查肝病，他特把排好的一篇社论送到我的病榻要我看，我调整了几个字，同时劝他："政治问题是急不来的，我觉得你有些躁急了。"他说："你比我小一大节，可以不急，我已这大年岁，不急不行。"但有一次，他也叹息地向我说："这几年请你到台北，你总是不来，我很恨你。现在想想，来又有什么用，还是你对了。"他的坚韧、宽厚、容忍的性格，真是一位了不起的民主斗士的性格。我不止一次地向他说："你比适之先生伟大得多，为什么要这样佩服他？"他总是答道："你不了解胡先生。"在最近印出的回忆录中，花了相当篇幅，为适之先生辩护，他对朋友，真可谓生死不渝。在这一段断断续续的十多年的交往中，我认识另一位与雷先生性格相

近的朋友，便是夏涛声先生。但他不及看到雷先生的出狱而已先
逝世了。

四

雷先生下狱后，有不少朋友因悲愤而发为歌咏，其中最使我
感动不已的是诗人周弃子先生的"铜像当年姑漫语，铁窗今日是
凋年"之句。我也有和茧庐的一首七律，中间有一联是"一叶堕
阶惊杀气，微霜接地感重（平声）阴"，也能表达出我当时的感情。
我想到他在狱中漫漫孤寂的生活，曾把日人忽滑谷快夫著的两大
册《禅学思想史》送给他，并附一短信，大意说："你对民主已亲
身作了实验，现在狱中，也不妨对禅宗所说的境界，在生活中实
验一下，可能对健康有好处。"这部书，他出狱后还给我了（这部
书上册扉页右上角还留有"新店自力新村书刊检查"的小圆图章）。
他在狱中，依然不屈不挠地做他在监狱中可以做的民主工作，这
即是四百万言的回忆录。他不肯像我一样，在现实上走到尽头时，
便逃进古代各种各样的思想领域中去，这正是我比他渺小得太多
的地方。在我心理上，总感到他的十年监狱，是替我们要求民主
的人们坐的。一想到这点，心中就非常难过。

他坐满不折不扣的十年监狱出来时，我已在香港。一九七一
年暑假，我返台湾，住在台北市光复南路三十四号三楼妻买的一
层楼面（早已卖掉），当然会去看他的。谁知我还没有去，一个清
早，他便来了，妻实在有些发愁，因为知道他还在监视之中，而
我们惹够了麻烦，不愿再添点什么。但他坐下来，依然热情洋溢，
一如当年，谈得非常高兴。临别时，郑重地向我说："有一个重要

文件，你非看一下不可。"约好第二天早上在衡阳路大三元酒楼上见面，同吃早点。他住在木栅，到衡阳路要比我远两倍或三倍；我七点钟左右到，他已经等许久了。拿出一份文件给我，叫我带回去看。我到家里打开一看，原来是他写给政府当局的一封长信，内容不外是"要反共，便必需民主"的这一套说了几十遍的老话。我当时感到：此公经过了十年劫火，还没有烧烂他追求民主之心；我们国家中，需要这种人！

　　一九七七年八月，我由美返港经台。进荣总检查身体后，在青年会住了几天，知道他已患了前列腺癌，生命无几，便约同齐铁生先生（这是他出狱后几乎是唯一可以常来往的朋友）一起去看他；见面后，不像想象中的衰弱。他除了又一次详细叙述一九四九年四月左右在上海帮助汤恩伯将军的保卫战时，他极力反对滥捕滥杀的故事外，再三劝我应赴美国去求发展。我说：我既不懂英文，又这样年老，赴美国便是等死，还有什么发展？但他一直坚持"以你的学问，应当到美国去"。他夫妇两位要请我吃饭，齐先生设法谢绝了。我知道这是和他最后的一面，在有些凄恻的心情下，和齐先生向他告辞。年来我不断地想，他何以会这样地劝我？

　　四百万字的回忆录被没收了。但他在严厉抑压的情形下，在已经为日无多的余年中，终于写出了一部简单的回忆录，并终于能在香港印出，这表现了他争历史是非的坚强意志。将来的史学家，自会从他这类的材料去了解历史。他这部回忆录，从文字技巧上说，写得并不算十分成功，因为他此时的身体已经不行了。但我从这中间了解到许多我所不曾了解的事情，例如其中《向毒素思想总攻击》的"（二）毒素思想产生的原因"的（5），分明是

"死而后已"的民主斗士

指我说的（页三一），我在国民党中有这样多的朋友，却没有一个人告诉我，使我有反省的机会。尤其难得的是，他写得非常质朴真实，决没有因感情而来的夸大，这可以说是由于他的民主素养。从去年十月北京民主墙上的大字报看，可以断言，中国不论走哪一条路，必然要通过民主这一关，否则都是死路。而现在的人民，将来的史学家，在评断政治人物的是非功罪时，必然以这些人对民主的态度为最基本的准的；玩弄假民主的，其罪恶必然与公开反民主的人相等。综合我真正认识雷先生以后三十年间，他的情形，正是中国知识分子为民主而奋斗的大标志。我含泪写这篇杂乱的悼念文，要为他的历史地位作证。

一九七九年三月十三至十五日《华侨日报》

痛悼汤恩伯将军

六月三十日在《中央日报》，看到"汤恩伯在日逝世"的消息。旷代人豪，挟带万千宏愿，长逝异国，命也何如。

六月初，我接到他从东京庆应附属病院来信，告诉我仓卒赴日及进医院即将施行手术的情形。因我年来稍稍了解他的心境，比复信说只要国家有前途，不患个人无事业，望他珍重安心诊治。以后接到龙佐良兄六月十三的信，叙述施行手术的经过。不久，又接佐良兄六月廿二日来信，说脉搏、体温、血压都很正常，稍加扶持，即能下床自行饮食；并谓预定七月底出院，赴热海休养，秋凉后返台湾。但佐良兄信后又说："彼性情之急，在病中尤见显著，当遵嘱设法时加劝慰。"我为了这句话，预感到他的病并未脱险境，正想如何措辞写封信去安慰他。谁知现在所写的是他再也看不到的悼念文字。他平生对朋友，对部下，体贴无微不至；而对于自己的生活，总是马马虎虎。自己没有钱，还要济人之急；自己有了病，从未好好地治疗。有一次，我到三峡镇去看他，他却住在一家小医院里割盲肠。我劝他何必不到中心诊所，他笑着说，没有关系，这里便宜。他的气概，常压盖了藏在身上的疾病。延误再延误，竟至沉疴不起，这是为人多而自为少的一个人；退一步说，这是一个真正有事业心，把全部精力集中在事业上而不很顾到自己生活的人。而这样的人，终于静静地死去了。

　　我当团长出发参加武汉会战的时候，在湖北花园，听过他一次激昂慷慨的训话，他那时好像已是兵团司令，因地位悬隔，我在军中生活极短，没有亲近的机会。民国三十二年我由西北回重庆，和军训部派出校阅完毕的委员们一路同车。他们闲谈中一致称赞汤总司令在河南练兵的成绩，为过去所未见。军纪严，士气旺，演习时投掷真手榴弹，对方可以接着反投过来。我心想，这是他战胜攻克的基本条件，果然名不虚传。但时经数年，中原会战失败，攻击者群起，我当真不知道应作如何解释，其中当然有战略的成败问题。不过，攻击他最烈之点，是说他做的事太多。可是，事后回想，他在敌匪交错地区，许多事情如果他不抢着去做，便只好由当时的共产党去做。共产党在抗战中是采取就地发展的政策，而政府则因当时远在重庆，消息隔阂，有鞭长莫及之感。他既以做事太多，为若干人所不谅，而各方负责者亦多消极坐待，共产党遂以其灵捷之手段，尽裹胁天下以去。来台后，有一次在谈天中，我问他，为什么过去能征惯战的将领，在战后的剿匪中很少战绩？他叹息地说，在以前，大家都掌握着自己训练出来的一个师、两个师，所以许多将领，都像生龙活虎一般。以后，大家都空了，谁也没有力量。当然，一个指挥官的独断专行，也是重要的因素。现在我脑筋里，正涌起他说这句话时感慨万千的神气。

　　卅八年到台湾后，我们才开始有交往。我觉得他对于事，对于人，都倾注全部的热情和精力。他从金门胜利归来后，认为时至今日，应当每一个人想办法，应当每一个人出力量，才是起死回生之道。他绞尽心血，看如何才能报仇雪耻。常常提出许多问题，和私人研究。尤其是日夜想到大陆问题，认为不论反攻退守，都应该保持当时在大陆成千成万的游击队；认为这种事情，应抢在大陆竹幕未完成之前，有计划地放胆去做。可是尽管他心跃血涌，但又苦无从下手。以后知道这种个人的私下积极，是有害无益的。于是约集上进心切的若干朋友，请些名流学者，讲述与个人修养及与时局有关的思想问题。他的天资很高，以做事的热情来读书，进益很大。后来想到这种健全个人的方式，似乎也不很合宜，于是一切放下，独居深处，与朋友见面，不再谈天下事。而早已埋伏在内部的各种疾病，也从闲散中显露出来，自己也慢慢感到非治疗不可。这三年来，我们见面很少，偶一见面，我感到他于一往豪迈之中，亦微露苍凉之意，我常拿些不着边际的话以相排遣。有一次，他告诉我，近来常读读诗，我便从徐道邻兄处抽借《十八家诗钞》中陆放翁的七律与绝句送给他，并劝他找点线装书在手边翻阅，他来信非常高兴。他的性情，可以忘记自己的荣辱，但按捺不住对国家的热情。坚信民族必有前途，但有时也不免有髀肉复生之感。这种情绪，或者会影响到他的疾病。我相信，他对国家的宏愿，和他临危的生命，会作一番真正的挣扎，因此而更增加在病院中的不安，更促短他百孔千疮的生命。"出师未捷身先死，长使英雄泪满襟。"他在九泉的眼泪，不会比我们活着的朋友流得少。

现在的社会，成就一个人很难，毁坏一个人很易。他平生豪爽过人，不事矫饰，更易使人误解。他从开始带兵起，士兵一律叫他为"伙夫头"；我去看他，遇到他吃饭时，清苦一如寒素。一个人的生活，是最兑现不过的。提到社会对他的说是说非，我便记得陈养浩先生的几句话："汤先生有时和长官弄不好，但当面争执，从来不在背后用阴谋。汤先生这多部下，都在台湾，无人投匪，也无一人有钱，这是铁的事实。"我没有和他共过事业，当他勋名鼎盛的时候，更无缘往来。在台数年交往，言不及私，惟时时感到他性情的笃至。人世虽变幻不常，然人类之一片良心血性，终会互相辉映，历久不磨的。我相信他的人格勋业，终将在历史上占一崇高地位，这是他的朋友所持以慰他于九原，而亦为后死者之所以自慰。

一九五四年七月十五日台北《中央日报》

一个伟大军人人格的面影

一个伟大军人的人格，非常近似于一个伟大艺术家的人格。庸俗世故的人，永远不配称为艺术家。同样的，庸俗世故的人，永远不会作战，也永远不会教战。我所说的伟大人格，指的是从庸俗世故中超拔出来，把自己的真正性情，与自己所追求的理想，直接连接在一起的人格。这种人格，不仅显现于千军万马之中，也常流露于日常生活起居之上。我和汤先生一段不平凡的友谊，适逢他的事业，实际已经告了一个结束的时候。但在寻常的交接往还中，他所留给我的一个伟大军人人格的面影，却始终无法磨灭。

当汤先生的丧事告一段落，我从他的墓地回台北时，胡宗南先生一定要我到他的寓所去谈谈。到后，胡先生拿出汤先生在日本治病中所给他的几封信，交给我看。其中有一封，已经潦草得不能成字了，这实是汤先生最后的绝笔。内中讲的是他无法付出医药费，要胡先生在老先生前为他想点办法。胡先生当时为他要了三千美金，但钱没收到而他已死去了。当时含着眼泪拿信给我看的胡宗南先生，也已经死去三年了。

汤先生曾经把住在东京的、与他是总角之交的一位朋友，介绍给我认识。这位朋友在闲谈中，谈到汤先生在东京入士官，以及在南京充当军校学生大队长的各种情形："当大队长的时候，常常打完了野外，怀着几个烧饼，跑到我的住所，大谈大笑。他的胃病，大概和他饥饱不时地吃烧饼有关系。"从那位朋友的许多谈话中，可以了解，汤先生是把刻苦的生活，消解在他的豪气与旺盛的企图心之中，对他自己而言，反无所谓刻苦。

他住在台北，我知道他内心相当地苦闷。为了向他提供一分友情的安慰，所以每次去台北的次晨，一定到他的寓所去看望他。有好几次，正遇着他吃早饭，他一定拉着一起吃，并嚷着"加菜"。在我眼中看来，连加了一点什么菜以后的早餐，也决算不得是营养丰富的早餐，实在不够我的胃口。但许多人却异口同声地说"汤恩伯很有钱"，这也有原因。他常常是"打肿了脸充胖子"地招待朋友，帮助朋友，朋友却很难知道他生活的底蕴。他在朋友面前的豪举，以及他对事业的破釜沉舟的勇气，和他对自己生活的刻苦、矜慎，很自然地融合为他的统一的人格。其实，他何仅刻苦自己的生活，并且也刻苦他自己的生命。他悠然自得地，在三峡镇一家小医院里动手术。我去看他的时候，极不以为然。但他却以信任朋友的心情信任那位医生，极口称赞地说"割得很好"。事实证明，不可能割得很好的。

谈到他对朋友的信任，也使我发生若干感慨。我一九五一年去一趟日本回来后，有一天他来看我，谈了几句话，便问道："某某是怎样的一个人？"我便把某某的来历，及我帮助某某的经过，和在东京来往的情形，都告诉了他，并说："这个人有他的长处，同我的友谊不坏。"他听完后，笑着说："你真是好人。我拿一封信给你看。"我拿信一看，原来是某某说我在东京如何如何地建立第三势力的。这真太出我的意外了，因为某某曾以此相劝，我当时很坦白地加以拒绝。谁能想到劝我的人竟会反咬我一口呢？汤先生当时说："我决不相信你肯弄这些把戏。可是，某某的信，不会只写给我一个人啦！"但肯把这类的信件告诉我的，却只有汤先生了。

汤先生闲居的时候，除了很热心地研究军事问题以外，并常常请若干先生，对他和他的朋友，讲解文化上的许多问题。当时牟宗三先生便为他讲宋明理学。古今中外，只有名符其实的"大将"，才会很诚恳地关心到这类的问题；因为这是人格的修养，及与军事关连在一起，决定军事价值、国家运命的大问题。自外于文化之外的"大将"，一定是银杆蜡枪头的大将。我和汤先生认识，他实已过着半退休的生活。但他在我的心目中，却始终是堂堂正正的中华民国的一员"大将"。

在汤先生死后不久的一天，陈养浩先生流着泪说："不管怎样，汤先生的部下，没有投降的，没有贪污的。"这不仅说明了事实，也说明了汤先生的人格。我每和汤先生见一次面，总是上下古今，无所不谈。虽然在他的爽朗、乐观的态度中，总感到可能隐藏着若干的忧郁；可是，他口中，却从来不讲半句牢骚话，不讲半句为自己推卸责任的话。他的伟大的军人人格，自然不让他如此。他死在东京的病院，我常常想象到，他对生命作最后挣扎时的心境，或有点近于"引刀自刭"的李广的心境。太史公为这位数奇的将军立了传，而结之以"彼其忠实心，诚信于士大夫也"。我每想到汤先生，却常常不伦不类地联想到这两句文章，感到我不知如何才可以对他能尽到一分友谊。

一九六四年六月左右《汤恩伯先生纪念集》（汤恩伯逝世十周年纪念筹备委员会编）

忧患之文化

——寿钱宾四先生

今岁七月三十日，为钱宾四先生六十揽揆之辰。《民主评论》既拟出中国学术论文专号，借资纪念，余更略举中国文化之一义而寿之曰：

中国文化，一忧患之文化也。《大易》乃吾族由自然生活进入人文生活之纪录，故实吾族文化之根源。《系辞》曰："作《易》者其有忧患乎？"又曰："明于忧患与故。"故乾坤之后，受之以屯蒙。屯蒙者，忧患之象也。乾坤既以易简知天下之险阻，而屯则"动乎险中"，蒙则"山下有险"，"君子以果行育德"。屹立于忧患之中，不畏怖堕退，且即挺身以担当一世之忧患而思有以解消之，于以保生人之贞常，延民族之命脉，中国文化之所凝铸而绵续者，盖在乎此矣。是故忧患乃人类之所同，忧患而"吉凶与民同患"，乃中国文化所特著。长沮、桀溺、楚狂之伦，栖神尘垢之外，自适其适，以全身而保命，此乃人情之所易安；喟然之叹，孔子岂无所动于中哉？然置一身于忧患之外，而俯视侧视斯民展转困顿于忧患之中，或且摭拾浮词，剽窃虚说，以鸣高而立异，此乃孔子仁心之所不忍不许。"鸟兽不可与同群，吾非斯人之与而谁与"，其愿宏，其志哀，其心亦良苦矣。此乃圣人之所以为圣人，中国文化之所以为中国文化。今日欲衡论中国文化之短长者，而不先用心于此等血脉所在之处，则亦惟成其慢心肆志而已。

民国二十六年，日人挟其飘风骤雨之势，荼毒京沪平津，全国学人，率青年子弟，徒步播迁于西南荒寒险阻之羊肠鸟径中，行列亘百数十里，与村民疲卒，共起居饥渴，扶携保育，境愈险而情愈亲，身愈危而志愈笃。故国土之精华，不数月而沦陷大半；而国脉不为之蹶竭，国本不为之动摇；八年苦撑，终获胜利，此乃忧患文化之巨大历史实践，其光芒与成效，当可为天下所共睹。乃喘息未定，生机未复，而共党裹胁之势已成。斯时也，社会土崩，政府瓦解；天下学人，既无再走之力，复无可走之方，亦惟有吞声匿志，以再度承担此亘古无伦之忧患。余以侥幸，苟全香岛，而先生与唐君毅先生，亦自江南大学，结伴只身而出。身无一日之储，居无一椽之藉，顾行装尚无卸处，方且相约，欲以赤手空拳，延续中国文化命脉于举目无亲之地、惊疑震撼之时；新亚书院之创立，盖有类于乞食团、托钵僧，特无宗教旗帜之可资凭借号召耳。方事之始也，两先生日则讲授奔走，夜则借宿于某一中学课室。俟其夜课毕，则拼桌椅以寝；晨光初动，又仓皇将桌椅复原位，以应其早课之需。余一日破晓往视，见状，暗黯不能出一语。先生怡然曰："此亦甚得，但不能生病。生病，则惟投之海中耳。"嗟呼！先生以学术负天下之重望者垂三十年，从未涉及现实政治；或居或行，自全自活之道，盖亦多矣。而必与三数友人，迫饥困之躯，讲学于举世不屑不敢不为之日，后无尺寸可资之势，前无程日可计之功，此岂中无所守者之所能侥幸一试者哉！先生与其二三友人，肩负中国文化之重荷，而忧患之文化，乃立足于义之所当为，心之所能安，不复计较现前之得失利害。盖在忧患中而有所计较，将见无一事之能作，无一路之可通，其势不归于消沮废坠不止。惟有投身于忧患激流之中，上承万圣千贤之心血，中闻父老兄弟之呼号，下念子孙绵演之命脉，而一本无穷之悲愿以弥纶贯通之，其为力初或甚微，然造化之机，固于此而一转矣。此《易》之所谓"一阳来复"也。故同一课室也，或以之为捷径，或以之为鼠壤，或以之为泉石；而新亚之课室，则固一人天悲愿之道场也。其精神之相去，不已远乎？先生在《新亚五年》一文中略谓五年艰苦奋斗，仅有一新亚书院之存在，此外更无成绩，此固先生之谦词；然比例而推之，中国文化，在数千年无数之忧患中，亦仅能延绵吾族生命之存在，使不致如古巴比伦、埃及、希腊、罗马诸民族，淹没于历史巨浸之中；黄炎子孙，于此而认取先圣先贤苦心宏愿之迹，斯亦可矣。至科学之发展，物质之享受，乃当前肖子贤孙之所应有事，何可以祖宗未能预为准备之于数千百年之前，而遽欲锻宗杀祖乎？新亚书院之存在，乃此忧患文化真诚之实践，其所成就，岂可一二计哉？数月前，香港友人来书，谓先生今年且六十，谋所以纪念之者。余奉书先生，先生则谓以西方习惯计之，明年始六十耳，窥其意，似有憾于还历之过速，而不愿见老之将至者。然忧患之文化，固人类中最能悠久之文化也。盖愿力之至宏，实由生机之至富。先生出入于险阻困顿之中，从容坦易，无愤厉之色，无急遽之词，无矜持之态。来台中，两度馆于余之陋室，余妇不觉贫家之添一客人也；讲学应接之暇，与童稚相嬉戏，童稚不觉与其平日之嬉戏有以异也。别经岁时，童稚尚念念不能置；则六十之年，岂足以为先生老乎？方今忧患之来，尚不见有所底止；老师巨儒，青年志士，煎熬于独裁虐政之下者，正不知有几何人。且举世汹汹于红祸与原子武器之中，几使人有末法末日之感。世界大思想家，穷搜冥讨，求在文化上挽救此一奇厄者，亦可谓亟亟矣。余以为中国忧患之文化，有宗教之真正精神，而无宗教之隔离性质；呼唤于性情之地，感兴于人伦日用之间，使人得互相抚其疮痍，互相舒其敬爱，以销弭暴戾杀伐之气于祥和恺悌之中；则人类自救之道，意在斯乎！意在斯乎！此余之所以寿先生，亦所以慰万千在深忧巨患中之同胞与学人也。

七月廿三日夜于台中市

一九五四年七月三十日台北《中央日报》

读《历史文化与人物》

程君沧波录其平生所为文，凡二十七篇，都为一卷，由中央文物供应社印行，名曰"历史文化与人物"，余受而读之，盖不能无所感。

一

二十年前，论天下文章，余即知有沧波。顾不仅未识其人，实亦未尝读其文也。在南京时，陈布雷先生主持某一会议，前列中有躯干短小，而发言之声调锐利，余虽不能尽解其意，但实为其气势所震悚。就旁坐者问之，则曰此程沧波也。余私自忖，此公清劲旁薄之气，溢于眉宇，其负文名也固宜。违乱在港，始稍稍过从，亦得稍读其文。近两年来，则凡沧波之文无不读，读后辄兴感奋发，思有所追摹，而又苦无把捉处。盖沧波常驱遣古今中外之人物事理于一短文之中，如烟云之涌现，变幻起灭，使观者目不暇接，心神炫骇，而在彼则固舒卷无心，往来无迹，所谓行其所无事也。读者试执余言以读集中之《独立与独行》及《君士坦丁堡陷落五百年》诸作，殆亦可默会于心，而觉无所余憾矣。余尝谓沧波君文，如天马行空，他人勉强趋步，且将蹶竭以死，甚矣文章之关乎禀赋，而人各有其极限，此真无可奈何之事耳。

二

然沧波以文名倾天下者垂三十年，主国民党宣传之坛坫，以文章敷畅主义国策者亦殆十年以上。顾集中所录，大陆沦陷以前者，仅四篇。此四篇中，三篇怀念其本校本师之作，乃关系于其前期学术之渊源及其性情之所笃至。此外二十三篇则皆其离大陆以后者，而壮年主宣传坛坫之文，概不预焉。岂其中无一雄文傥论，可一当沧波之意？诚以文之至者，其气必伸，其情必实，其学之积也尤不可不厚。沧波坦率豪迈，不事饰伪。违乱以来，与政治之中心，稍稍离隔；乃得肆其精力于中西编简，日夕不倦。又身遭巨变，感深而触切，既不得以功业应天下之急，其旁薄之气、通达之识，遂一于文发之。顾忌少，斯其气伸；酬酢闲，斯其情实。则其文之弥近而弥工，乃必然之势也。天下盖有扼人于势者，辄亦欲扼其文；侥幸于势者，辄亦欲自侥幸其文。思一身垄断天下可喜可好之事物，以君临于群伦之上。然结果，则必与其所欣羡者相背驰；于此，亦有以见天道之公，与夫人类心愿志业之必不可掩。天下之有志于文者，由沧波之所遭所守所成者推之，殆可思过半矣。

三

君籍常州，清代常州学派，治经由专精而转通洽，为文由质朴而转瑰玮，与惠、戴之学，别为一帜；而其所以震荡一世之人心，鼓舞天下之风气者，非复经生之业所能限制。读沧波之文，盖可知其陶铸师承之有自，不仅关于其禀赋也。君年来颇称道余文，余乃山僻间窭人子耳，学问之所养，耳目之所接，均不能望君之项背；然忧患之所积，辄欲自忘其鄙陋而不可得，故见之于文者，常村野粗犷，不足供大雅君子之把玩，其无以副君之望者审矣。近得君来书，期今后或更能渐进以副爱我者之望。讨冥搜，相期白首，则仅以此集论定沧波者，吾固知其过早计也。

五四年七月廿四日于台中市

一九五四年七月卅一日《自由人》第三五六期

如何复活"切中时弊的讨论精神"

——感谢凌空君的期待

一

最近香港友人把《祖国周刊》一一四到一一六号所刊出的署名凌空的《介绍反共文化运动中的两个学派》一文寄给我拜读了。凌空君将自由中国反共阵营中在思想文化上努力的人们，权宜地以《民主评论》及《自由中国》两刊物为中心，分成两个学派，并对这两个学派都加以好意底概略底观察报导。据凌空君自己说，他"只想作一般性的报导，绝无意提出任何批评"；并且说："若万一有离此一原则之处，那仅是由于记者的误解而生。"我读完凌空君的大文后，觉得他实在是尽可能地保持这种"凌空"的客观的态度。凡是真能以这种态度观察问题的人，纵然他的观察尚有不十分确切之处，依然是很有价值的。所以我对于凌空君大文的内容，除了两点声明、一点补充以外，没有其他的意见。第一，凌空君说我"是熊十力先生的得意门生"，我应声明改正为我"是熊十力先生的一个最不肖的门生"。第二，凌空君好像认为因为有"曲学阿世"的人的关系，是引起人家对《民主评论》"习而不察"的原因之一；我应该以最负责的态度声明，与《民主评论》有关的诸师友间，纵然对于文化思想的看法不免有若干偏向，但每一人的基本用心，断乎不是曲学阿世。任何人的学问都是可以商量的，乃至任何人的行为，也有许多可以訾议的，但关系到一个人的立身大节，在我个人所能了解的范围内，应当把我的师友之间的许多人的苦心，表白出来，不致因在艰难时代所不能避免的曲折而太被社会误解。我可以顺便向社会人士报告一点，《民主评论》中当然难免有见解错误的文章；但在任何气压之下，决不采用曲学阿世的文章。我昨夜读凌空君的大文读到这两个地方的时候，莫名其妙地眼泪都流出来了。所以在这里应声明一下。我觉得应补充一点的是，凌空君依照思想的大方向，认为"《民论》学派"的主要人士是牟宗三、唐君毅、陈虹、劳思光、谢幼伟、王德昭、程兆熊诸位先生，并认为我是《民主评论》的创办人。其实，假使没有钱宾四先生在精神上的始终支持，假定在一开始没有张丕介、王维理、张振文三位先生——尤其是张丕介先生的努力，便不会有《民主评论》。我个人不过是效一点奔走联络之劳而已。

以上只算为凌空君提供了一点补充材料。但凌空君当报导了"两个学派"之后，接着叙述了"两个学派"的"争执"，更觉得我曾经提倡过"讨论精神"，但此种讨论精神"竟随着徐先生公开信的发表（按即《民论》五卷十五期《给张佛泉先生的一封公开信》）而暂告退隐了"。于是凌空君的结论是"我虔诚地希望徐复观先生前所倡导的那一切中时弊的讨论精神能再复活起来"。凌空君的结论，使我非常感动，也使我非常感慨。我愿将《民论》出刊以来的若干记忆，拉杂底写出来，作为对凌空君的期待我所能表达出的谢意。

二

　　民国三十八年五月《民主评论》初出世的时候，在香港写文章的重心是钱宾四、唐君毅、张丕介几位先生，在台北是牟宗三、戴杜衡、殷海光几位先生。凌空君认为是《自由中国》学派中坚的戴、殷两先生，当时正是《民主评论》的骨干。大约过了两个月，《自由中国》由胡适先生领衔出世，声势浩大。当时大家的目的，好像不仅在于办一个刊物，而在展开一个自由中国的运动，参加的人很多，戴、殷两先生当然也是参加人之一。我们对于此一运动的将来，都抱着欢欣鼓舞的情绪；一般朋友，两边都写文章，似乎并没有意识到这是文化上的两个壁垒。我和戴、殷两先生在重庆便认识；到南京后，特别与殷先生过从很密。牟先生和殷先生在南京也来往得亲切，到台北前数月依然是如此。我家住在台中，我常往来于台、港之间。一到台北，总要去看看这几位先生。以后，知道殷先生对《民主评论》渐表不满，和牟宗三先生往来也渐稀，我从中总是做点疏解的工作。有一次，我送殷先生回他的寓所，两人在街上边走边谈，问他到底为什么对《民主评论》不满；他说《民主评论》谈大陆派的哲学太多，谈系统的哲学太多，乃至于谈中国文化谈得太多等等。我当时劝解他：各人做学问各有其门庭、规模；彼此不必强同，彼此也不必排斥。至于站在办刊物的立场，只要够水准而不违反民主反共大原则的文章，便应一律刊载，不应用刊物来标榜门户。至于对哪一方面的文章特别多些，这是稿件的事实问题。你们所推重的罗素，《民主评论》凡是关于他的短篇东西，都是争着翻译发表，罗素的《个体与权威》是在香港找到原文，特别寄到台湾来请你介绍的。你和戴先生们有哪一篇送到《民主评论》的文章没有发表过呢？你们不写便没办法。殷先生听完我的话后想了一想，也笑笑点点头。彼此很愉快地分手。不过，任何人的情绪，常常是像天气一样地翻转。我和殷先生这类的谈天，总不下十次。并且殷先生常向我说："唐先生和牟先生的哲学，不管赞成不赞成，他们实在是有根底，有个东西在那里。在自由中国谈哲学，当然首推他两位。"这类的话，殷先生总和我谈过二十次以上。戴先生最讨厌中国文化，有次他和我说："我一听到中国旧的语言文字便讨厌。"但我觉得各人写各人所愿意写的，而不写各人所讨厌写的就可以了，所以不断地向戴先生要文章。戴先生总是说："我为旁的刊物写文章可以随便点，但为《民主评论》写文章不能不多费一点力。"戴先生所讲的是实话。他虽讨厌中国文化，但对《民主评论》并无不平之气；他为《民主评论》写了不少的好文章，博得读者的好评。牟宗三先生便是欣赏他的文章之一人。

再以后，殷海光先生用化名在《自由中国》上发表了一篇指名骂牟宗三先生的文章，说牟先生在《自由人》上发表的一篇文章是"一孔之见"。我看到殷先生的文章后，也责牟先生不应批评沦陷在大陆上的学人。牟先生给我一个大钉子碰，说："你看过我的文章没有？"我便找牟先生那一篇文章看，知道他是站在康德哲学的立场，批评金岳霖先生们仅仅重智而忽略了情与意所发生的悲剧。事后就文章本身来说，牟先生是三孔之见（知、情、意），而殷先生倒似乎是一孔之见（不承认情与意在学问中可占一地位）。彼此既公开底争论，并且牵涉到对文化的根本态度，我便很少和殷先生来往，但并未觉得这是《自由中国》与《民主评论》之争。

过了数月，听说殷先生耳病甚重，我便到台北去看他，相见后彼此都很高兴。殷先生病好之后，告诉我一个为《民主评论》写文章的计划，我非常兴奋地说："你就先从逻辑实征论写起罢！"他接连写了三篇，以后不写了。有一次我去看他，他的态度很不自然。我一想，大概是因为我把他一篇文章的引言之类的一段去掉了。殷先生在那一段引言中主要说明两个意思：一是引"不着一字，尽得风流"的话来批评禅宗；我知道殷先生并不懂禅宗，他引的话也与禅宗无干，不如去掉，少一纠葛。二是他认为人文科学中的各个学科，都要等到有关那一门的逻辑学成立后才可以讲，他一连举出了如历史、文学、政治等十多种名称。当时我想，殷先生的话也许是对的；但这十多种逻辑不知哪一年才得成立，假定这些逻辑未成立之前便不能讲人文科学，则台大的文学院和法学院便应当关门，而现时教授这些功课的先生岂非全是打胡说？所以为顾全事实，我便大胆地勾掉了，横直与他的正文毫无关涉。以后，我便常看到殷先生在他摘译的文章的夹注中，用暗箭的方法向与《民主评论》有关的先生们丑诋；丑诋的方式，大约不是说人家的是伪学，便戴上政治的帽子，如极权主义帮凶之类。《自由中国》的编者有时在《给读者的报告》中把殷先生这类的话作为集体的意见。此一趋向更向前发展而表现为《自由中国》的先生们把殷海光先生对劳思光先生的叫骂作为一个集体的意见来刊登。再进一步而表现为张佛泉先生《亚洲人民反共的最终目的》一文，添造一些我们没有的意思，骂我们是"玄天玄地"。于是我便仔细读张先生前后在《自由中国》所刊出的四篇文章，都是以推倒一时豪杰的气概，大加斤斧，连自己所认为正统自由主义者的洛克、杰弗逊们，以及《世界人权宣言》，也在所不免，以表现

如何复活"切中时弊的讨论精神"

出自己"人权即自由"、"自由即人权"的千古卓见；这样我才费了三天时间，写了一封《给张佛泉先生的一封公开信》。我这封信中有些词句是用得太率直了，这一点以后也有朋友责备我；但是，这封信主要的用意，是要求把随意糟蹋的人类文化，归还到它的一个正当位置。关心此类问题的朋友，不妨把那封信平心静气地看看。我常常希望我们的朋友，对于文化的批评讨论，应该接受康德的批判精神，所以我曾经翻译日人所写的《近代的精神与批判的精神》一文（《民主评论》五卷一期及三期），介绍康德批判精神的出发点是"凡是由健全头脑的人所主张的，总不应随便加以否定"；而批判的目的，是在发现各种不同主张的各个"安全妥当的界域，而使其不要互相混杂，或随意侵占扩张"。根据凌空君的报导，康德哲学，既为"两个学派"所共同承认的，则我这种微末的苦心，应该为朋友们所共谅。有一次，我和牟先生谈到如何解消两方意气的问题。牟先生说："我们从来没有反对过人家讲人家的学问，而是人家不让我们讲我们的学问。"我听了牟先生的话后，觉得也无话可说。

三

　　上面许多委琐噜苏的话，有遗漏而无歪曲；并且说来也不是作什么辩护，而是想借此证明凌空君对我们的观察，认为我们对于文化的确是怀着一种志愿，不是毫无根据的话。此一志愿，是想从整个文化的过去、现在，以诊断人类运命的将来，希望我们在中间能尽微末的贡献。志愿并不等于能力，所以我们共同有一种虔诚敬畏之心，珍重每一种学说，尊重每一个人的成就，祝福人类能够生活在更丰富而圆满的文化之中。任何人都是"学焉而得其性之所近",任何人对于自己性之所近的东西都会有一种兴趣和信心。但我们希望每一个人以自己的兴趣和信心直接或间接去鼓励他人的兴趣和信心;而不必先去堵死他人的兴趣与信心,把其他的一切打倒,使世界上只剩下我一个人的东西,才能得到自己的满足。政治上这样做的是愚妄,学术上这样想的更是愚妄。假定真正能做到的话,孙悟空一个人坐在阒无一人的玉皇殿上,也会感到天上人间的寂寞。因此与其说我们想树立以一人一说为基础的学派,勿宁是想树立一个各尊所闻,各行所知,而又可互相检证补益融贯的学风。最近出版的唐君毅先生的《人文精神之重建》一书,应该是我这种说法的最清楚确切的证言。

"讨论精神",和一个人的治学态度,尤其是和一个人对文化的态度,是密切地关连着。在这里,我更提出我若干比较具体的意见。

首先,我们现在是苦难而流浪的中国人;我们更热爱我们的祖国,更非常珍惜我们的传统文化。这是一种感情,我们是人,我们便自然有这种感情。我们的责任,是站在现代整个文化的立场,小心谨慎地别择着哪是我们所固有,哪是我们所没有;哪是当前所需要的,哪是当前所不需要的;哪是好的一面,哪是坏的一面;把这些别择清楚,看如何可以和世界文化相贯通乃至相裨益。我们即使是一个蓝眼睛、高鼻梁的西方人,对于有几千年历史的中国文化,也应有一副同情的态度。何况我的确是出生在中国?我不肯以简单底咒骂祖先的方法来解释自身的不幸,也和不肯以简单底咒骂外国人的方法来解释自身的不幸,是同样的理由。拿着中国文化做挡箭牌以便在政治上做坏事的,我固然痛恨,但我并不因此痛恨中国文化。因为在政治上做坏事的人，可以利用任何东西做挡箭牌。共产党不是说只有他们才是真科学、真民主吗？我们希望对中国文化做一番认真批判的工作，把几千年的许多纠结，加以清汰疏导，但这种工作，必需经过严格学问的处理过程，而不是闭着眼睛瞎骂。同时，没有一个人能把这种工作做得完全，每一个人应当虚心坦怀底接受旁人经过研究所提出的补充修正的结论。我们愿意和不以征服凌辱中国为目的的外国人士，及不以自己之眼不蓝而发不黄为奇耻大辱的中国人士，来从各个角度讨论中国的文化。希望彼此既不夸张，也不诬蔑。当然不愿谈中国文化的，我们并不要他勉强谈中国文化。

其次，西方文化，是今日世界文化的尺度。百年以来，我们所能接受的西方文化，实在是太少太浅。这一点，只要看严几道、辜鸿铭这些人的文章，乃至大批留洋人物的造诣，及翻译品的质劣而量少的情形，便非常清楚。我们对于凡是以忠实负责的态度来介绍西方思想的人士，都表示最大的敬意。古典的东西不一定都对，但古典之所以成其为古典，一定有其不可磨灭的地方，介绍进来总对于我们有益处，我们不应以其某一部分已过时或与自己兴趣不合而随意加以抹煞。当代不论是哪一方面的思想家，他既被人认为是思想家，他一定有其某一方面的成就，介绍进来总对于我们有好处，我们不应因其与我的路数不对不合而随意加以抹煞。譬如最近《自由中国》十二卷第六、第七两期殷海光先生所介绍的逻辑实证论者的《自然思想与人文思想》，我觉得便是一篇好文章。假定殷先生自己真正接受了这一篇文章的意思，则他在夹注里对牟宗三先生所放的许多暗箭，便大半可以取消。在介绍西方学问时，最害怕下面两种态度：第一，名为翻译，但目的并不在于介绍某一人的思想，而只是想在某人的文章中选择若干与己意相合的字句来作捧自己、骂他人的工具；对于原文的精神面貌，一概抹煞。老实说，这是小偷儿的技俩，应当引为大戒。第二，一个人介绍某一思想学说，当然是因为对于某一思想学说有兴趣。不过介绍人最好是就某一思想学说，很切近底将其来龙去脉，及其在思想学术上之地位，加以客观叙述，或加以阐明即为已足。不必认为自己所介绍的，所知道的，是世界上独一无二的；并且除了自己所介绍所知道的以外，其余的都是落伍的、谬误的、应该打倒的。此一态度之本身，与前者无二致；就是想凭借某一外面的力量，把自己捧得至高无上。其实，这是徒然的、可笑的。我们任何人对于西方的都知道得太不够。我恳切地希望对外国语文有修养的人士，多开"介绍所"，少摆"打擂台"，这应当是文化界的莫大期待。

还有，我感到和共产党讨论问题是最困难的事。一定有许多先生有同样的经验。我曾研究这种原因，暂把现实政治问题丢开，而发现这是出自他们"二分法"的方法论。他们在"真理只有一个"的前提下，把一切的事象、问题，划为"二分"。压迫的，被压迫的；革命的，反动的；同志，敌人；唯心的，唯物的；资产阶级的，社会主义的。不是"这"，便是"那"；"这"与"那"的二分之间，决无第三者的存在。假定有，那只是伪装、动摇，结果还是不是"这"，便是"那"。这种二分法的好处便是简单、明了、干脆，最适合于初用思想的人的味口。而这种二分法成立的实在根据，只是靠无制约的推论；拿一点做基点，尽量向前加以延伸推扩。他们之所以敢于作这样的推论，则和他们的唯物史观密切关连。他们认为人类行为，完全是受一个简单底客观法则的支配，人类的感情、意志，仅仅是附随的东西，不能发生一点主导选择作用；所以可应用物量演算的原则，一直演算下去。使用二分法的人，其态度非常固执、骄傲，俯视一切。假如你采纳他的若干观点，修正自己的若干观点，他不以是试行错误的客观修正，而认为这是不彻底的投降。一九五〇年我在东京时，有位朋友也是这样地和我争论。我当时笑着说："假定我是住在赤道，一下子坐同温层飞机到南北极去旅行了一趟，我便可以承认天气不是冷便是热的二分法。但我是生在中国，四季分明；除了冬、夏之外，还有春和秋，除了冷与热之外，还有不冷不热的温和凉，除了热带与寒带的产品以外，还有温带的产品。所以我不贪图这类二分法的便宜了。"可是这种二分法，在我们自由中国也非常流行。例如大陆学派是观念底、极权底，海洋学派是经验底、民主底；古典底自由主义经济是民主底，修正了的如凯因斯之类的经济学说是统制底、极权底。不论是社会民主主义也好，乃至民主社会主义也好，沾着有社会主义几个字就是共产党，就是极权。更彻底地说，自己知道的一点点，是科学底，也是民主的；自己不知道的是非科学的，即是极权底，所以应咒骂、打倒。这样做，便可证明自己所知道的就是一切，我不是首出庶物的权威学者是什么？这种人，常常反对"大系统"这一类的哲学；但大系统这类的哲学，总还要费一番心力把许多东西加以安排，而这种人则一口气把人家的一分打倒，只留下自己的一分，不费安排之力而已经盖天盖地了。这一类人，表面好像是依傍着经验主义的大方向，而实际只是以个人的好恶，代替了社会的经验，作独断底无制约性的推论，于是把含有各种可能性的东西，独断为只有一个必然性的东西。在他们的结论后面，常常不包含人类社会的真正经验。譬如说：凯因斯的学说何以会发生？发生后，何以会有这么大的影响？古典的自由主义经济何以会被修正？何以现在世界上找不出一个典型的古典的自由主义经济的国家？社会民主主义，何以改为民主社会主义？他们何以在反共的人们中也很流行？若把这些东西都一起弄到共产党那一方面去，则我们所处的地位将怎样？为什么维也纳学派出来以后，其他学派并未被肃清，而维也纳学派的狂热情形也慢慢比开始时冷静？这都有人类社会大的经验背景在后面，都是值得我们作一番谨慎处理的。一剖两开，在行为上有时不能避免，但不是做学问的态度。学问在辨同析异之间，要锱铢必较，否则无学问可言。假定一个人无兴趣或无时间处理自己所最有兴趣以外的问题，这也是人情之常；那末，顶好学习孔子"君子于其所不知，盖阙如也"的态度。万一谈这一问题必须涉及其他问题时，则只好小心而忠实地引用对于那一门经过认真研究者所下的最近结论，尤其是不可轻易加人以政治上的帽子。再重复说一句，二分法是讨论问题的一种障碍。每一个人自觉底限制自己的推论，这或者为敞开讨论之门所必需的条件。

总之，真正是在经验、研究、思考的人，而且是在人类文化之前，有一种谦虚虔敬之感的人，彼此的讨论，对于文化一定会有益处的。

以上的看法，我不敢说可以代表《民主评论》有关的各位先生的意见，更不敢说我这种看法便很正确，也不敢说我自己是完全实践了自己的看法。只是因凌空君的鼓励，而把平日所积累的若干感想写出来，供有心人士的参考。最后，我觉得不论《自由中国》学派也好，《民主评论》学派也好，一切真正为文化、为民主而努力的人们，彼此处境的孤危，毫无两样。我们应感到在千钓一发、国命如丝的现在，大家所负责任的重大。所以彼此之间，应该只有分歧而决无仇恨。我们应当在起码的观念上求协调团结，而不必要求在高级概念上去求统一。团结才是在孤危的环境中为国家民族效力的唯一可走之路。朱元晦在追和二陆鹅湖之会的诗中，有一联说"旧学商量加邃密，新知涵养转深沉"，愿与自由中国的学人继续共同策励。

五五年四月六日于台中市

一九五五年五月一日《民主评论》第六卷第九期

中国知识分子精神之回向
——寿张君劢先生

　　君劢先生，于明岁元月，寿届古稀。吾友唐君毅、牟宗三两先生，均来书欲余以一言为前辈先生寿。民国三十七年，余随熊先生候君劢先生于上海寓邸。出后，熊先生问余之印象。余谓，张先生气象开朗，与时下言政者异。熊先生笑而颔之。余对先生之直接印象仅此。然先生以书生奔走国事，其真实意义，社会能言之者绝少。爰就余理解所及，略举一二，以告国人，固不敢必谓言之有当也。

　　我国自秦政开大一统专制之局，凡二千一百三十二年，为世界规范最大、历时最久之专制政治。举凡文化精神，与夫民族生命力，摧折于此专制之下者，非可以数字计。故由宪法以树立民主政治之基础，由民主政治以解放民族之精神，复兴民族之学艺，此乃戊戌变法以来，有识者所公认之救国大方向，而其力实结集于中山先生所领导之国民革命。中山先生革命之目的无他，亦惟民主宪政而已。顾一挫于袁世凯之帝制自为，再涽于共产党之甘言蛊惑。后虽讨袁而专制之余毒未去，后虽清共而观念之影响尚存。于是二十年间，言政者好言革命而不喜言宪法；偶言宪法，则又只乐言一党之宪法。政轨不立，国基不固，其结果，乃有大陆沉胥之痛，岂细故哉？今日吾人逼处海隅，犹得保持一部堂堂之宪法，以与天下人士相见，此真国脉之所寄，亦中山先生志业之所存。复国之基，实赖有此耳。顾此宪法之得以定稿，金谓特得力于问政而未尝当政之君劢先生，余每闻此语，未尝不愧怍汗下也。又忆余年少时在沪购一书曰"人生观之论战"，于京沪车中急读一过，内容多不甚了了。惟知有一派人士，斥君劢、东荪两张先生为"玄学鬼"，玄学鬼即系反科学、反民主，罪在不赦。自此，"玄学鬼"三字，深入脑际。有人提及二张之姓名者，辄生不快之感。二十年后，偶读张东荪氏之著作，凡言民主、科学、哲学、中国文化等，其成就几无一不在当年反玄学鬼者之上，此当为有常识者所共许。而一部民主宪法，不促成于打倒孔家店之勇夫，竟出自热爱中国文化之另一玄学鬼；此一皎然明白之事实，尚不足以引起中国知识分子之深思熟考耶？

我国知识分子，抑压于专制政治之下，非旷代大儒，即不能完成人格精神之独立自主；而政治主动性之被完全剥夺，更无论矣。才智之士，依附于一二悍骛阴猾之夫，以成其所谓功名事业，则饰其所主者曰"圣君"，而自饰曰"贤相"；圣君贤相，乃中国历史中最理想之政治格局，固不知此种格局之背后，实际藏有无限之悲剧也。中山先生年少上书李鸿章，其内容姑不论，要其此时之精神尚未脱离传统之政治羁绊，则彰彰甚明。若当日果因此而受知于李氏，他日且亦得为北洋大臣，其对中国政治之贡献，究与李氏奚若，吾不敢知矣。乃上书无成后，竟赤手空拳，创立政党，一跃而欲以自身组成之政党，担当国家政治问题之主责，此真表现中山先生精神生命之一大解放。中国知识分子，必先有此一精神解放，乃足以进而正视中国之问题，担负国家之使命。

余尝谓我国历史，仅有大奸大猾之造反，而无书生之造反，此实历史之羞，亦书生之耻。有之，则自中山先生始。欲学中山先生者，首应学其书生造反。书生之造反无他，由专制下之伏阙上书，一变而为民主之在野组党而已。吾曾闻之友生，人问君劢先生："以君之学识，何求不获，而必组党？"先生答谓："国民党欲一党专政，不许有他党，故吾即组党。"夫民主政治之运行，必有赖于对立之两党，此稍有良识者类能言之。顾今日号称自由民主之人士，一旦由清谈而进入真实问题时，辄瞠目四顾，结舌不能出一语。夷考其实，则亦仍旧依草附木已耳。嗟呼！若孔、孟、程、朱、陆、王生于今日，迹其不肯枉尺直寻之心，推其悲天命而悯人穷之念，将欲为生民开万世太平之业，其必投袂奋起，组织政党以实践民主政治，无疑也。使吾所闻者而确，则先生组党之心，即古先圣贤，栖遑应世，守道行道之心。吾人于此，既无所疑于中山先生，岂独有所疑于先生哉？或者以先生所组之党，实未能附其理想，以此为先生病。然天下事，与其坐待客观条件之成熟而消极不为，曷若尽其所当为，开天下之先，作社会之气，以促成客观条件之成熟。况今日处大溃大败之后，将欲振天下之人心，集天下之意志，涤除旧染，培养新机，以光复神州故物，则流离颠沛中之知识分子，舍组党将奚以哉？故居今日凡能以救国之心，组民主之党者，此皆赤手搏龙蛇之士，圣人之徒也。

宪法与政党，乃实现民主政治之两大支柱，而其基本精神，固皆为吾国人性文化之所应涵摄。顾扼于专制过久，知识分子之志节不伸，文化之发展受阻，遂长期停滞于道德之主观状态，少客观之成就。先生在其《比较中日阳明学》中，引日人高濑武次郎氏之言，以为阳明学在日本则成就事业，在中国乃变为枯禅，此系两国民族性之异。然世界上岂有能创造其文化而不能自用其文化之民族性？高濑武次郎氏之言，盖亦皮相之见耳。吾尝谓专制之毒，甚于封建。盖对立封建之毒，尚可逃于天地之间；而大一统专制之毒，则无所逃于天地之间故也。日本无中国长久之文化历史，亦无中国长久之专制历史。质言之，中国大一统之专制政治，日本历史中殆未曾出现；故其知识分子一有文化之自觉，因其精神所受之折磨较少，即可挺身向前，少所瞻顾。中国则知识分子磨折于专制之下者，凡二千年，神销气沮。其能旁出而逃空虚者，已属豪杰之士。一般精神之不能客观化而为事业，浸假而甚至不复知有客观之事业，亦势所必至也。由此可知先生在宪法及政党上之努力，乃表示中国知识分子面对新情势、新问题所发生之一大精神回向。必有此一回向，然后中国知识分子之志节可伸，中国文化之发展可全；民主科学，乃可与吾民族之血脉相贯通，而发荣滋长。吾友唐君毅，常持返本开新之义，勖勉国人，先生固以一身先之矣。

又尝论之，人乃一历史文化之动物，故无不受传统之影响，此在标举反传统者亦未能例外。影响吾国知识分子气质之传统，可略举以三。一为叔孙通、公孙弘之传统，其后嗣蕃衍无数，可置不论。范蔚宗《后汉书》，分列儒林、文苑二传，使书生气质之另二大传统，因而彰著，乃其卓识。大概而论，儒林传统之真生命，乃立足于其对自身、对人类之责任感；文苑传统之真生命，乃立足于各个人生活之兴趣。儒林传统，常表现为道德之拘执；文苑传统，常表现为才藻之圆通。儒林传统，重由有所不为以达于有所为；文苑传统，则名士之癖性，有似于有所不为而实非有所不为，其兴趣之新奇感，有似于有所为，而亦实非有所为。历史之生命，虽常依恃乎儒林传统；然儒林传统之在当时，其气势决难与文苑传统，齐驱并驾。由文苑传统而回向儒林传统者，常表示个人生命之向上，社会亦常因而得一转机。以文苑传统而嘲弄儒林传统、诬蔑儒林传统者，则乃表现个人生命之纵侈，社会亦常因而愈趋堕落。宋代蜀党、洛党之争，往事之彰明较著也。我国近数十年来，对科学民主之追求，亦可谓亟亟矣。顾有清一代，实乃文苑传统侵夺儒林传统之一代；于是在科学民主之运动中，凡具有儒林传统之气质者，多不能作正面之显现，反常以逆说之形态，转入于共产党徒之中，而滔滔天下，则固皆文苑传统之人耳。此时代之所以为可悲也。君劢先生，实一承儒林传统以争自由民主之人，其不易为时代所了解者在此，其尚得有较多之客观成就者亦在此。一代之风气，实即一代之命运。风气之转移，亦即命运之创造。吾人于此，亦可知其所当用心矣。

中国知识分子，生当巨浸稽天、风诡云谲之际，对一己之生命，今日尚不能卜明日之死所。然一念之回向，即上通千古圣贤之心，旁通天下四海之志，下通子孙百世之命，则吾辈与先生，固亦未尝不与天壤同其不朽也。谨述此义以为先生寿。

五五年九月廿日于台中市

一九五五年十一月十六日《人生》第十一卷第一期

沉痛的追念

　　前两个月接君毅兄来信，谓韩裕文兄已在美国因肺癌逝世；并谓在他病重入医院时，尚接其来信，自称当不遽至死，因对人世的负欠太多。我读君毅兄来信后，心里觉得非常难过，因为我对裕文兄个人也有太多的负欠。先不知道他竟一直未回大陆，又不知道他竟这样在凄凉寂寞而矛盾中抱着对人世无穷的愿望而死去了。所以我回信给君毅，希望认识他的几位朋友，把各人对他不完全的记忆，都写了出来。这好像一件东西落到海里去了，爱惜它的人，只好希望它在落下去时的涟漪，更能扩大一点，更能长久一点。这只是未死者一番不能自已之心，对死者的负欠毫无裨补。

　　民国三十三年夏季，何敬之先生在昆明成立陆军总司令部，我以高级参谋的身份，也在那里住了一个多月。西南联大是当时人文萃聚之区，当我离开重庆以前，先到北碚金刚碑去看熊先生，希望他介绍几位西南联大的鸿儒硕彦，长长我的见识。熊先生先只望着我笑了一笑，接着他大概觉得我的意思很恳切，所以便说："那里有我的一个学生韩裕文，人很忠厚，你可以先去看他，请他为你介绍。这是一位很可托的人。"中国的高参，一向是小事不问，大事不知的，所以到昆明在何先生的总部安置了一个床铺后，终日无所事事，有的是时间去看他。那时他好像是当讲师，因为他已先接到熊先生的信，彼此一见面便很自然，很亲切。他说："我们这里的大师是文学院长汤锡予先生，湖北人，也是熊先生的朋友，我陪你先去看他。"到汤先生的寓所，大约是下午四、五点钟，汤先生的身材很矮，头很大，态度很谦虚；讲了几句应酬话后，我便向他请教一些问题，并谈到看书的事，汤先生说："出版不久的一部《国史大纲》，是钱宾四先生著的；这部书很好，可以看看。"我记得初见熊先生时，熊先生要我看王船山的《读通鉴论》。我当时因此联想到，大概读书人对于军人，总是希望能先有点历史知识。此时钱先生已离开昆明在成都，尚未见过面；但我对钱先生的深刻印象，系从此时开始。以后裕文还陪着我去看了其他的几位先生。当我和那些先生上天下地地大谈而特谈的时候，裕文总是坐在一边静静地听；出来后，他总是问我的印象如何，看他的神气，好像生怕我对于他所介绍的先生感到不满足。他说："在军人中，能提出这些问题来谈的，恐怕很少。"有一次，我和他提到熊先生所说的"超知"的问题，表明我不很赞成之意。他当时便很严肃地向我讲解了一番，内容我现在已完全忘记。不过在当时我觉得他说得很深切，很能表达熊先生的本意；我才知道他对于熊先生的学问，是实有所得的。在昆明一个多月的时间，他穷，我也穷；除了一同到开在城楼上的一家牛肉馆吃过几次牛肉外，谁也没有力量请谁逛逛风景名胜。但我之得以认识他，和他一个多月的交往，是我到昆明走一趟的唯一收获。

抗战胜利后，我复员到南京，他赴浙江大学去当哲学系的副教授，从南京经过，在我的寓所住了几天。以后办赴美的手续，也在我处住了几天。我更了解他的性情，是非常恳笃而狷介。熊先生平生对学生，对一般学人，有最大的热情，也有最大的脾气；大家尊重他，但害怕经常接近他。凡是向他问学的人，没有挨过他几顿臭骂的，可以说是没有。这在他老人家的心情境遇拂逆的时候，更是如此。但正如宗三兄所说，因为他刚，所以能担当得住大道理；因为他热，所以才有真正的学生。并且一个人能感受到他老人家的刚和热凝结在一起的人格，所以挨骂的当时尽管有点受不住，但过后也自然没有芥蒂。因此我想到孔子何以说"吾未见刚者"，而历史上凡是能在艰屯中成就事业或学问的人，无不是刚方正直的人。阴柔世故，只能成就一个"私"字。所以前人常将"阴私"二字连在一起。大概民国二十八年，熊先生和马一浮先生呕了气，离开乐山后，住在离重庆约八十里的一个集镇上（此段事实，宗三兄之文叙述得甚清楚），心情非常地坏。当熊先生在歇马场的这一段拂逆生活中，跟随着的便是裕文兄一人。每天从煮饭、买菜，至叠被，都由他一人包办。考书，答得不对的时候要挨骂；做事，做得不合意的时候也要挨骂。但熊先生后来和我谈天，谈到这一段生活时，说裕文从无怨言，从无愠色。所以他老人家认为在自己的学生中，裕文的天资不算高，但性情最为笃厚。我想，这完全是由于他信道之笃，因而尊师之念，出于至诚，决非勉强所能作得来的。不过因为他自己对于人，对于事，都很认真；所以对于不认真的人和事，虽然口里不说，但容易存在心里放不开，所以他的表情总是带着沉郁而缺少爽朗之气。这种狷介的性格，最不适于生存在动荡混乱的时代；因为在这种时代中一切都没有标准，根本无法计较。愈计较，便愈郁结，便会使人的生命力纠缠在这种地方而不能解脱，就有短命的危险。我想，裕文的狷介之性，是他的长处，也是他不能永年的重要原因。

我的身体一向很坏，性情又急躁，动不动便和朋友争吵起来；但所以还能活到现在，或者是因为我和裕文恰恰相反，心里有什么便说出来，说出之后，除了常有一点后悔和自责之念以外，更无沉在内面的感情渣滓。这或许是乱世的养生要诀。

　　裕文得着赴美研究的机会，我当时非常地兴奋。因为近三百年来，中国人对于自己文化的精神面貌，真正能了解的不多。西方人士治汉学的，更没有一个人曾接触到中国文化的核心问题。但从二十世纪以来，在西方思想家的反省中，常常流渗出一种为他们自己所不了解，而实际却是向着中国文化这一条路的迫切的祈向。把文化的中国"原型"，向世界人类贡献出来，这不仅是出于中国人的自敬心，同时也是出于世界文化的真切需要。并且在今日风气之外，只有先在世界文化中确定了中国文化的地位，才能恢复中国人的信心，因而可以真正开始中西文化大融合的努力，以产生一新的文化。此一工作，不仅不是曲学阿世如叔孙通、公孙弘之流所能牵强附会，也决非五四运动后第三流以下的饾饤考校家所能有助于毫末；因为这些人无常识到以思想上的概念（如仁义礼智之类）是人造的名词，觉得不值一顾。熊先生以间世特出之资，孤寒突起，将儒家思想从二千余年的专制政治污染中洗涤出来，并凌厉蹴踏三百年来一切拘迂庸俗矫诬之论，一还其真正的精神面貌。而其以"刚健动进"之气激励学人，尤为针对时下知识分子的膏肓痼疾。我在现在看来，其立论虽有时未免驰骛太过，会因此而发生流弊；然其振作涤炼之功，实五百年来所未有。但因厄于风气，限于语言文字，西方人士之治东土学问者无从闻接，这实系东西文化交流中之不幸。裕文亲炙于熊先生最久，倘因裕文之渡美而能使彼邦人士得闻熊先生之绪论，或系一大胜缘。果然，裕文渡美不久后，彼所从事研究的大学，即有派学生两人，来华从熊先生研究之拟议。旋因大陆政局剧变，神州陆沉，至未实现。卅八年我违难赴港，办《民主评论》，其态度当然是反共的。但我们不是为反共而反共，而是要在文化社会政治的反省中求出共产党成功的原因，并为苦难的中国找出一条真正的出路。所以在《民主评论》初问世时，某方的报纸说我与某某相接托，伪装第三者的态度来扩大反共的影响；而现在则从一相反的方面，说我的思想有什么问题。其实，我们只是坚决地站在东西文化正统的立场，来呼唤一切反共非共人士，在生死斗争中应有进一步的自觉；并且也要呼唤共产党人，希望他们能有以自拔。《民论》初出世时候的态度是如此，现在也是如此，《民主评论》垮了以后也是如此。我们的信心，一方面是来自我们的无私，一方面是来自对历史文化的反省。每当我们的反省加深一步，我们的自信也更加强一步。也许我们的生命，明天就会毁灭。但只要人类存在一天，我们的信念必以各种形式而为人类所持续。大陆沦陷后，每一个人的生活环境和人事关系都有急烈变化；但在精神可以持续下来的，我们还应当持续。大陆的共产党与我们绝缘，但我们并不能因此而在精神上与大陆绝缘。何况是在海外的朋友？所以《民主评论》出刊后，每期总寄裕文一份，这不过是请他看看我们的想法，并保持朋友间的联系，决无向他作宣传，或挖他之意。我平生对任何朋友也不肯这样做。所以也不请他为《民主评论》写文章。可是有一次接到他的来信，对于我们表示不满。我想，他是一个狷介而尚未结婚的人，又面对着亘古未有的变局，由精神的烦躁而成为心理上的猜疑，乃势所不免，而情有可原的。他不可能同情共产党，只是在反共这一点上，还未发现一条可走之路。我常常责备政治上缺乏宽容精神的人物，而我对朋友、对社会，便常常缺乏宽容的精神，常常需要朋友原谅我，而我于不知不觉之中不会原谅他人，这十足暴露我学养的浅薄。但当时我亦未再写信去向他解释，也未继续和他通信。心里想，假定他以后回到大陆，那便不是私人感情上所能弥缝得了的鸿沟；假定能在海外或台湾相逢，则朋友们见面后扯着手笑一笑，也就一切无事。想不到他在世界的歧途、个人的歧途中，竟彷徨忧郁地死掉，使我对他的负欠，成为我生命中永远抹不消的负欠。他是山东哪一县的人，年龄比我小多少，在美国治学的情况如何，有无著作，我都无法清楚。我希望以我此时对他痛疚之心，能使我今后能更多了解朋友、宽容朋友，因而在这一个混乱而寂寞的人世中，多增加一点人生的温暖。这是我对裕文的补过，也是我对一切师友的补过。

三月六日于东海大学

一九五六年四月十六日《民主评论》第七卷第八期

王季芗先生事略

一

　　傅君隶朴，拟印行先师季芗先生所著《重修湖北通志条议》，嘱余略述先生生平，以告读者。余固陋不学，何足以知先生；然板荡以来，海外能言先生者绝少，乃受命不敢辞。窃惟先生博极群书，其著作已刊未刊者都凡一百一十八种，穷搜远绍，综贯于四部之中；要以方志学一门，为晚年用力最勤，所得亦最精最富。其巨著《方志学发微》，民国二十六年春已缮成定稿；顾抗战军兴，先生退隐乡邑，无由付印。三十五年还都金陵，时先生已归道山，余与同门涂君颂乔，谋将是书问世，而遗孤幼弱，其家人匿稿不肯出；因循之间，神州远隔，其存没遂不复可问。此《条议》一卷，虽仅为湖北修志而作，然实际系先生学以致用之结晶，亦即系《方志学发微》之缩本；故此编之出，乃不幸中之大幸；而傅君之有功于前修，嘉惠于士林者，诚非浅鲜也。

二

　　先生名葆心，字季芗，别字晦堂，又号青坨老人，湖北罗田县人。民国三十三年四月十三日卒于原籍之东安乡，时年七十有七，以此推之，则实生于同治六年也（一八六七至一九四四年）。清末，张文襄公，设两湖书院于鄂渚，先生以博洽受知为高才生。癸卯举于乡，任学部主事，兼充京师大学堂及优级师范经学文学教授。时清政不纲，忧患煎迫，先生宿怀民族思想，顾悃朴不喜言革命，爰著《宋季淮西六砦纪事》一卷、《明季江淮七十二砦纪事》七卷，于宋明季义民抗拒异族之壮烈故事，搜访坠逸，阐发幽微，整比钩稽，勒成正史体制；其文字中感愤郁勃之气，读之棱棱如可扪触；故此二书，不仅可补史乘之所遗，实亦先生壮年一段真精神之所寄。民国纪元，先后任教于北京大学及武昌高等师范（后改武汉大学）。十二年秋，湖北创办国学馆，执教者皆一时耆硕，特推先生为馆长；先生分课程为经史文理四科，日与诸生讲贯讨论，一复宋明书院讲学之遗规。十五年，北伐军抵武汉，国学馆亦因之废弃；自是先生往来乡邑省垣间，读书著书，未尝一日或间。生事寒素，然于民国二十三年、二十四年间，以望七之年，亲至北平图书馆搜抄资料，一年间得二十四巨册以归，其平生治学之勤，大率类此。盖先生一生，以读书著书为性命，此外殆无一足使其措意。故平生不立崖岸，而翛然远引，如清风明月，凡与先生相接者，尘垢鄙吝之气，自消融于光风霁月之中而每不自觉也。

三

先生晚年特喜留心地方文献。对南北各地文化之发展，恒人经地纬，以考见其今昔演变之所由来。客有初次访候先生者，先生问明籍贯后，虽属穷徼下邑，亦辄为言其山川人物，条贯古今，如数家内事；偶举与客家世有关者以问客，客辄瞠目逡巡，唯唯而退；退而就先生所言者考求之，无不骇怪先生何以能博闻强记至于如此也。曾集湖北先正旧闻佚事，成《江汉献征录》，凡数十帙，其取材多人间不经见之书。后修《湖北文征》，先生与甘药樵氏担任宋明两代编纂，实则先生独任其劳。成书凡二百四十卷，并将与《江汉献征录》中有关各材料，分列于元明作者小传之后，自数百言至数千言或万言不等；在张江陵一目下，叙录当时江浙士大夫所以诬陷之前因后果，及当时为江陵辨诬之各种材料，且数万言。然后湖北元明两代之人物风教，始粲然完备。甘氏居北平，雄于资，诳先生谓决独力将稿付印，先生深信不疑，挈全稿畀之。乃甘氏得稿后匿不复出，时抗战正剧，南北阻绝，报纸误传先生已死，甘氏遂扬言此稿乃其私著。先生闻之始知受欺，向甘氏屡索不应；旅平津之湖北人士，群代先生向甘氏鸣不平，亦不应，遂使先生衔恨以没。

四

三十五年春，余养病北平，甘氏亦已病故，其后人坚不承认家中藏有是稿。旅平诸乡先生佥谓此稿一旦失坠，不但有负先生数十年之辛勤，且恐今后更无人能续成此盛业者。余乃商之当时北平市长乡前辈熊哲民先生，设法自甘氏家中清出，则二百四十卷之原稿，稿中先生之手泽及甘氏涂改勾勒之迹，固赫然俱在也。遂携之反鄂，原欲归之通志馆，而馆长李某，乃甘氏之婿，正彷徨中，适居公觉生、何公雪竹，谓亟须印行以免再度湮没，谋之徐公克成，徐公慨然以此自任，以其经营之事业中，有一规模宏巨之印书馆也。及武汉沦陷，徐公谓于退出时将稿藏武昌私第夹壁中，则其能否侥幸于鲁壁汲冢之余，盖益不可知矣。余从先生问业于国学馆，先生辄周其衣食，所以期望之者至殷且厚。乃数十年来，奔走生计，习业百无一成；且坐视先生之志业，零替殆尽；现手中所存者，仅先生所著《古文辞通义》，及二十六年武昌春游时照片一帧耳。抚摸此编，益增余之愧疚也矣。

五六年五月受业徐复观谨志于私立东海大学

一九五六年五月二十六日《自由人》第五四六期

致香港《新生晚报》编者信

编辑先生：

我读到香港的朋友寄来贵报五月二十四日乐贻先生《徐复观炮轰〈自由中国〉》的报导，首先对贵报及乐贻先生的关注，表示最大的感谢。但我已在拙文（《历史文化与自由民主》）中说明，"行文中所用的'你们'，仅指此种人而言"，即是仅指提笔写那篇《重整五四精神》社论的人而言。我相信此种人并"不足以代表整个自由中国社"的态度，所以拙文便引用自由中国社主干之一的罗鸿韶先生的文章作结束，用意在此。

其次，我对于民主自由的了解，及想为民主自由作相当的努力，开始于民国三十七年，这是从现实政治的体验中得来的。这几年因对中国历史文化多费了一点工夫，更增加我对民主自由的信念。此生此世，我决不参加现实政治；但有生之日，即为民主自由奋斗之年。在这一点上，我诚意地愿与任何人合作。因此，我与自由中国社，既没有"辐"的观念，也没有"脱辐"的观念。

谈民主自由，一定以个人自由为基点，这并非仅是自由中国社的理论，但自由中国社的先生们这几年对于这一点特别强调，这是他们的贡献。在拙文中，并没有推翻此一理论意念。拙文的要点，只在指出传统文化可以批评而不能打倒。同时认为各种生活兴趣，各种学术思想，只要它意识到，便都可以通向自由民主，而并非可由某一种兴趣与思想所独占。倘承贵报好意，愿将我这几句话刊出，那将是万分感谢的。敬颂

编安

徐复观敬上　五月三十一日

一九五七年六月八日《新生晚报》

我的歉疚和呼吁

顷接到张漱菡女士九月十五日的来信说："刘秋潮先生不幸于十四日上午因肝病不治，逝于台中医院。人生无常，令人感悼万分。您闻之一定也很难过吧！特此奉告。"真的，我不仅是难过，而且感到万分的歉疚。在这无法补偿的缺憾中，只有借重《自由人》的宝贵篇幅，为刘先生的遗族作一点呼吁。

到现在为止，我还不知道刘先生是什么地方的人，更没有机会和他见过一面。有一次，看到刘先生寄到民主评论社的一篇谈《诗经》的文稿，字写得很工整，并且在一行一行的旁边加上评论式的连圈连点，一看便知道这是出自读书很认真、写文章很认真的作者的手笔。看完内容后，觉得文章整洁，条理清楚，从训诂到思想都非常结实，没有一句敷泛的话。这不是得到了治学的门径，并下过一二十年治学工夫的人，决写不出这种有法度、有创见的文章的。但文章后面所记的通讯地址，却是"彰化市华阳里省立商业职业学校"，使我又发生怀疑：在文史人才异常缺乏的今天，中学里怎会还有这种沧海遗珠，待我来发现？这可能是老师宿儒的遗篇断简被"文抄公"找出来换点稿费，横直刊物以文章自身为主，我便拜托《民主评论》的负责先生把它刊出了。此后一年多的时间，前后大约共发表了刘先生这类的三篇文章，都是采用归纳方法，以求出新的结论；这才使我相信在今日的中学里，的确还有未被人注意到的像刘先生这种积学之士。于是常常想能有机会看到他。并且觉得像这样在学问上有根底的人，假使能介绍到东海大学中文系来教书，岂不是两全其美？可惜我了解得太迟了。有一次同一位朋友又谈到他，那位朋友说，刘先生是北师大毕业，四十多岁，家庭负担很重，真是贫病交加。更详细的情形，那位朋友也说不出来，因此，我更想到，当又忙又穷的中学教员，还能作课外的研究，并且还能写出这种丝毫不苟的文章，不是真有毅力、有决心的人做不到。我的《释〈诗〉的比兴》一文刊出后，曾寄了一份请他指教；过了十多天，接到他一封很长的信，知道他正在起身赴高雄时收到，是在车上看完的。他说，我所谈的问题，也正是他平日研究《诗经》时所常常想到的问题。他在信里面，说了许多从甘苦中出来的很恳笃的话；并且知道他曾很认真地看过我的文录甲集、乙集，这更使我感到在这茫茫人海中，我凭什么，可使这位贫病交加的朋友，花钱去买那一钱不值的文录来看？这只有增加我的感愧。

九月二日，接到漱菡夫妇约我夫妇在四日下午到她的彰化新居去吃饭的信，我闻内人说，这是非去不可的，最好早点动身，因为还要去看一位姓刘的朋友。三日晚上是台风，四日上半天阴晴不定，下午到彰化，时间并不早，地方又不熟，以一个推托到将来的心理，依然不曾去找商业职业学校。饭时，座中有朱龙盦先生夫妇，他是自强不息的志士，是多才多艺的雅人，彼此谈得很投机。我因朱先生住彰化较久，便问：这里还有什么书读得好一点的朋友？朱先生笑着摇摇头。我便又提到这位刘先生，希望下次有机会共同去看他。过了三四天，接漱菡来信说朱先生已经去看了。看样子，刘先生的生活很艰苦，家里非常凌乱。并说，当朱先生提到我很推重他的时候，他非常高兴。我觉得朱先生对朋友真算有热情，他竟先了掉我一年来所未了的心愿。漱菡在此次来信中，并没有提到刘先生害病的话。但不到几天，刘先生却因肝病而死掉，可见刘先生在死的边缘中挣扎已非一日。他的文章，他的每一个字，都是在这种挣扎中写出来的。这是刘先生的命运，也是此一代知识分子的共同命运。漱菡在报导刘先生死讯的来信后面，又说刘先生的"孤儿寡妇，贫无立锥"，问我有什么方法能帮助他们一点。我除了由私人，并请求民主评论社，各拿出一点钱来，以济孤儿寡妇的燃眉之急以外，愿更向广大的社会呼吁，希望大家也肯拿一点力量出来；这固然是对这位艰苦而尚未成名的学人的凭吊！但同时也是对这一个艰苦时代的凭吊！也是对我们自己的凭吊！

　　漱菡女士，与这位刘先生，更无一面之缘。但她在知道刘先生的短短十天中，肯分出宝贵的写作时间，用到对刘先生的关切，使我更了解到她的心灵，真是人世一切悲欢忧乐的交会点，所以这几年来她能不断创造出"解释人生"的作品。因此，对这位刘先生的生平、遗著等等的搜罗、报导，我希望由漱菡去尽这一份责任。

九月十六日于东海大学

一九五八年九月二十四日《自由人》第七八八期

陈立夫先生六十寿序

今岁夏七月，余北来访程君沧波于其寓斋，沧波谓余曰，立夫先生年六十矣，愿子一言为寿。余应之曰诺，不敢辞。虽然，余下邑之野人也，于昭代之朝章国典、名公巨卿，率懵然无所知，块然无所识。则余所能知于先生者，盖亦仅矣。抑闻之，史家不难于事功之铺陈，而难于人物品格之摹写。盖事功显而易见，品格隐而难知。事功常推荡于风会形势之中，辄非当其局者所能自主。于是品格不仅难假事功以自见，有时且为事功所蔽所掩。品格之本来面目，常在事功成败毁誉之外，而表见于无声无色、隐微细碎之中，为耳目之所难周，庸史之所易忽。顾事功有偶然，有侥幸，品格无偶然，无侥幸；是以历史之真际，恒在此而不在彼。由品格之摹写，以透露历史之真际，斯乃史家之绝业，旷千载而或难一遇。在我国，惟司马子长能之。平居读史，未尝不为未遇子长者幸，亦未尝不为未遇子长者悲也。

三十五年夏，余偶与先生同客沪上。先生间尝从容闲暇，自道平生一二事，颇有异于道途所闻者。余始怵然于知人论世之难，而私幸有以窥见先生奔走一时贤俊，而其卓然自立，蔓然自守固有，为一时贤俊所不及知者在也。先生避地海外，今且十年。此十年中，国家复兴大业，日进而未有已。先生则接遑于鸡埘卵笥之间，或若不能得志于一饱，而先生之负谤亦稍轻，先生之年亦已六十，先生自念，果不知其为悲为幸也。古人盖有含深恨隐痛，无以自解，则假苦行以销铄其生命。先生殆无所取义于此。然世之欲知先生者，正宜求之于此耳。余闻美国富强甲天下，顾能娱少而不能安老。先生倘移其鸡埘卵筒于祖国之山涯水涘，与二三旧好，各以本来面目徜徉于方壶圆峤之间，其亦安老忘老之一道乎？

涪水徐复观拜

一九五九年八月一日《自由人》第八七七期

《读经示要》印行记

此书于三十四年冬，由中国哲学会编入"哲学丛书"，交由重庆南方印书馆印数百部，防稿本散失。值战后纷扰，久未流通。三十五年，乡邦谋印先生丛书，仅印出《新论》语体本及《语要》各千部。而赀力不继，此书复置。三十七年，曾商之陈立夫先生，付正中书局重印，主其事者实为吴俊升先生。印甫成而大陆变色，遂亦未得与世人相见。窃念学绝道丧，黄炎子孙，迄无以自立。此书发前圣之微言，振后生之颓志，关系吾民族命脉者甚大。因设法再为印行，以待来者知所向焉。方今群言淆乱，得此书出，挥鲁阳之戈，以反慧日，负太行之石，用截横流，岂曰小补之哉！

　　　　　　六〇年三月十四日门人徐复观谨记

一九六〇年五月十六日《民主评论》第十一卷第十期

重印《名相通释》序

我国文化，多由实际生活之体验而出。此与希腊文化之由冥想、思辨而出者大异其趣。故希腊文化系统下之各家思想，在其表现之形式上，皆具有理论之结构；读者循序研阅，即可得其思想之统纪。然其敝也，思辨愈精，距现实之人生愈远。我国传统文化中之各家思想，因皆出自生活中之体验，故多深入于人生之真实，使读者当下可以反躬自得，启其充实向上之机。然其表现形式，多为语录及论学书简；二者皆触机而发，分别以观，不足以具备一家思想之首尾。虽周秦诸子，及以后属于子部门类之著作，陈述较为完备；但仍出之以例证、譬喻者为多，出之以理论思辨者盖寡。今日知识分子读书之兴趣，多在理论形式之追求，而少有反躬自得之觉悟。于是对我国古典，恒因觉其条理不明，系统不清，稍一披阅，遂以为并无义蕴，废然而返。甚焉者，且越犬吠雪，妄肆雌黄。实则所谓生活体验，须经理智之反省而始明。在反省中对生活之锤炉澄汰，使体验之自身，已成为合理之存在。故由体验之出之零章片语，相互间亦皆有内在之关连，亦即含有实质之逻辑性。今日治思想史者之责任，乃在显发古人思想中所潜在之逻辑性，使其具备与内容相适应之理论结构。而今日抱有阐扬文化，以达成己成物之宏愿者，尤须以思辨之力，推扩其体验之功，使二者能兼资互进。故治学过程中之思考训练，对治传统文化者而言，特为重要。

黄冈熊先生之学，规模阔大，气象深闳；而系统之严整，辨析之精密，殆非先儒及并时治哲学者所能企及。其《新唯识论》一书，对我国文化，既已穷高极深，搜玄讨赜矣；而其书之理论结构，方之西哲名著，亦决无逊色。若非积累融铸体验思辨之功，曷克臻此？

先生治学，自周秦诸子入，及列宜黄欧阳大师之门，则潜心佛学中之唯识宗，终乃由《易传》以会归于孔子。唯识宗重解析辨论，先生尝为余言，其思考之训练，多得力于此。然识力不高、功力不至者，每易为其繁琐浮词所困蔽，无由得其统宗。故先生又尝谓，天资迟钝者，轻读佛典，将益增其精神之迷闷。《名相通释》一书，盖先生为好学深思者破除迷闷，直指门庭而作也。先生在此书撰述大意中，特举读佛书四要，以告读者；实则此乃先生驱遣百家、锤炉千载之金针密意，岂仅为读佛书而设？而先生即以四要具现于此书之中，遂使一词书而贯通为有系统之哲学著作，斯亦奇矣。至文词之典雅渊懿，实已摄六代之精英，成一家之巨制，在先生犹为余事。则是书之重印，悬慧镜以烛幽微，岂曰小补之哉！

辛丑年十二月门人徐复观谨序

一九六一年十二月《佛家名相通释》重印版（台北：广文书局）

悼念熊十力先生

一

在两个月前，我收到汉米敦（C. H. Hamilton）老博士为《大英百科全书》一九六八年版写的熊先生的小传时，引起我许多复杂的感想。熊先生在学术界，一直受到胡适派的压力，始终处于冷落寂寞的地位。谁能想到《大英百科全书》的编辑部，请年届八十五岁高龄的汉米敦博士，为熊先生写此小传，承认熊先生的哲学是"佛学、儒家与西方三方面要义之独创性的综合"，是中国最杰出的哲学家。由此可以了解西方人的学术良心，实远非中国西化派所能模拟于万一。

在前几天，我接到唐君毅、牟宗三两先生来信，知道熊先生已于今年五月二十三日中午十二时，很凄凉地死在上海；我当下的反应，这是中国文化长城的崩坏。

近百年来，反对中国文化的固然蚊声成雷，但口头赞成中国文化的也未尝完全绝响。姑不论各人的造诣如何，在基本态度上，有谁人能像熊先生投出其生命的全部以为中国文化尽其继绝存亡之责。许多人是把中国文化当作个人利禄名誉的工具。当中国文化与其个人的利禄名誉不相容时，便立刻歪曲中国文化，践踏中国文化。熊先生则是牺牲个人现实上的一切，以阐发中国文化的光辉，担当中国文化所应当尽的责任。他每一起心动念，都是为了中国文化。生命与中国文化，在他是凝为一体，在无数惊涛骇浪中，屹立不动。所以，熊先生的生命，即是中国文化活生生的长城。他生命的终结，不能不使我感到这是中国文化长城的崩坏。

二

熊先生的体系哲学，应以他的《新唯识论》作代表。陶铸百家，钳锤中外，以形成他创造性的哲学系统。此一哲学系统，我们可以赞成，也可以不赞成。但此一系统的成立，乃由他深刻的体会与严密的思辨，交相运用，将宇宙人生的根本问题，分析到极其精微而无深不入，综合到极其广大而无远不包，结构谨严，条理密察，使其表达之形式，能与其内容融合无间。拟之于康德，则康德析而为三者，先生乃能贯之以一；拟之于黑格尔，则黑格尔拘于普鲁士之私者，先生乃扩而为人类之公。儒家致广大而尽精微之义蕴，固由先生而发煌；而其思辨组织之功，融会贯通之力，乃三千年中之特出。由内容到形式，皆不愧为一伟大之体系哲学著作；在我国三千年中，除了《新唯识论》外，谁还能举得出第二部？

然仅就中国文化的意义上讲，我认为熊先生的《十力语要》及《读经示要》，较之《新唯识论》的意义更为重大。我们对古典的理解，必须由文字的训诂，以进入到精神的体认，和思辨的分析、综合，才算完成了理解的过程。但乾嘉以来，既否定了宋明儒所用的体认的功夫，又自己堵塞了思辨的通路；而仅停顿在枝

悼念熊十力先生

节零碎的文字训诂之上；更出之以矜心戾气，妄相标榜。实则他们读了许多书，并不曾读懂一句古人所说的紧要的话；由此著为文字，累牍连篇，只把中国文化的精神、面目，涂上层层的乌烟瘴气。熊先生则对古人紧要的语言，层层透入，由文字以直透入到古人之心。而其文字表现的天才，又能将其所到达者，完全表现出来。先生每遣一辞，立一义，铢秤寸度，精确分明，语意上不能稍作左右前后之移转。而古人之心，乃跃然于纸上。必如此而言中国文化，始真有中国文化之可言。以熊先生体认思辨的水准来看一般人的著作，则章太炎、冯友兰诸人，只是说糊涂话而已，其他更何待论。所以学者必须在熊先生这两部书中把握中国文化的核心，也由此以得到研究中国文化的钥匙。

三

熊先生对人的态度，不仅他自己无一毫人情世故；并且以他自己人格的全力量，直接薄迫于对方，使对方的人情世故，亦皆被剥落得干干净净，不能不以自己的人格与熊先生的人格，直接照面，因而得到激昂感奋，开启出生命的新机。所以许多负大名的名士学者，并没有真正的学生，而熊先生倒有真正的学生，其原因在此。他由人格所发出的迫力，在《十力语要》的各短篇书札中，在《读经示要》的各篇文章中，都可使读者感受得到。

但他又是最不能被一般人所能了解的人。从大的方面说，凡是真正的儒家，都不能为一般人所了解，而常成为四面不靠岸的一只孤独的船。孔子说"君子群而不党"，又说"君子周而不比"，又说"君子之于天下也，无适也（不专听从任何人），无莫也（不专拒绝任何人），义之与比（惟合于义者则从之）"。上面的几句话，简单说明了儒者向一切人类，敞开自己的心灵，而自然笃厚于自己族类之爱。但人世间则只有"党"而无"群"，只知道"比"而不知道"周"；于是要求只"适"于其党，而"莫"于非其党。及发现一个真正儒者的心灵，只能属于人类，只能属于自己的族类，而不属于任何的党时；并且发现泰山岩岩的义的气象，使人世间各种威胁利诱之技，毫无所施时，自然也会从各方面来加以拒斥、打击。则熊先生之不能被世人所了解，正是儒家的本分，也正是儒家所以能"参万世而一成纯"的本领。民族不亡，人类不灭，人之所以为人之基本条件亦不变，则熊先生由生命所体现出的中国文化长城，或能薪尽火传，与天壤以共其不朽吧！

一九六八年七月十一日《华侨日报》

有关熊十力先生的片鳞只爪

　　此次在港，看到有朋友纪录熊先生的逸事，引起我不少的感想。我对先生追随日浅，只有片断的印象，所以自去年五月二十三日先生去世后，一直迟疑不敢动笔写点什么。但转念再过些时，会连已经开始模糊的片断印象也会忘掉，这便太辜负先生对我的期望。我没有记日记的习惯，而记忆力又差；此处所记的有关年月，可能小有出入。但不敢为半点无根之谈。其因误记而有错误及遗漏的地方，希望先生其他门人加以补正。

六九年十二月二日于香港新亚书院

一

　　我开始知道熊先生，是从友人贺君有年的口中得来的。贺君贫苦力学，文字及人品，均堪敬佩。他家与熊先生的故居黄冈但店附近的黄土坳，相距很近。我虽然是浠水县人，但家都是在两县交界之地，和先生的故里相距仅约十公里，可是从来不知道先生的姓字。民国十六年，陶子钦先生任第七军某师的师长，林君逸圣任师部参谋长，贺君因林之推荐，在师部任秘书，我在师政治部任宣传科长（师政治部主任为卢蔚乾先生，人极精干，长于草书），与贺君来往颇密。有一次，游南京鸡鸣寺，我作了一首七律诗给他看，他和了一首；但当面告诉我："以我所知道的你的文名，诗不应当只作到这个样子，很有点使我失望。"他这种对朋友的坦率态度，使我至今感念不忘。这年秋天，胡今予先生与白崇禧先生闹着意见，负气住在上海，胡所率领的刚成立不久的第十九军和第七军的一个师，暂由陶先生指挥，在南京附近的龙潭，与渡江的孙传芳部，打了一个狠仗，孙部被歼，陶先生指挥的部队，也牺牲惨重。当开追悼会时，贺君作了一副挽联，顺便记在这里，以表示对这位朋友的怀念。

> 龙潭一役，关党国兴亡。剧怜碧血横飞，电掣雷轰攻背水。
> 马革裹尸，是男儿志事。长祝青磷无恙，风凄月黑绕中山。

这年夏天，军队驻在芜湖的时候，有一次晚饭后（当时军队一天吃两餐，大概早上九时吃早饭，下午四时半吃晚饭），我们坐芜湖有名但并无风景可言的赭山（山名恐有误）的山腰聊天，贺君在谈天中，大大推服"熊子真先生"，说他如何精于佛学，精于先秦诸子之学，文章写得如何好。又说他和石蘅青、张难先都是好朋友；陈铭枢以师礼事之；蔡元培先生亦甚为推服，但他决不做官种种。更谈到他狂放不羁，侮蔑权贵；年轻时穷得要死，在××山寨（此山寨壁立千仞，风景极佳，我常从下面经过。贺君并念他自己游此山寨的诗，有"古寺荒凉绝人迹，我来天地正秋风"之句）教蒙馆，没有裤子换，一条裤子，夜晚洗了就挂在菩萨头上。我当时只是听着笑着，觉得很有意思，但没有引起进一步的感想。老实说，当时我非常自满，又不知学问为何物，自然引不起对学问的关心。

二

从民国三十二年起，我住在重庆南岸黄桷垭，与陶子钦先生时相过从。大概是三十三年春，在陶先生处看到熊先生所著《新唯识论》语体文本的上册，我借来随意翻阅，发现此书构思之精，用词之严，及辩证之详审，与夫文章气体之雄健，重新引起贺君对我所说的回忆，便进一步打听他老人家的情形，知道此时正住在北碚金刚碑勉仁书院，我便写了一封表示仰慕的信寄去。不几天，居然接到回信，粗纸浓墨，旁边加上红黑两色的圈点，说完收到我的信后，接着是"子有志于学乎，学者所以学为人也"两句，开陈了一番治学做人的道理。再说到后生对于前辈，应当有的礼貌，责我文字潦草，诚敬之意不足，要我特别注意。这封信所给我的启发与感动，超过了《新唯识论》。因为句句坚实凝重，在率直的语气中，含有磁性的吸引力。当然我立刻去信道歉，并说明我一向不能写楷字的情形。这样通过几次信后，有一天先生来信说我可以到金刚碑去看他。我去后，他告诉我："勉仁书院是梁漱溟先生主持的，有书院之名，并无书院之实。因梁先生经常在外，我只是在这里借住。"我看，环境很幽美，架上有梁先生的若干线装书。师母住在相隔约三百公尺远的地方。先生说："要做学问，生活上应和妻子隔开。"后来有一次手指着我说："你和太太、小孩子这样亲密，怎能认真读点书。"不过，先生有时以低沉有力的语气远远指着师母背后向我说："这个老妇人呀！"说这一句后，再没有下文，可能先生是有点惧内的。有一次，我做梦在故乡过旧历年，先生在我家里忙着写春联，醒后便用元遗山呈苏内翰诗的韵，作了一首诗寄给他老人家。他老人家得诗大喜，复书有谓"但愿能太平乡居，来汝家写春联也"。

三

大概在民国三十四年春天，我去金刚碑看先生，临走时，送我送得很远，一面走，一面谈，并时时淌下眼泪。下面所记，是残缺不全的当时先生告诉我的一些话。

我家非常贫苦。先父笃学励行，不善谋生（按好像没有得到秀才），并在我八九岁时就死去了。未死以前，早晚教我读一点书。死后，既无力从师，又没有什么生活事情给我做，便常背着称（秤），随着哥哥在乡下卖黄瓜鱼（按这是长三四寸的一种廉价的咸鱼）。就这样浪荡了几年。我有一位长亲（按先生当时说了姓名，已忘记）看到我这种情形，常常痛惜地说："××（按指先生的父亲）一生忠厚，有个好儿子，却就这样地糟蹋了。"离我家不远的地方有位何先生（按先生当时说了何先生的名字，我忘记了。我小时，常常听到先父提起何家寨有位何炳黎先生号昆暗，以举人留学日本，学问很好，不知是否即系这位先生），当时声名很大，学问很好，乡下有钱的人，常出重金聘请教授自己的子弟。我的那位长亲，和何先生谈到我，这位何先生说可以到他教书的地方搭学（按主要是教出高聘金者的子弟。其他子弟则称为"搭学"，乃附读之意），不要学钱。我去搭学后，何先生对我的启发性很大，进步很快。同学二三十人，我的年龄最小；但开始作文，何先生对我作的，总是密圈密点，许为全校第一，这便引起年长的同学的反感，尤其是那位富家子的反感，常常讥笑我说："这个模样就是第一呀！"有一次我忍耐不住，当他又到我面前讥笑时，我在桌上一巴掌，"老子是第一，你便把老子怎样？"大闹一顿。闹完之后，正是六月左右，家里也没有米送来吃饭，我便休学回家。我一生真正只读这半年书。当离校时，何先生流着眼泪送我，安慰我，勉励我，要我自己不断努力。现在回想起来，这位何先生实在是有学问的，他是我的恩师。我要为他写篇传，因为他生平有些情形我不清楚，所以一直没有写。

先生说上面一段话时，黄豆大的眼泪，不断地从眼角掉了下来。先生继续说：

回家后，贫无所事，自己也浏览点篇籍，但不能以此为常课。不过文章出于天赋，乡人也渐渐知道我的文章写得不错。贫极无法自存，乃约了五六个孩子，在一个山寨的破庙上教蒙馆（按即贺君所述者）。后闻武昌募新军，遂投身入伍，入伍后与王汉等数人谋革命（按王汉以谋刺铁良未成身死，先生有《王汉传》，文甚悲壮），几死者数，逃归故里。辛亥革命，以首义论功，派为都督府参谋。（一说，先生是在本县黄冈策动反正，在黄冈县之临时机构中任参谋，与我所记忆者有出入。）及裁军之议起，我愿意受资遣散。黄冈人稠地贵，拿的遣散费不足建立生事基础。闻江西德安地广人稀，鱼米之乡，乃往购置田宅，嘱弟兄前来耕种，仅能糊口。此时我已三十多岁，开始认真读先秦诸子之书。中间曾往广州，想继续参加革命事业。大家住在旅馆里，终日言不及义，亦无所用心。我当时想，由这样一群无心肝的人革命，到底革到什么地方去呢？又愤然回到德安，攻苦食淡。住在武汉的某君（按先生当时说有姓名，已忘记，可能是江苏人）看到我与友人的通信，认为我有学问，能文章，遂介绍到江苏某中学（按当时亦说有地名校名，已忘记）教书。八月中旬起程，途经南京，稍停数日，闻有宜黄欧阳竟无大师，立支那内学院讲唯识论，朝野推重。乃辞去中学教职，留南京请为弟子。当时在大师门下者多一时名士，以梁任公的大名，亦俯首居弟子之列。我以一寒伧村野之人，侧居其间，当然不会受到大师的重视。我穷得只有一条裤子（按系中装的长裤子），于就寝前洗涤，俟次晨干时穿上。若次晨未干，便只好穿一件空心长衫。后为同门所知，常以此取笑，为我取了一个诨名（按先生当时说是什么道人，已忘记），但我日夜穷探苦索，不久开始草《新唯识论》，大师并不知道。有一年，北大校长蔡元培先生来南京晤欧阳大师，欲欧阳大师推荐一门人往北大教唯识论，大师请蔡先生自己选择，蔡先生乃与院内同门分别接谈；和我接谈时，我出《新唯识论》稿，蔡先生大为惊叹，遂面约赴北大为特约讲师。我素不上教室，选课者来我住处讲授。旋《新唯识论》初稿印出，内学院大哗，同门承欧阳大师之意，刊《破新唯识论》，我亦草《破破新唯识论》以应之。大师命门人不必继续争辩。《新论》得浙江马浮先生一序，推许备至，遂引起学术界的注意。

因我治学太迟，自到内学院，转北京大学，用力太猛，先得咯血症，旋又得漏髓病，气体大耗，严冬不能衣裘烤火，乃在杭州养病。因曾参加革命，所以在政府中也有几个好朋友，如石蘅青、张难先、陈铭枢等。在养病中偶然也谈到政治问题。但我认为欲救中国，必须先救学术，必须有人出来挺身讲学，以造成风气。此意，蔡孑民先生甚赞成，然亦始终无从下手。我读书不博，许多构思甚久的东西，未能动笔写出，这是使我心里常常不安的。

我因问到欧阳大师的情形，先生说：

大师是豪杰之士。唯识自玄奘后，遽成绝学，沉埋千载；得大师起而振发之，遂使慧日重光，这当然是了不起的一件事。大师甚精选学（按指《昭明文选》），文辞沉雄桀崛，亦为当今第一人。但他是佛学中的汉学家、考据家，在义理方面有所不足。他的院训及各经叙录，当然是天壤间的大文章。

先生又反复地说：

天下汩没于势利，知识分子丧心病狂，真有使我发生将万世为奴的感慨。一二人之力，单薄孤危，要挽救也无济于事。党人以势利相结合，尤不可言。所以我常想，应当以讲学结合有志之士多人，代替政党的作用，为国家培植根本，为社会转移风气。你不要小看了讲学的力量，朱九江先生（按先生平日谈天中，盛推九江先生，谓其书札字字皆香，盖因其人格高也），一传为康南海之万木草堂，卒以此振撼一个时代。杨仁山先生一传而为欧阳大师，其所讲者内学；然及门之盛，亦不可谓对时代无影响。天下事，是急功近利不得的。

四

先生讲完了上面的话，并叮嘱谓"我少年的情形，在我未死以前，不必发表"。这意思，是要我在他死后发表的。当时在落日苍黄中分手，先生所说的种种，一直在脑筋中翻腾上下，引起很复杂的感想。迄今二十多年，不仅我个人百无一成，连先生当时叮嘱郑重的语言，也记忆得模糊不清了。

三十四年冬，先生到重庆候船东下，住在我家里。小女均琴，刚刚三岁，先生问她："喜不喜欢我住在你家？""不喜欢。""为什么？""你把我家的好东西都吃掉了。"先生大笑，用胡须刺她的鼻孔说："这个小女儿一定有出息。"

新亚书院哲学系的书柜上，安置有放大了的先生半身照片，神采奕奕；当我坐在办公桌上，即照临在我的面前，一如耳提面命。办公桌玻璃板下，压放着影印的先生给唐君毅兄的短札墨迹，借此机会，抄录在下面：

> 又告君毅，评唯物文，固不可不多作。而方正学、王
> 洙、郑所南、船山、亭林、晚村诸先贤倡民族思想之意，
> 却切要。此一精神树不起，则一切无可谈也。名士习气不
> 破除，民族思想也培不起。名士无真心肝，不求正知正见，
> 无真实力量，有何同类之爱，希独立之望乎。此等话说来，
> 必人人皆曰，早知之。其实确不知。陶诗有曰，摆落悠悠
> 谈，此语至深哉。今人摇笔弄舌，知见多极，实皆悠悠谈
> 耳。今各上庠名流，有族类沦亡之感否。

今日上庠名流，乃争以族类沦亡为取利的手段；在现实上虽
无卖国之权，乃以薄利出卖民族精神所寄托的历史，一切按出钱
豢养之主人的意志而加以歪曲，以迎合其深藏的祸心。此其毒，
或较政治上之汉奸为尤酷尤惨。记述先生的志事，如深闻先生彷
徨绕室时长叹深喟之声。则我为反对奖励文化汉奸而遭洋奴土奴
之侮辱，在这一点上，或尚可面对先生之遗照而稍无愧色。

一九七〇年一月一日《中华杂志》第八卷第一期

熊十力先生之志事

一

《明报月刊》七十八期刊有唐君毅先生一篇长文，一方面中共取得政权后，有了某些重大成就，也有某些重大过失。为着未来着想，希望中共能从某些过失中改变过来。演变的起点，也可以说是演变的最根源之点，应从马列的羁勒中解放出来，在中国文化中建立精神基础。与苏联争马列主义的正统，则苏联毕竟是嫡子，而中共永远是庶出。并且马列两人，根本不了解中国，要中共中规中矩，便只有削足适履，把具体的中国人，化为与中国并不相干的白纸黑字上的概念。唐先生并总结民国以前二十年的中国近代思想，其中共有五个基本观念：一、民族主义，二、中华文化传统之发展，三、社会主义，四、学术文化自由，五、民主政制；而统称之为"人文民主社会主义"，或"人文社会主义"。应以此为指导国家进路的大原则。唐先生的文章，感情深厚，慧基渊宏，我这里所略述的，恐怕没有把握到他的要点。

自从中共去年进入联合国，尼克逊亲访北京，在海外的知识分子中，发生一股回归运动的浪潮，从十多年的"非中国意识"中，复苏了中国意识，这不能说是坏事。但心中无投机杂念，生活无特殊凭借，摆脱一切个人利害，为国家前途思考问题的，可以说是少而又少。假定出之以良心的责任，发挥道德的勇气，为国家前途思考问题时，对中共总不会出之于全面的肯定或全面的否定的态度，而希望中共能有所改变。唐先生的文章的可贵，正代表了这一点。每一个人的认识都受到限制，唐先生文章的内容，也可引起争论。但今日面对现实而敢于说真话的人实在太少了。

唐先生应当算是熊十力先生的学生。唐先生的文章，和熊先生没有丝毫关连。但希望中共能够变的心，并且希望能以自己的微力，影响中共能够变的人，唐先生与熊先生却十分相同。所以我愿借此机会，略略申述一代哲人——熊先生的志事。

二

熊先生幼年穷苦，所以使他能很早便接触到中国文化中所含的社会主义精神的一面。二十岁左右在武昌进入新兵营，参加秘密革命运动，所以他的民族主义思想特强。他反抗五四时代对中国文化的暴弃，但深刻领悟到当时所提倡的"德先生"——民主政治的意义。正因为如此，他始终反对中共所用的一套斗争手段。当中共席卷之势已成时，他老人家住在广州郊外，实在非常惶惑，我也不敢主张他赴台湾。后因董必武、周恩来、郭沫若的邀请，回到北大，他老人家便存心想转移毛泽东。在香港首先看到一本小册子，大概是为了毛派人向他问中国文化大义而写的；他在这个小册子中，盛推周官的经济平等，而政制却趋向民主的精神，并强调宇宙人生是一个大谐和，斗争只是暂时的过渡的现象，不可以为大经大法。接着出了一本论张居正的小册子，盛推张居正的功业，但严厉批评他抑制讲学之不当，因而主张学术必要有自由。

熊先生的大著《原儒》，我看过好多次，都不能看完。因为其中有不少曲说，尤以贬黜孟子，一反他平生论学的宗旨，使我感到难过。友人牟宗三先生（熊先生的学生）告诉我，熊先生此书，用意希望在委曲之中，想影响共产党，使它能作和平的演变。我的意思，知识分子可以在社会制度上、个人生活形态上，不妨多多体认现实，但在讲历史文化时，应还它一个本来面目。所以，我对《原儒》始终不十分同意。尤其是熊先生坚持他那一套唯心论的哲学系统，这就中国文化本身来说，就对现实来说，都是可以不必的。

三

综合熊先生所以要改变共产党的原因不外两点。承认社会主义，但要社会主义和民主政治结合起来。承认政治上的领导，但学术一定要自由自主。归结起来，实际是希望走向民主社会主义的方向。

一九六七年我在香港住了半年。当时大陆上的文化大革命，正闹得如火如荼。香港也陷入于暴乱之中，我一方面发表了几篇批评文化大革命的文章，有一篇中指出林彪与江青的势不两立，今已不幸而言中。另一方面，我也站在国家的前途上，认真考虑了解决国家问题的方向。回到台湾，把考虑的结果，写了一封长信给过去曾经是朋友的某位先生，认为中国问题，将由修正主义而得到解决，将由"人权"得到保障而得到稳定。台湾也应向这一方向努力。后来知道这封信还引起了些误解，我便写了《论修正主义》、《论民主社会主义》的文章，刊在《华侨日报》上，把自己的见解公开出来。可惜这些文章，在环宇书局为我编印文录时，把它丢掉了。

把修正主义当作一个天大的罪名，这完全是共党的语言魔术。大家既已承认必须避免核子大战，则在观念与制度上两大对立的势力，势必在和平中互相竞争。顺理成章的发展，是在这种竞争中，互取其长，互去其短，亦即是互相修正，以达到由不敢核子大战进而为不必核子大战，这岂不是人类共同的幸福。互相修正，即是民主主义与社会主义的融合，恩格斯晚年便有这种倾向。今后国际形势，可能有利于这一方向的发展。逆着此一形势而对内更加闭锁的共党国家，必定陷于长期内乱之中。

熊先生已死去四年多了，他的志事，当然完全落空。但他侥幸地在寂寞中死去，而未受斗争之祸。我们的想法，不仅会落空，并且可能惹出许多灾祸。但把自己的良心，从投机与私利中透出来的中国知识分子，将会不期然而然地，抱着与熊先生同样的志事而永远递禅下去；这要把大陆上念着毛语录经过五七干校劳改的知识分子，也包括在内。

一九七二年六月十一日《华侨日报》

远奠熊师十力

一

熊师十力，一九六八年五月二十四日，逝世于上海；当时"批儒"之焰未烈，故未至如马一浮、徐森玉诸老先生，罹殴辱示众之惨（顷接熊世兄来信，先生乃系"身心俱受摧残"而死。真可谓暗无天日。三月二十八日补志），我们私以先生能早死数年为大幸。近接熊世菩世兄来电谓上海市政府订于本（三）月二十七日，在龙华公墓，为先生开追悼大会，嘱我返沪参加，在情理上，我应借此瞻拜墓前，稍舒三十年暌违之痛。但鸡鹜稻粱，栖迟海涘，竟未得前往，惭负万分。谨草此文，聊作远奠。

先生治学，思辩精微，证会玄远，《新唯识论》，斧藻群言，囊括百氏，自成一严密而宏伟的哲学巨构，海外已有不少学人，作专门研究，我生性鲁钝，对此难赞一辞。先生建立新唯识论体系后，多敷畅六经，阐发微言，以昭著其应为立国精神所寄之义，《读经示要》后，尚有《原儒》、《与友人论六经》诸书，皆不出此意，其渊深博大，披芜杂以挹精华，非三百年来世儒所能企及的。然学问之事，有异有同。对先生著作去取从违，皆存乎读者之识量，不必强天下以从同。惟先生立身大节，瑰玮卓绝，可振聋启睇，百世以俟圣人而不惑。他的玄学系统，由此而有其血肉，发其精光，不是轻烟薄雾的玄学家可比拟于万一。

所谓大节，是就个体生命，直通于国族生命，因而发生无穷无尽的责任感、担当感而言。个人生活的规范，若不能与国族之大生命相通，则只能称为小节而不能称为大节。在千百万知识分子中，唯先生有此大节要旨。

二

先生的大节，首表现于他的民族思想。先生在"光绪二十八、九年间，即与王汉、何自新诸先烈图革命；旋入武昌兵营，当一小卒"（先生自述）。成为辛亥革命推翻满清的民族革命中的一分子。他对国民政府的误会颇深。我曾将他新出的《读经示要》，呈故军事委员会委员长蒋公一部，蒋公馈法币二百万元，先生深责我的卤莽，后以之转赠流徙于江津之内学院，即是这种感情的反映。但对抗战一事，则衷诚拥护，历艰茹苦，绝无怨言。当时的欧阳竟无及马一浮两大师，亦莫不如此。因为在深厚的中国文化传统中，很昭著地教示知识分子，以一个最基本的立足点，即是民族的利害，必然地高置于政权是非之上。在此等处有所颠倒，其他学问，便难有一安放的地方。

其次，先生的大节，是昭著在他由佛老回归到儒术这一事实之上。每人的气性都有所偏胜，先生的气性，是偏胜在玄理（即所谓哲学）方面。先生虽谓自己所得，是出于"证会"，但就我所了解，依然是出于思辩。先生思辩力之强且锐在中国学术史中，少与伦比，而佛老正是思辩得以驰骋之地。所以先生一入欧阳大师支那内学院之门，即能抉破佛典文字的无限纠缠，直凑单微，剥肤见髓，至使马一浮先生惊叹为"生公舌拊而不下"（生公是六朝时代最有名的说法高僧）。先生在思想界中的大名，也主要是来自此一方面。但他在《与友人论六经要旨》中，自述他由佛老回归儒术的原因："孤往之操，小知所骇也。圆通之义，俗学不测也。夫二氏（佛老）之学，勇于孤往，其游玄也，不无耽无滞空之病"，"耽无滞空之宇宙观，无有发育"，"耽无滞空之人生观，缺乏创化"。"佛氏大悲，惟欲拔众生出生死海而已，政治社会等大问题，彼不过问也。""老氏不敢为天下先，庄生曰孰弊弊焉以天下为事，儒者裁成天地，辅相万物……诸大义，皆二氏所无有。""夫有为无为之辨，公私而已……为之而一本于公……有为即无为也。老庄必欲一切无为，恶乎可？佛氏出世法毕竟未能粉碎空虚，宏大的悲愿，何若用之于经世为得乎？"所以先生很知道佛老的玄学，在小知俗学中，容易成就声名。但他终不以一己声名之私，忘对国家民族所应尽的责任，他中年以后，志之所存，皆集中在以儒家的文化学术救世的这一点，这是与宋明诸大儒，多由佛老回归儒术的动机，不期而合的，此之谓大节。

三

中国二千多年的专制政体，形成国族一切灾祸的总根源。要从灾祸中挽救国命于不坠，必以实现民主为前提条件，这在今日，更洞若观火。然在国民政府下，固以讳言民主，在人民政府下，更以言民主为大讳。先生早信社会主义，然认定社会主义，必须以民主政治为政体，无民主即无社会主义。此意在重庆所著的《读经示要》中，曾反复痛切言之；在北京所写的《与友人论六经要旨》，更痛切言之。他斥附和专制者为"奴儒"，若以此指谪汉儒，诚未免不深知汉儒，但即此可以了解他疾愤专制之深。他反复强调"周官本为民主思想"，周官未必为民主思想，但即此可以了解他提倡民主之切。他特著《与友人论张江陵》一书，推江陵（张居正）为我国历史上的第一大政治家，我亦有同感。但对江陵的"禁讲学，毁书院，甚至赞同吕政、元人毁灭文化"，"虽理学家有以激之，要是江陵见地上根本错误"，他认为"政府可以提倡一种主流，而不可阻遏学术界自由研究、独立创造之风气"。他大力提倡"礼之序"、"乐之和"，以见宇宙人生社会，必以发自人性自然的秩序与谐和，为生存、进步的基础，此皆为冒大不韪以批毛泽东之逆鳞而发，而其深义皆出自六经周孔的微旨。他坚持儒术为立国之基，此亦其重要原因之一。与今日的现实相对照，其意义是如何的重大。

友人牟宗三先生，为先生两大弟子之一（另一为唐君毅先生），牟先生在《从索忍尼辛批评美国说起》的讲辞中，特指出美国所发生的各种问题，是文化问题，不是民主政治体制的问题，不应把文化问题转到民主政治体制上去而对民主政体轻加责难。这可以说是对大小极权者的清客们，给了当头一棒。我愚鲁成性，对先生之学，无能为役；而二十余年的努力方向，在以考证言思想史，意在清理中国学术史里的荆棘，以显出人文精神的本真，此当为先生所呵斥。然于先生立身大节，辄忘个人利害之私，谨守而不敢逾越，先生在天之灵，对这一点或蒙点头微笑。

一九七九年三月廿七日《华侨日报》

哀悼胡宗南先生

我十年以来，已经完全从政治的社会中退出了。过去的朋友，很少有来往，尤其是置身军籍的。但今早看报，看到胡宗南先生的死讯，依然不免一阵心酸，抑制不住我复杂的情感。

三十二年十月左右，我从延安回重庆，道经西安，顺便去看他。在吃饭时，他问我对他有什么意见，因为平素和他毫无关系，所以我只委婉告诉他，《湘军志》上说曾国藩是以戒惧治军，这是真正了解曾国藩的；这也是曾国藩能扎硬寨、打死仗的根本原因。我之所以如此说，是因为听说他的自信心太过，爱好心太切，不免有些流于虚矫的地方，尤其是对部下的影响。他听了我的话以后，沉吟了半天，问我有没有《湘军志》。我说，这是我多年以前看过的，现在没有。随即分手，我到宝鸡去等到重庆的汽车。刚住进旅馆，一位姓唐的警备司令来通知我说："胡副长官一定要你再回西安一次，回西安的车票已经准备好了。"我只得坐上了回西安的火车，大约下午六点多钟到西安车站，便有人在车站接我，一直到他的住处吃饭。他拿起酒杯说："男女两人，一见钟情之后，便不可以一下子就离开，所以我要徐先生回来一趟。"我看他过分地客气，反而有些局促起来了。他在吃饭中，主要谈他在未进黄埔军校以前及黄埔刚毕业后的情形。在我的回忆中，他似乎告诉我，他对国文很有兴趣，老师说他的文章作得很好；及开始当下级干部，如何认真出操打仗等等。饭吃完后，约定第二天下午四时左右一路到外面去玩玩。第二天下午，我们坐汽车到灞桥，下车散步，他主要是问延安的情形，仿佛希望我把他的做法，与延安作一比较。我没有作这种比较，只告诉他，延安的物质困难，但他们的野心甚大，做法相当有效率；劝他万不可存轻视之心，并应虚心研究他们的长处，尤其是在领导方式上特别值得考虑。并告诉他，在延安的《整风文献》中，有一篇关于领导方法的决定，很有点艺术性，希望他切实加以研究。他说他还没有看到这种东西，我答应把 ×××[①] 送给我的一本转送给他。这样彼此聊了两三个钟头，回到他住的地方吃晚饭，第二天我依然回向重庆去了。

大概是三十六年，他打下了延安，来电报要我去当延安行署的主任（好像是这类的名义）；只要我愿去，他便正式向中央提出；结果，我没有同意。到台湾后，我已决心离开现实政治了；但和他见了两次面，彼此倍见亲切。我只劝他忘掉过去的一切，重新思考，重新读书，并和他开玩笑地说："你过去的英雄气太重了，读读禅宗的东西也好……"汤恩伯先生死在东京，他非常悲恸，把我找去，拿汤先生到东京后写给他的几封信给我看，内有一封，恐怕是汤先生最后的手笔，已经写不成字，主要是要他想想医药费的办法。就我所知，他对汤先生，实已尽了最大的友谊。汤先生卖给他的一栋房子，汤先生死后，他便奉还给汤太夫人，事实证明，他自己私人是没有什么财产的。我从他对汤先生的情

---

① 原编者注：此指毛泽东。

形看，他实在是有一副真性情的人，而他的这副真性情，每每为他矫枉过正的刻苦生活所淹没了。

我们最后一次见面，是在参加高化臣兄的婚礼完毕以后，彼此已经相隔有好几年了，但见面依然一样地亲热。他并告诉纪忠兄，要我再到台北时，和他约定一个时间谈谈。我很少到台北，到台北也不会去麻烦他的，因为这对他有什么好处呢？不过，我心里常常想到，他和汤恩伯先生一样，是一个真正有事业心的人，目的并不在混官做。汤先生是外向型的性格，他是内向型的性格；所以他的忍耐力、节制力恐怕还在汤先生之上。当我知道他去当澎湖防守司令官时，内心又浮上大丈夫能屈能伸的印象，更增加了我对他的同情。而他两人在自强不息，永远保持一颗向上之心这一点上，也是完全相同的。这是作为一个中兴将领所必须具备的条件，而他两人都先后赍志以没了。则我对他的悲悼是出于私人的情谊，却不止于是私人的情谊。

一九六二年二月十七日《征信新闻报》

一个伟大书生的悲剧
——哀悼胡适之先生

刚才从广播中，知道胡适之先生，已于今日在中央研究院院士会议的酒会后，突然逝世，数月来与他在文化上的争论，立刻转变为无限哀悼之情。台北《文星》杂志三月号，将有我和胡秋原先生，答复二月份向我们攻击的文章，里面自然会牵涉到适之先生。我除了急电《文星》的编者，请其将此类文字，一律停刊，以志共同的哀悼外，更禁不住拿起笔来，写出对于这一个伟大书生悲剧的感触，稍抒我此时的悲恸。

胡先生二十多岁，已负天下大名。尔后四十多年，始终能维持他的清望于不坠。今日以中央研究院院长的身份，死于其位，也算死得其所。可以说，他是这一时代中最幸运的书生。但是从某一方面说，他依然是一个悲剧性的书生。正因为他是悲剧性的书生，所以也是一个伟大的书生。

我于胡先生的学问，虽有微辞，于胡先生对文化的态度，虽有责难；但一贯尊重他对民主自由的追求，也不怀疑他对自由民主的追求。我虽然有时觉得以他的地位，应当追求得更勇敢一点；但他在自由民主之前，从来没有变过节，也不像许多知识分子一样，为了一时的目的，以枉尺直寻的方法，在自由民主之前要些手段。不过，就我的了解，即使是以他的地位，依然有他应当讲，他愿意讲，而他却一样地不能讲的话；依然有他应当做，他愿意做，而他却一样地不能做的事。他回到台湾以后，表面是热闹，但他内心的落寞，也正和每一个有良心血性的书生所感到的落寞，完全没有两样，或者还要深切一些。即使是与他关系最深的朋友，在这种地方，对他也无所帮助。有一位胡先生的后学曾经和人说："胡先生只和我们讲讲学好了，还谈什么自由民主，和许多不相干的人来往干什么？"其实，作为中国的一个知识分子，把自由民主的问题，能放在一旁，甘心不闻不问，而只以与世无争的态度来讲自己的学问，这种知识分子，他缺少了起码的理性良心；他所讲的学，只能称之为伪学，或者是一钱不值之学；在这一点上，胡先生会比我们知道得更清楚。然，这种意思，越是对他亲近的朋友，越是无法讲出；真正讲出，表面的热闹，也不能维持了。他之所以依然是一个悲剧性的伟大书生，原因正在于此。假使他死而有知，会和活在的人是同样饮恨的。

　　我常想，胡先生在五四运动时代，有兵有将，即是有青年，有朋友。民国十四、十五年以后，却有将无兵，即是有朋友而无青年。今日在台湾，则既无兵，又无将，即是既无青年，又无真正的朋友。自由民主，是要面对现实的；因此，这便更削弱了他对现实发言的力量，更增加他内心的苦闷乃至痛苦。我曾写文章，强调自由民主，是超学术上的是非的；所以主张大家不应以学术的是非争论，影响到自由民主的团结。我曾很天真地试图说服胡先生，今日在台湾，不必在学术的异同上计锱铢，计恩怨，应当从民主自由上来一个团结运动。我自己也曾多少次抑制自己，希望不要与胡先生发生文化上的争论；当一九五二年他返台时，我曾函香港的《民主评论》编者，在胡先生留台期间，不要发表批评他的文章。这几年，有几次拿起笔来，又把它放下。但结果，在文化问题上，依然由我对付他作了一次严酷的谴责，这实在是万分的不幸。

前两三个月，有位日本朋友，在一篇文章里面，再三推服我的一篇文章。其实，我写那篇文章的动机、情绪，岂仅是异国的朋友无法了解，即使是我自己的朋友，现在假使看到那篇文章时，也同样地不能了解。因此，我常想到，生在历史专制时代的少数书生，他们的艰苦，他们内心的委曲，必有千百倍于我们；所以我对这少数书生，在他们的环境中，依然能吐露出从良心血性里涌出的真话，传给我们，总不禁激起一番感动，而不忍随便加以抹煞。我深切了解在真正的自由民主未实现以前，所有的书生，都是悲剧的命运；除非一个人的良心丧尽，把悲剧当喜剧来演奏。我相信胡先生在九泉之下，会引领望着这种悲剧的彻底结束。

一九六二年二月廿四日深夜于东海大学

一九六二年三月一日《文星》第五十三期

无惭尺布裹头归·交往集

烧在何公雪竹墓前的一篇寿文

我于民国二六年十一月，从娘子关战役归来，初谒何雪竹先生于武汉行营，立谈之间，给我一个团长的派令，职级虽不高，但使我当时很感动。因为在这以前，和他没有任何渊源。以后他调为军法总监，可以谈天的机会很多，才知道他不仅性情宽厚，而且是非常有正义感的人。他在革命中，实在为国家保存了很大的力量；真正说，他才真有古大臣之风。而过去我所听到许多对他不利的话，只是权力斗争中他人对他所加的诬蔑。今年五月，他八十寿辰，同乡人士，要我作一篇寿文，我便把老人家平日稍微吐露过的话，说点出来，这是我对他老人家的责任。谁知寿文写成，而他老人家已去世了。爰将原文刊出，以作我对他老人家永远不忘的纪念。

六一年九月复观志

昔司马子长称留侯之言曰："运筹帷幄之中，制胜于无形，子房计谋其事，无知名，无勇功，图难于易，为大于细。"此真开国之大智大略，旷千载而一遇。子长特表而出之，亦可谓有良史之识矣。虽然，吾于此犹不能无所憾。夫帷幄疆场之隔，即敌我生死决斗之机。故留侯虽极深密柔退之功，终未有以易杀伐虔刘之祸。若有人焉，运筹策于倾危之地，消戾气为祥和，岂特一身无知勇之名，极其量也，将使韩、彭无所效其力。则其所以成天地之德、全生民之命者，不且度越留侯万万哉。此固不易得之于古人，而吾鄂何公雪竹，其平生勋业志节，乃庶几近之。当武昌之首义也，清廷命荫昌南征，公临时受命，率兵两标赴鄂，实为其前驱。达黄陂后，鄂督瑞澄，窥义师兵力未集，民心未固，促公乘机一举而扑灭之；公计延力拒，几陷不测。卒使义师得十余日之时间，从容部署。是公以清廷讨伐之兵，转而卵翼新起乌合之同志也。自后黄公克强，实肩革命军事重责，由临时政府而南京留守，以迄讨袁之役，惟公实左右先后其事。民国五年，国会二次解散，黄公陨落，军阀跋扈骄横，革命益趋艰窘。公承总理之命，驰驱于湘鄂川滇，引揽旧交，结合新进，革命大统，始终不绝于西南者，实以公奔走筹策之力为多。及陈炯明叛变，广州沦陷，许汝为军，乃革命仅存武力；疮痍百战，穷无所归。公乃受命于总理，间关入闽，说王永泉反正向义，庇护许军，接济粮械，俾其休养生息，奠尔后回师恢复之基。民国十六年，北伐军事，虽节节进展，而军阀反抗之力尚强。若非另开新局，即无以速国家之统一。于是公奉元戎蒋公之命，促山西阎百川氏早日奋起道出平津。平津为当时巨阀张作霖所盘据，公直入虎穴，与其将领张学良、韩麟春、杨宇霆等多人，笑谈一室，敌友皆忘。故此行也，不仅得晋绥之早日出师，且导东北他日易帜之先路。自是天下粗定，而寰宇未安。中途参加革命及改编之部队，其数且多于革命基本武力。此辈原曾受国家培育，故咸怀报效之心。惟因成军之历史不同，复难有自坚之志。抚用得所，尽民族之干城；措置乖方，亦国家之隐患。公在平在汉，一本恻怛之心，推袍泽之爱；消倾侧危疑之念，于笑谈嚅煦之中，诸将赖公而得以输其诚，中央赖公而得以集其力。虽时格势禁，未能竟公之用，卒公之志，但其所保全者，盖已多矣。岷山导江，出峡而其势始平，会汉而其势始大。由此以灌溉东南，未尝自矜其德；容纳众水，未尝自许其能。为而不有，长而不宰，功成而不居。楚地山川之灵，实楚人立身行己之教也。民国二十六年，抗战军兴，公正以武汉行营主任兼省府主席，方且延聚贤俊，抒筹长策，将率鄂人大有造于国家，而卒被沮抎以去。八年冷署，意态萧然。等张尉之持平，亦留侯之辟谷，此于公亦为计良得。然终抗战之役，以三户亡秦之地，几无一成报国之师，此固公平日所隐忍不言，而世运成败所关，后世史家，必有能起而辨之者矣。呜呼，吴公禄贞之被狙于石门，黄公克强之早殂于沪上，此皆吾楚人之无可奈何于天，亦斯世之所不能无觖望于楚人者也。今岁五月，为公八旬揽揆之辰，邦人君子，欲共晋一觞为公寿，而督余为其辞。窃维公之避地来台也，食无鱼，出无车，生事俭素，而雍容自得，望之粹然，即之也温，听其言，则举凡天下国家是非成败之故，莫不较然若别黑白，略无一语及其私。无位而德益尊，无称而望益重，以是愈信其生平勋业，乃其精神人格，秕糠咳唾之余。勋业可付之云烟，而精神人格，自当亘千载而不朽。此公之所以诏告邦人君子，亦邦人君子之所以祝公难老者欤。

私立东海大学教授门下士徐复观拜撰

一九六二年四月一日《民主评论》第十三卷第七期

我对何雪公性格的点滴了解

  对于旧时代中有代表性人物性格的了解，是一件很困难的事情。尤其是对于何雪公，我没有直接追随的机会。要说了解，也只能算是一点一滴的。

  雪公的性格，是温厚而清严的性格。温厚的一面，表现在对人的情谊周到，表现在对人的涵融忍耐。他之所以能成为杂牌军队之王，由促成军事指挥权的统一以促成国家统一的原因，主要是来自他因性格温厚而局量宽宏的这一面。但他权势正盛时，曾引起许多物议，造成许多中伤，甚至给人以马虎苟且的印象的原因，也主要是来自他性格的这一面。过去能了解他的人，因为他得到杂牌军队的信任，但从无借此树立私人势力的野心，有运用大量人力物力的机权，但他私人经济却一清如水，如是认为他是属于小事糊涂，大事不糊涂这一类型的；这依然只看到他性格温厚的一面，而忽视了他性格清严的一面。正因为他有清严的一面，所以在流言之中而不被流言所诬，握机权之势而能为国家持大体。

  我从日本士官学校退学返国后，在南京、武汉都找不到工作。偶然听说中央委派内政部长黄季宽先生负责筹划安定新疆的责任，便写信向他投效，旋由归绥带四辆汽车横越内蒙古沙漠，侦察由归绥向新疆运送军队的可能性。因为这一机缘，黄调浙江省府主席，我也被调到浙江；黄调湖北省府主席，我也跟着回湖北。当时雪公担任武汉行营主任，我并不知道他与桂系的关系不好，甚至在政治中有哪些派系，我也一概不知。只因地位悬隔，性情疏放，连行营的大门也不曾经过。

抗战发生，雪公以行营主任兼省府主席。我从山西返鄂，决定不再随黄先生赴浙江。因石蘅青先生的推介，民政厅长严立三先生发表我当大冶县长，我立即辞谢了。我忘记了雪公是派谁来问我，为甚么不肯当县长，并要我去见他。我当时表示，我看他时可去行营，但不愿到省府。那位先生为我约好时间后，初次见面，使我感到他是一位慈祥恺悌的老人。他笑笑地问："你为甚么不去当县长？""我想做军事工作。""有一个部队，不太好，要整顿，正缺一个团长，你愿去吗？""我愿去。""那么，你坐着待一下，拿委任状去到差。"于是叫管人事的科长来，把已写好未发出的委任状废掉，"改委派徐复观去"。第一次见面，前后不到十分钟，我便拿着委任状走了。我心想，大家都以为他是马马虎虎的人，原来他早已知道有徐某这样一个地位低微的后进，而处事的明决，真可说是少见。

重庆时代，我有机会到军法执行总监部去谒候他老人家，两件事使我很吃惊。第一件事，我发现他的办公桌上，公文、信札、书籍，经常是整整齐齐地安放在一起。偶然看到他开抽屉时，抽屉里也是有条不紊，没有一点杂乱。这是他丝毫不苟的一种反映，原来他小事也不糊涂，使我非常抱愧。另一件事，偶然和他谈到有关军法问题时，我发现他对案情的辨析、条文的权衡，审慎缜密，客观持平；有时他向上级争持，争持不得，他叹息，他痛苦。原来他是这样一位有正义感，有是非心，真正关心袍泽，关心社会的人。这应使过去以造谣作权位斗争手段的奸诈之徒，知所愧怍。

　　他老人家的日记由《传记文学》刊印出来了，这将使后来追求历史真实、探索历史是非的史学家们，得到很大的帮助。就我个人说，也为过去点滴的了解作了证，而感到一番快慰。

一九八一年八月一日《传记文学》第三十九卷第二期

一个伟大的中国的台湾人之死
——悼念庄垂胜先生

　　我原来只预备在叶荣钟先生的大文后写一短跋。而夜深握笔，悲从中来，不觉写多了一点，乃另成一文，缀于叶先生大文之后。

　　　　　　　　　　　　　十一月九日夜于东海大学

　　我是民国三十八年五月，避难来台中的。住定后，即函在南京认识的好友蔡培火先生，报告我的行止。蔡先生是非常爱朋友的人，接信后即来台中看我；并为了长期就地照拂，特别介绍庄垂胜（字遂性）先生和我认识。我对庄先生初步的印象是，他的天资高，理解力强，受过时代思潮的洗礼，对人生、社会问题，都有一套深刻的看法。在对人的态度上，虽风骨棱棱，却于一言一动之中，流露出他的肝胆。所以我们的来往，一天亲切一天。凡是他的好朋友，都介绍给我，成为我的好朋友；我的好朋友，有的虽然无法见面，我都告诉他，他便视为自己的好朋友；其中和涂颂乔（寿眉）兄，更为密切。他原来的想法，在日治时代，曾作过一部分的社会运动；光复以后，在自己政府之下，应当更进一步拿出气力来报效国家。叶先生文章中，所述他当省立台中图书馆馆长时的情形，正是在此一心境之下，把平生所积累的志愿，想借图书馆一席之地，牛刀小试。他认为在自己政府之下，可以毫无顾忌地，能做多少，便做多少。但结果，却又引出一场牢狱之灾。在日治时代坐牢，是在他意料之中；在自己政府下坐牢，乃完全出乎他意料之外。他受了这一不幸的误会、打击后，便决心完全引退，以全力经营自己的农场。他本是对农事很有兴趣的人，可惜，他太天真了，当光复时，他报国情殷，以为此后不会再有机会过农村生活，所以把几甲好的土地卖掉了。等到再住到农场时，因币值的变动，便没有力量再买回来，只好经营剩下来的一点山地，种竹、种果，在一段很长的时期，辛勤与收获，常不能相值。直到最近两年，才有了收获。但他不仅从未以此自悔，并常以此自慰。他辛勤的代价不是经济上的，而是与花木结缘的性情上的寄托。我和他认识，正当他已从政治、社会完全引退的时候。但一直到他进入台大附属医院以前，始终如一地给我和颂乔以精神上的照顾。当他所种的得不偿失的某种果子成熟时，我们一定收到一份。他和他的夫人，精于饮食；端午的粽子，过年时的年糕及特制腊肠，也是按期领受。在我没有搬到大度山以前，小孩子们听说要去看庄伯伯，大家都争着去，有点像外甥去外婆家的神气。所以我的认识庄先生，不仅是添了一位朋友，而是添了一个异姓弟兄，更像多了一门旧社会中的亲戚。我们的交谊，不仅对他没有政治、经济上的便利，且常常增加他一份精神上的负担。

我在民国三十五年，已决心离开现实政治。但各种牵连，不易实现。到台湾后，正是实现此种决心的机会。在开始两三年中，许多朋友还以为我是在等价钱，发牢骚。但我和庄先生谈到这一点时，他即报以会心的微笑。他对自己的遭遇，没有一点不平的流露，也从来没有半句劝我在现实政治中去再作冯妇。这种相忘于物外的交往，是人与人之间的精神大解放。

在叶先生的大文中，说他因受我的影响而晚年用力研究儒家思想，但实际上，恐怕是我受到他的鼓励而才研究儒家思想。我在二十岁以前，读了些线装书。中间二十年，视线装书如仇敌。不过，因为我是中国人，不愿以骂中国文化的方法来骗声名、地位。后来在重庆遇见熊十力先生，始回复了我对中国文化的感情。不过，只要有时间读书时，还是读日人所译的西方有关思想方面的著作，很少翻阅线装书；这一直到一九五五年，还是如此。来台湾后，因经过大陆的惨痛教训，对各种问题，自然会引起我的重新思考。在重新思考中，常常片断地接触到中国文化，尤其是儒家思想，而发现它有许多地方，对时代依然有其启发性；于是便常常在文章中提到，或在口头上提到。庄先生很喜欢读我写的政论文章。我的政论文章中有时以某一部分的中国文化为论据，引起他注意到五四时代，许多人会说中国文化，完全是专制政治的帮凶，是不可信的；这便引起他的兴趣，并常以此为谈天的材料；每谈一次，两人的结论，十有八九是相同的；这样几年下来，都增加了我们对中国文化的了解和信念。他的领悟力高，虽不善为文章，却常能给我以启发。每见一次面，便向我说他最近看到哪些好文章，哪些坏文章，其评述无不恰当。我到大学里教中文，才把自己的主要精力，放在线装书上；他则从一九五一年后，把自己的兴趣，除种竹种菜外，专摆在中国文化——孔孟之道上面。他是根据人生经验、社会状况来读书，所以他所得的常较我为深切；而从文化方面所发的忧时之虑，亦与日俱深。他常常慨叹地说："我们当然要求科学，要求民主。但这两样东西，都应当立基于光明正大、恺悌慈祥的人格之上，这便应以自己的文化为修养之资。现在许多人没有做人的观念，没有自己是中国人的观念，徒假民主科学之名，作欺世盗名之具，真不知道为什么现在的人心，连日治时代还赶不上。"他有一次和我谈到刚光复时的心境说："我们在日治时代，唱平剧，结诗社，写毛笔字，做一两件长袍之类；不仅借以存故国之思，并且大家不言而喻地，表现这才是我们的本来面目。日人对此，开始亦无可奈何。及他们战事失利，对我们的疑虑日深，压迫日甚，大家只好暂时收敛一下，把做的中装放在箱子里面，不敢穿；对中国文化，也尽量在口头上少谈。等到日本投降，大家不约而同地心花怒放，以为平日积压在心里、书柜里、衣箱里的故国衣冠文物，现在才算出了头，大家可以称心地发抒了。哪里知道政府大员来台后，有形无形地告诉我们，所谓中国历史文化，乃至其中的文物衣冠，早经落伍。今日我们的成就和努力的方向是现代化，不取消这些落伍的东西，便不能现代化。我们想，为什么现代化和中国文化不能并存呢？假使所要的只是现代化，则在我们心目中，日本人究竟比祖国的某些先生们高明多了。想起来更令人沮丧的是，日本人要我们忘记中国的文化，内心里认为中国文化对我们是有价值的。而我们祖国的先生们，希望我们忘记中国文化，公开地是认为中国文化对我们是没有价值的。"他中间曾一度和我说到，他愿以过去为创办中央书局而到各地讲演的方式，展开一个中国文化的运动。但我觉得时移世易，容易引起误会，不很赞成。他又想由我主持编一套真正足以代表中国文化精神，可资一般人教养之用的丛书，由中央书局出版。一方面因为我太忙，同时也想到，因时间的演变，中央书局的经营方针，恐怕也不能完全和创办时一样；负责经营的都是好朋友，万一因此而亏本，倒使我对朋友不起；所以拖了几年，也没有交代。近三四年来，他更知道彼此环境的艰难，除了各自读书，见面时谈谈文章，谈谈见解，并多一些咨嗟叹息之声以外，不再有积极的意见了。他是个性很强的人，以他与蔡培火先生私交之笃，及对蔡先生钦佩之忱，却依然始终不接受"归主"的善意劝告。假定他对中国文化，不是出于自己的真知灼见，便决不会受我的影响的。要说影响，乃是一种相互的影响。正因为他对祖国的文化，有这样的信念，所以他对现实虽有若干不满，但这是一个伟大的中国的台湾人的不满，这是一位爱国主义者所不能不有的不满。在不满之中，自然有感情与理智的节制。

在目前风气之下，一个知识分子，要能爱护自己的文化，除了真肯下工夫研究以外，必须具备下面三个条件，至少也要具备其中的一个或两个。一、对于自己的国家民族，有深厚的感情。二、真正研究西方文化史而确有所得，对西方文化之追求，并非出于一时的势利眼。三、对人生、社会，抱有光明正大之志愿，努力实行，备经艰苦，到了四五十岁以后，能引起反省，消除少年时的意气。庄先生正具备了上述三个条件，这即是他晚年研究儒家思想、信奉儒家思想的真正说明。例如叶先生大文中，说庄先生很受了朝永三十郎所著《近世"我"的自觉史》，及西田几多郎所著《善之研究》的影响；这的确是两部好书，尤其是前者。但在这两部书的侧面、后面，便浮出了儒家思想的价值，只要真是读通了。去年十一月，胡适博士在一个国际性会议的场合，以中央研究院院长的身份，发表正式演说，宣布东方文明很少灵性，乃至没有灵性。因为我是东方人，是中国人，便以一文向胡适博士作了不客气的答复。这一来，乱子可闯大了，胡派人士不待说；社会上有的人希望以对我诬蔑丑诋的方式，获得外人的青睐；有人则想借胡博士升天之际，以这种方式，也能鸡犬皆仙；有的人则因为《民主评论》没有采用他的文章，有的人则因为想打秋风没有达到目的；凡此种种，平日对我所积的烦冤忿怒，无机会发泄的，都要借胡博士的威灵来发泄一番。能写文章骂的便写文章骂，写不出文章的，便不断向我发动匿名信的攻势。而这些人中间的大多数，平时当着我都是以维护中国文化自命的。交情较好的朋友，此时望见我，便远远地避开；总角之交，特别上山来向我提出警告。这且不去说它。我的了解，在中山先生的三民主义里面，乃至在中山先生的一切言论里面，无不认为中国文化有很高的灵性。蒋总统到台湾以后，又曾提倡阳明之学，提倡《大学》、《中庸》，得到许多国民党内外人士的拥护。这说明了国民党对中国文化的基本立场。若从现实上说，对中国文化的传承、发展，是政府所以能代表全中国的主要条件之一；这只要想起蒋总统与故杜勒斯所发的联合宣言，便可明白。因此，在对中国文化的唾弃的背后，实际便含有对我们国家的唾弃、对我们政府的唾弃的意味，这是每一政府官吏、每一国民党员，所必须具备的常识。再就我个人说，除曾得蒋总统的支持，办了一个《民主评论》，早经压得快关门以外，我在台湾没有教书以前，没有在《民主评论》及任何机关拿过一文生活费，没有得过任何机关的一个闲名义，没有参加过任何方式的招待，这应当算是与人无争了吧。而胡博士说东方文明无灵性，固然系他一贯的主张，但中间沉默了许多年。去年十一月的讲演，应当算是他在中央研究院院长就职时对蒋总统所作的答辞的一种发展。这一年来，里里外外，要合力把我一棒子打死，以达到各种不同的目的，这在我个人，固然只是付之悲悯的一笑；但在社会上，能屹立不动，深信不疑，一贯地以自己的精神、人格来支持我的，只有这位庄遂性先生。六月底，我到蔡惠郎博士处看病，才知道他也在那里看病；当时认为彼此都是恶性感冒，一周两周，便可复原的。到了七月，听说他还没有好，我和颂乔及一位蓝先生同到斗六的农场去看他，见他精神已极委顿，大家劝他赶快到台北去检查，但决不会怀疑他所病的是绝症。自后霍疫流行，各人都不轻易出门；到九月底，我刚从台北检查身体回来，林云鹏君特地来告诉我说："庄先生卧病台大附属医院，患的是肺癌。因发现太迟，已经没有希望了。"我便匆匆到台北去看他，他下半身已完全麻木，靠注射葡萄糖，并用小管吸点牛奶来维持生命。我就床上和他紧紧握着手，他说："我以为我的身体比你好。哪里晓得倒比你先倒下了！"我当时实在说不出什么安慰他的话来。一下子，他精神有点振奋，问我："某某刊物上×××谈五四运动的一篇文章，你看过吗？""我没有看到。写得还好吗？"我反问他；他说："事实、观点，都不对。你认不认识这位先生？也是胡派吗？"我答复说："也算是我的老朋友。他并不是胡派，不过中国人喜欢凑热闹。"他听后叹了一口气。问他有什么要我们代办的，他始终说没有。第二次再去看他，他喉咙上有痰，已经不能讲话，但神智还很清楚；我依然握着他的手，他的手还有点力量；眼睛用力睁着看我，嘴唇动了几动；我说："我们都是以自己生命的全力，爱护祖国文化的人。你常常着急祖国文化会有一天归于绝灭，我认为只要我们民族存在一天，乃至只要人类存在一天，祖国的文化，便不会绝灭。祖国的文化存在，也等于我们的生命存在。所以你可以安心无所挂念的。"我说的时候，他在故人面前所作的生命的挣扎，依然只能表现在眼睛上，不能断定他是否能完全听懂我的话。好在这类的话，是我们十三年来所常常讲的。当我从台中动身时，有位鬼头有一氏拿着安冈正笃先生的介绍名片来看我，我向他说明不能多陪他的原因；并告诉他，我现在去看病的这位朋友，和安冈先生也有交谊，安冈先生前几年来台，曾在他府上吃过饭的。这位鬼头先生听后，拿出一只日本名手所做的酒杯，说代安冈先生送给庄先生，以表慰问之意（安冈先生后来特来信慰问）。我在医院里，把这只酒杯的来源告诉他，交到他手上，他拿着酒杯也勉强看了一看。等到我十月十四日再赶到台北时，他已安静地躺在医院的太平间里面了。

在台中开追悼会时，叶荣钟先生的挽联是"义比严师，情同手足"，"生如璞玉，死若巨星"。在不深知庄先生的人看来，会以为"死若巨星"这一句，似乎和庄先生的身份不切。但若是深知他的人，便会了解他存在，是象征着一个伟大的中国人的人格的存在。此种人格存在的价值，是人类一切价值的根本。从这一意义说，他的生命，真要算得是个巨星；而他之死，正同于一个巨星的陨落。

庄先生生于民国前十五年，卒于一九六二年十月十三日。享年六十有六。子女五人。长庄生，毕业于省立台中农学院，现在美国修硕士学位。次敬生，毕业于台湾大学法学院经济系，现服务于华南银行。三正生，毕业于成功大学机械系，现在美国修博士学位。四悦生（女），毕业于台湾大学史学系，现在美国修硕士学位。五俪生，毕业于师范大学工教系，正服兵役中。

一九六二年十二月十六日《民主评论》第十三卷第二十四期

关于黄季刚先生

本刊第十卷第二期《师大国文研究所问题》的社论中提到了黄季刚先生，说他"喜欢在学生中再接受进一步的拜门，否则仅在学校底课堂上是得不到甚么东西的"几句话，恐滋假借误会，所以我稍作补充。

黄先生于五四运动时在北大受到排斥，回到武昌高等师范（后改武汉大学）教书。在这一段期间，我曾三次听他的课。第一次是省立第一师范学校的刘凤章校长，请他来讲"许氏《说文》"，本来我们是由一位鲁先生（我们都叫他鲁瞎子，忘记他的名字，实际教得很不错）教《文字蒙求》，另外由孟晋祺老先生教"《说文》部首"，由黄先生的学生刘伯平先生教"声韵学"（他也是武昌高师的教授）。刘校长硬拉黄先生来兼课，我想，主要是把我们的程度估计得太高。刘先生讲阳明之学，办学真是知行合一，在北伐军未到武汉以前，甚得社会的尊重，所以黄先生也无法拒绝刘校长的聘请。后来刘校长辞职，他也没有兼课了。第二次，是应国学馆馆长王葆心（季芗）先生的聘请，所教的依然是"许氏《说文》"。在住国学馆的同时，我们约了七八个同学，私自请他教《广韵》和《文心雕龙》。我们为他印了《广韵》的《声类表》（记得不十分清楚），他并把在武高油印的《文心雕龙札记》分送给我们。时间大概都没有超过一年。

我虽然听过三次课，但当时只是慕黄先生的大名，并不能了解他的学问。而且事实上，我更是一无所得，所以我从来不敢卖他的招牌。他上课，的确常常是说笑话或骂人。他所骂的，乃至开玩笑的，都是些提倡白话文学之士。不过，他骂也骂得极有分寸。对于学问上意见不同，而实际有成就的人，他依然是非常尊重。同时，他一经讲上了题，总是精致透辟，声调铿锵，真可给听讲者以精神的鼓舞和知识上的启发。我们私人请他讲授的一段期间，所送的报酬，只是象征性的，但他教得比较起劲。我想，这是出于他对学生好学程度的估计不同，与报酬毫无关系。在我的回忆中，我们当时很崇拜他，但没有得到他的益处；不是因为他不肯认真地教，而是因为我们并不曾认真地去学。不认真地去学，便事先不曾好好地读有关的书，以致脑筋里空空洞洞，没有一点问题；既不善问，也不善听，更不能发生教学相长的作用，教的人自然也越教越没有劲了。

　　谈到黄先生收拜门的学生，就我所了解的，可以分为两种性质。一种是有钱的子弟，他收来凑热闹。记得我有一位姓卢的同学，文字不很通顺，但因为他家是大木商，不久也成为黄先生的拜门弟子；他的责任是逢年过节送礼，听戏上馆子付钱。当时我们自然很瞧不起这种人，不过这只是偶尔的情形；而在现时看来，有钱的子弟，因慕名而肯为穷广文花几文，也算是难得的。另一种拜门弟子，多半因为天资很好，激起了黄先生爱才之心，而被黄先生收录了。拜门后，他也只告诉学生，应读些什么书；有问题时，可以向他提出来问问。例如郝懿行的《尔雅义疏》，便是他要我从头到尾，细读一过的。但拜门后不好好地读书，黄先生对之也无所谓，而这种学生依然也是一无所得。但打着他的招牌去找教书的工作，的确有些方便。

黄先生的生活，是名士型的生活，所以我们常常听到一些有趣的笑话。但他的好学，他读书的勤而且精，他对学问要求的严格，及自己下笔的矜慎，则是一位典型的学人性格。他可以向北大同事（都是教授）的刘申叔先生正式磕头拜师，以求能传刘申叔先生的经学，这便十足地说明了他对学问是如何的诚恳！是如何的虚心服善！黄先生之所以为黄先生，正在这一方面。他的名士气，是来自他的才高性傲，不把一般俗物放在眼里。若是有人，根本不曾好好地读过一部书；并且行为卑下，却要装模作样地学黄先生的名士样子，这便令人非常难过了。

黄先生的老师章太炎先生，劝他应早从事著作，但他觉得他还在探求、进步之中，迟迟不肯轻易下笔，终于五十岁过一点（我不知道他是五十几岁），便死去了，这是一大损失。我近十年来治学的途径，既与黄先生不同，所能看到他的遗著，更是少而又少，所以没有资格谈黄先生的学问（今日潘重规先生最具备这种资格）。但他的诗、词，尤其是他的文章，以清刚之气，运雅丽之辞，我觉得远出于汪容甫之上，可以说是近百年多来所少见的。我近来讲《文心雕龙》，虽不完全同意黄先生《札记》上的见解，但他考证之精、文词之美，使我始终是以感激的心情去阅读。而他在《文心雕龙札记》中破除自阮元以来有关六朝文与笔问题的偏颇之见，在《钟嵘诗品讲疏》中，谈到五言诗的起源，都表示了他卓越的成就。至于他在声韵学方面的贡献，那是早成定论，更为我所不敢置一词的。

六三年三月二五日于东海大学

一九六三年四月十日《政治评论》第十卷第三期

一个"自由人"的形象的消失
——悼张深切先生

　　古希腊时代，有所谓"自由人"的阶级；希腊文化，便是由此一阶级创造出来的。当时所谓"自由人"的形象到底如何，我无从了解；但在刚刚死去的张深切先生的身上，仿佛我看到了一个"自由人"的形象。

　　我是民国三十八年五月违难移居台中的。从移居台中认识庄遂性先生的时候起，庄先生一直是我在新环境中精神上的依赖者。台中的许多朋友都经过庄先生的诚恳介绍，才有结交的机会。我和深切，也是在这种情形之下认识的。

　　认识深切不久，他便送我一部研究孔子哲学的大著，应该算是他在这一方面的试作。但不难由此了解，他是写作能力很强，并且在文化上又是有一番抱负的人。奇怪的是，这部书竟遭遇到禁止发行的运命；此一无法解释的运命，当然会打击他向这一方面继续努力的兴趣。此后，我们见面的机会不多。在我的记忆中，他是搬家最多、行业也更换得最多的一位朋友。刚听说他编导电影，编导得相当有成绩；等到见面时，却又停止不前了。中间开过一次圣林咖啡馆，过了些时候再去，咖啡馆已经换了人。直到古典咖啡室开业后，在一段较长的时间中，才有一个经常见面之地。

他的古典咖啡室，可以说得上是名实相符的：古典的布置，古典的音乐，带有古典美的小姐；走进去，真使人有某种古典的感觉。所以我常常带朋友到那里去领取一点古典的感受。每去一次，我都要我的朋友认识深切，而深切也几乎都和我的朋友谈得来，并经常拿他的《里程碑》、《遍地红》的文艺作品送给我这些朋友。我这些朋友，因此也更了解深切，以我有深切这位友人为幸运。但我常常为深切耽心他的经营构想，无形中是以自己的生活情调作标准的。在一个以弗洛伊德的"潜意识"为活动基底的社会中，哪里有一批高人逸士，能和深切的古典情调连结得上呢？所以我们每见面一次，总忍不住要问："近来生意怎样？""还可以维持"，"要到某月便会转好"，深切也常是这样带笑地答复。在前两个多月，当我发现深切已经移出了他的古典咖啡室，由一个又黄又黑的招牌，取而代之的时候，我当下感到：这是社会向下沉沦的标志，是深切的悲剧，也正是时代的悲剧。

最近一年以来，我常和深切到附近的日本料理店中小吃，他每次都要吃一点酒。但他已不断诉说身体不舒服，经常要打针吃药。大概在四个月前，我去看他，他已经很憔悴，说背部常常发痛，可是我们依然一起到外面去吃小馆子。吃完后，他坚决反对我付钱，连声说"下次再吃你的"。谁知过了两个月，我怀着再一同去吃小馆子的心情去找他时，却真正是"人去楼空"，并得到他已赴台北治病的消息。我在非常怅惘的情形下，写了一封安慰他的信，信中说明我看了《我的思想与生活》后，觉得我们在思想上有更多相同之点；希望他好好治病，并要他给我来一封简单的信，使我放心。他果然来了一封简单的信，说医生劝他要绝对休息。我推想，他的病已是不轻了。再经继续打听，更知道可能是肺癌的绝症。而庄遂性先生，也正是死于此一绝症。十月底接到洪炎秋先生来信，说深切的病，已没有希望，一两天即回台中，高兴有朋友去看他。我本月初，第一次到他令弟所开的张外科医院去看他时，他正在发热，但神志还清楚，要他的夫人拿橘子给我吃。第二次去看他时，眼睛用力地望我；但望了两眼后，随即闭拢有如入睡。看到朋友死期的人，比在死期的朋友，心里更为痛苦。不到两天，深切便不声不响地死去了。

深切和庄遂性先生，是两种不同的典型：庄先生使我钦佩，而深切则使我欣赏。在他的作品中，在他的生活态度上，他自由地想象，自由地发挥；更以自由的心情，来看自己的成功、失败。他并不是忘情于功利，但他似乎不肯做功利的奴隶。他的生活，是平淡中的多彩多姿。但这是有个性的多彩多姿，在多彩多姿中，并流注着对社会的正义感，以及对自己民族的热爱。这是我对深切的把握，也是我对一个自由人的形象的把握。我和深切的年龄不相上下，这正是人生最寂寞的时期；我不断希望能得到在功利缰锁之外的真诚友谊，来润泽即将枯萎的心灵。庄先生和深切的先后死去，在我残余的生命中，怎能不算是一种重大损失呢？

六五年十一月廿四日于东海大学灯下

一九六五年十二月三十一日《台湾风物》第十五卷第五期

怀念溥心畬先生

心畬先生去世，到今年十一月十八日，一转眼已经是三周年了。对于一个人的价值，常常要等到他死后才会真正理解到；我对溥先生，内心总有这种歉疚。

民国三十六年，溥先生在南京开画展，我也附庸风雅，选购了定价最廉的一幅。这对于我的生活状况来说，可以说是破天荒的豪举。当时不仅与他无一面之缘，并且连艺术界里的行情也一点不懂。我之所以挤出买米买菜的一点钱来作此豪举，只是被他许多作品吸引住了。说也奇怪，来到台湾后，发现高惜冰先生所藏溥先生的一幅画，和我的一模一样，但画的精神韵味却远不如我的，或者这也要算是皇天不负苦心人吧！

在台湾的中等学校校长中保有文化意识的，恐怕要首推黄金鳌先生。大概是一九五二、五三年，他当台中省立师范学校的校长，特别把溥先生请来住了一两个星期，使我有认识他的机会。好吃，健谈，对人很周到，已是我见过一两次面后便可以了解的。但接触多了以后，我渐渐发现他的生活，一举一动皆在礼教之中，而一念一机又皆超出于世俗之外。他对人的教导与解答，常和诙谐融和在一起，没有半点粗鄙的气味夹杂在里面。和他终日相对并不觉得他是一位艺术大师，而只是带着点神秘气氛的天真大孩子。在这种气氛中，把不相干的人世一切，自然而然地忘掉了。现在回想起来，这应当就是艺术精神涵煦下的艺术意境。

心畬先生在做客中，也是一面谈笑，一面写字或画画。这并非仅是为了人情上的应酬，而是他一生"笔不离手"的生活习惯。他的字，精妍遒丽，上追虞、褚。他的画，是从南宋的唐、刘、马、夏入手；因功力深纯、笔墨精微笃厚，所以不求摆脱传统，而亦未尝为传统所拘束；在平淡中自然有高妙之致，愈看愈显出它的精神。有一次，我在朋友处，看到把溥先生的一幅画，和另一名家的画，挂在一起；对比之下，愈觉溥先生的一笔一墨，无不奕奕有神，而那位名家的，好像一位过分疲劳的人，散漫得站立不稳。这对我发生了很大的启发作用。

但他喜欢谈经学，谈小学；次之，谈诗。偶然谈到字，却很少谈到画。恭维他的画，他常默不出声；恭维他的字，稍稍色动；恭维他的诗，可以引起他的话头；恭维他的小学、经学，便滔滔不绝了。要从他学画，他总要劝人先读经，先懂小学。开始我以为这是他为了撑支门面。久而久之，渐渐了解他在经学上所下的工夫，不仅独辟以经解经的一条正路，并且实际是他的精神教养的源泉。而小学则是为了能知"笔意"的基础。画境深微，能谈言微中的人，少之又少；恭维他的话，在他听起来，都是隔袜搔痒的废话。他谈话有风趣，可以谈上一整天，但决不谈废话，也是不愿听废话的人。尤其是，没有精神修养、没有精神境界，仅以舞笔弄墨为钻营奔竞之方的人，在他的眼里，真是半文不值。所以他总是要先从笔墨以上的地方求立身之地。

东海大学创办的时候，我向当时担任校长的曾约农先生建议，特请溥先生来教授书画。在物资上提供的条件，就一般学校而言，总算是一种特例。以后没有继续下去，这也是重要原因之一。他在东海大学前后三四个星期，对书法画法的教导，可以说是循循善诱，语语真切。他曾说："我在绘画中，常常花五六年工夫所摸出来的路数，三五分钟就把它说完了。说完了以后，和学的人依然毫不相干。所以书画是要在实际中磨练，而不是靠讲解的。磨练到某一个程度，一经指点就行了。"但他还是讲解了不少。我现在还有印象的是"何谓中锋，锋从中出就叫中锋。因为锋从中出，笔的每一根毫毛都用上了，所以特能饱满有力"，"颜色为什么有的入纸，有的却不入纸，我在西山弄了很久才知道，古人用颜色，不是一次涂上的，而是由淡而深，分成五六次才涂上去的"。后来我看王麓台的画跋，对溥先生的说法，不觉点头微笑。当时我常常想，假使我对书画稍稍有点办法，便会正式拜他为老师。现在的人，喜欢装架子，只是因为对自己所写的尚无入处，不知甘苦的原故。

因为我听说溥先生的太太，不很喜欢人去看他。而我又不是书画这一道中的人，所以心里常常怀念他，却很少到他家里去。大概在他去世前两个月，我约同万大铉兄一同去问候他的病。他看到我，非常高兴；把他写的骈文和诗稿拿出来给我看，又把他的一位公子，特别叫出来，使我认识，并说年轻人对于前辈应多多接近。我非常抱愧，一直到现在，还不知有什么方法，可以报答他当时叮咛郑重的一番心意。

溥先生的晚年，和商人来往得多，和同道中人来往得很少。我便常常想到德国大哲学家康德一生，在生活上只有一位在银行中做事的朋友，更无其他同道的朋友。每天吃完晚饭，总是独自走到那位与学问毫不相干的朋友家中默坐一回，或说几句不相干的闲话。一颗超绝而孤独的心灵，把它安放在一无理解的人情世俗之中，比安放在惺惺作态的假斯文里面，实可以受到更少的贬损与委曲。真正的哲学家和艺术家，在这种地方其孤独寂寞而无法得人理解的心情，常有不约而同的不言的感慨。

当我把《中国艺术精神》写成以后，心里不断地想，假定溥先生还在世，我不知他看后要向我说些什么，但他已死去三年了，我的书也未免写得太迟了。

一九六六年十一月十五日《征信新闻报》

溥心畬先生画册序

溥先生心畬一九六三年十一月十八日逝世后的第十年，他的故旧、门人，聚群力开一画展，并将展品印成画册，以资永久纪念。老友万君大铉，要我在画册前写几句话，使我能借此机会，稍抒对溥先生的怀想，实引为感幸。抛开一身以外的波诡云谲、幻化无端的大千世界不讲，就一身而论，每过一年乃至几个月，偶然翻开通信簿一看，必定发现有的朋友已归泉壤，有的朋友早成路人；所记姓名地址等，已有几分之几，不再合实际，每因此怅惘良久。但每一念及溥先生，则他敦朴名贵的面影，圆韵风趣的语言，总是宛然在目，希望他不曾死，也仿佛他并未曾死；我相信这种无端无名的感情，是我和筹开画展、印行画册的诸君子所共有的。由此可知溥先生有他不与死俱尽者存，而诸君子亦真能使溥先生得以不死。

下面关于溥先生的身世，是取自溥先生的《学历自述》。

先生生于清光绪廿二年七月廿五日。宣统二年庚戌，清室将贵胄陆军学堂改为贵胄法政学堂，凡王公大臣、勋藩子弟，年届十五者，即可奉命入学。先生之入学，以是年九月十五日。宣统三年辛亥，革命成功，清帝逊位，学校并入清河大学，旋又并入法政大学；先生即毕业于此，时年十八岁。毕业后，赴青岛省亲，遂在礼贤书院习德文，得德国亨利亲王之介游德，入柏林大学；三年毕业后返国，是年夏五月在青岛完婚，时年二十二岁。先生嫡母居青岛，生母住北京马鞍山戒台寺。婚后依生母读书寺中。秋八月又赴德入柏林大学研究院三年半，得博士学位，时年二十七岁。返国后仍居戒台寺读书。年二十九，移居城内。七七事变发生，避地万寿山。日寇再三强先生参与伪政权，先生大节凛然，称病不复入市。日人以巨金一画且不可得。而其学问之醇、艺事之卓，实因前后闭户山居约二十年，专心一志，心无杂念，所得所积之厚。世变后，先生由北平而杭州，由杭州而台湾，虽于颠沛流离之中，未尝一日改其度，未尝一日废其学，未尝一日不著书，未尝一日不作书不作画。

先生做人，植基于经学。著有《四书经义集证》、《尔雅释言经证》，皆采以经证经的坚实方法，卓然成家。其手稿藏台北中央图书馆。文则追六代，诗则直追盛唐；根深叶茂，沉丽深醇，非时流所能企及。书法植基于《说文》，立规于虞、褚；敛宏肆于矩矱之中，融骨力于风神之际，实近代所罕见。先生之于绘事，因体悟特深，功力特熟，实与其现实生活，融为一体。朋辈与先生相聚，先生谈经论文，诙谐间出，常娓娓不倦者数小时；手不停挥，烟云林壑，出自腕底者亦数小时。盖先生之性情趣味，自然流露之于书，尤流露之于画。取途北宋，故格调之高，一扫董其昌后卑弱濡懦之习；脑无俗念，故风神之雅，一洗近百年来繁杂单寒之体。香港某书画店，数次开近代画展，先生画迹，骈列其间，有如魏晋大名士，雍容谈笑于强颜作达者之间，深醇淡定，望之使人鄙吝都消，神情自远。我私自计度，现时所标先生画值，仅及一时风头劲健者十分之二三；但百十年后，如社会尚有艺术气氛，轻重取舍之间，必会倒转过来，使先生得到公平的待遇。

　　一九五七、五八年，我主持私立东海大学的中文系，以全力请先生莅校指导诸生艺事，先生前后约来三次，每次约停留一周。卒因当时主持校政之伧夫气味不相投而去。在这段短时间内，先生以极简单的语言，道出书法画法中的窔奥。一字一石，一树一山，如何下笔，如何变化，如何由一笔而发展成一完整的形体，程历分明，方法明白，真尽到循循善诱的能事。我每次披对先生所遗留下来的这一束教材，如见他盘膝而坐，口讲手挥，面色凝重叮咛的神气，不觉为之感叹。

　　文学艺术的高下决定于作品的格，格的高下决定于其人的心，心的清浊深浅广狭，决定于其人的学，尤决定于其人自许自期的立身之地。我希望大家由此以欣赏先生之画，由此以鉴赏一切的画。

　　　　　　　七三年秋七月徐复观序于九龙寓所 ①

---

① 编者注：本文曾收入《徐复观杂文——忆往事》（萧欣义编）。

时代的悲怨
——悼白崇禧将军

一

今天（十二月三日）的报纸，报导白崇禧将军，于昨日在台北寓所逝世。他已经是七十四岁的高龄，在身经百战、国破家亡之后，依然能死在一片自由的土地上，可以说是死得其时，死得其所，我应当为白将军庆幸。我和白将军，因地位悬殊，环境远隔，除了有一两次公共场合中的点头握手之外，从无一席从容谈笑之雅。但当我在报上看到这段新闻时，心里依然感到有些怅惘。自己反省一下，发现这是平日存在心里蕴藏的一缕时代悲怨，不觉假此一发了。

当九一八事变发生以后，日本陆军士官学校和我同期的中国同学，把我从病假中找回校来，向日本军阀，发出了反抗的怒吼；接着退学返国，大家要为争国家的生存而战。结果，我在长江一带，找不到任何工作，便于二十一年远赴广西，求一个容身之地。湖北人和广西人，本曾有一度的蜜月时间。作为广西革命主力的第七军，在参加北伐时，便由夏威（广西）、胡宗铎（湖北）两位先生，分任纵队司令，转战于湖南、湖北、江西、安徽、江苏、南京、上海之间，可以说是战无不胜，攻无不取。但此一蜜月，因十八年的事变而完全结束了。所以我当时的投奔广西，完全是抱着天涯浪子随处为家的心情而去。到了广西，住上一个多月后，奉派在当时可以称为白将军的亲卫军的警卫团里，当上一名上尉营副。过了半年多，升了少校团副，随后又调到柳州的空军学校里当学生队长。但我这一个天涯浪子，很早便抱有"国家必须统一"的天真想法，所以对于白将军当时脚踏实地、励精图治的情形，心里非常佩服，但对于当时半分离的政治状态，总感到心理难安。于是决心恢复我的浪迹生涯，无目的辞职而去。在临走前，白将军派人送我三百元毫洋作旅费，我至今还想不出什么理由，我把它退掉了。大概因为我这一天生的流浪者的性格，吃尽了钱的苦头，却从来也不把钱放在眼内。

二

民国十八年春，我还在日本当学生的时候，听说武汉和南京快要开火了，便慌忙从东京赶回武汉，忘记了自己的身份地位，妄想要消弭这一场灾祸。到武汉看到当时的负责者之一的时候，我说："国家刚刚统一，日本人正抹目相看，怎么可以又打起内战来？""你们年轻人受了共产党和国民党的宣传，知道什么？赶快回去读书吧！"万里归来，只说了那样几句话，听了那样几句话，便堕入烟雾茫茫中去了。当时桂系的势力，由两广一直伸到天津，不几天，便灰飞烟灭，随长江的浪潮而俱去。

民国三十七年春，选举总统、副总统的选举潮，已开始澎湃。有一天的晚饭后，黄季宽先生来到我的寓所，主要是劝我赞助李德邻竞选副总统。我反复地告诉他：李之为人，口头进步，头脑糊涂；外表开明，而内心封建。他可以当监察院的院长，但不可以当副总统。并且我恳切地告诉黄先生，军事的局势已经非常危险，陈辞修先生的人望已完全坠落；假定李德邻不竞选副总统，而表示彻底的合作，则中央的军事指挥大权，可能落在白先生身上，于公于私，都有好处，否则可能增加内部的防嫌，结果会非常不幸的。那一次谈了三个多钟头，彼此都不曾被说服。

三

我是完全不懂现实政治的人。自从民国三十二年参加到政治圈子以后，一直到三十四年，我希望由改造国民党来挽救国家的命运。抗战的胜利，冲昏了大家的脑筋，我觉悟到改造党是不可能的，于是想在内部的团结上用力，借得延长我们政权的寿命，以待国际形势的明朗。团结的最大工作，便是对桂系容忍。当袁企止先生去充任白将军的华中剿匪总司令部的秘书长时，临走前问我的意见，我告诉他，应尽力向团结方面去努力。三十八年春，我住在奉化溪口时，虽眼看到李德邻及其幕僚的昏愚鄙劣，但我还是坚主对桂系让步，以求团结。当我知道居觉生先生在广州要组阁时，以他对我相与之厚，但我却彻底反对他的组阁行动，也是为了团结。我糊涂到了这种程度，当奉化蒋公在台复职时，我居然自香港写信给担任总统府秘书长的王雪艇先生，主张用白将军当参谋总长，也是为了团结。我想不出，除了团结以外，还有什么可以求生之道。

白将军以小诸葛自许，我摸不清他的底细。但我的观察是，他在高级将领中，是幻想最少、算盘打得较为确实的人；他的气魄和精神，是不完全在仪态和语言上，而肯表现在他的工作效率上的人。民国二十三年，成立陆军整理处，杜心如先生介绍我到南京中央饭店去见当时的负责人，他问我对广西的观感，我坦率说出了白将军实干苦干的一套；那位负责人对我的话没有听完，便怒形于色，说我中了广西宣传的毒。谁能知道我和白将军，可以说是始终毫无关系呢？由白将军今日之死，使我想起了苏东坡的《浪淘沙》的一首词，便不伦不类地想到《红楼梦》贾宝玉在太虚幻境里所看到的一对联。我稍改几个字，借以表达我此时的心境：

　　寂地寞天，堪叹英雄心不死。

　　哀猿怨鹤，可怜家国债难酬。

六六年十二月三日于东海大学

一九六六年十二月十日《华侨日报》

致李济之先生一封公开信

济之先生大鉴：

观一本"敬老"之义，所以在旅途中来看您。但您时时都以反常识之态度，表示对我所追求学问方面之敌视，此令观百思而不得其解。谨将我对您的了解坦白说出来，供您的省察。

一、您在考古的田野工作上，曾经有大贡献。但因您固守自己一部分的经验，而不能接受他人研究的成果，所以您在人类考古学方面，也未免因自己的保守而落伍。

二、您完全不注意史学，但自己以为"凡是我所不懂的，即是不科学的"，而加以深闭固拒。史语所花费了国家最高的荣誉与金钱，但您们对自己的史学工作亦曾有所检讨否？

三、在您们把持之下，使对孔、孟、程、朱、陆、王的研究工作从来不能进入中央研究院。这到底是哪一国的研究院？您们只有拿国家最高的荣誉去捧一部分蔑视中国的外国人，以此来骗中国人，压迫中国学人。您们恐不免将由这类的外国人牵着鼻子走，终于从文化上，为殖民主义服务，敌视自己的国家民族。您们去年所奉献的一位人文科学院士，他在香港的演讲中，引孟子"物之不齐，物之情也"的话来证明孔子是主张人性不平等的，说汉朝的刑法是受了儒家思想的影响，说郡县立学在明代始普遍推行等等无常识的话。港大、新亚的友人特别告诉我，这位院士在讲演中认为顾、王、黄的民族精神及辛亥革命，实是多此一举。请您说说，这是什么人？他说的是什么话？这是您们真正用心之所在吗？

四、您口口声声说科学，但从您口里所说出的"文化问题"，未免出于您的"自由联想"，都是幼稚而反科学的。例如您这次因到美国而知避妊药的成功，便认定家庭会完全消灭，伦理会完全消灭；因之我们研究孔、孟的一套，毫无价值（下句很含蓄地说了一半）。你根本不了解我对西方有关的思想学说，比您们热心追求得多得太多。您根本不了解避妊药之所以深入研究、大量制造，是为了想解决人口的危机，尤其是落后地区的人口危机；而不是如您所想象的，为了解放男女学生的性行为问题。您更不知道弗洛伊德精神分析学的根据及其以后的发展，而只是道听途说地胡猜，把从中国通的洋人闲聊天的话，鸡毛当令箭地大发挥一番。这在十几岁的青年是无所谓的，但受过学术训练的人，便决不应如此信口开河的。事实上，人伦问题不是性自由所能解决的，请看瑞典号称性最自由，但他们的青少年犯罪、性犯罪，正在严重化了。

五、您们根本忘记了中央研究院是国家最高的学术机构，而当作您们的私塾。除您们所经历的一点点以外，一切深闭固拒。口头要西化，要近代化；但对西方有关学术发展的各种情形，闭目不睹，只是以横蛮的态度说话。我劝您：中央研究院应成立研究中国思想史的单位。您立即顶住说："我们不研究禅宗这类的东西。"您的意思是说："你所研究的是禅宗，我中央研究院不要。"当时我告诉您，禅宗在中国文化史上发生过这样大的作用，站在"史"的立场，为什么不可以研究？日本人研究它的很不少。您说："日本不会有公家学术机构去研究。"这完全是闭着眼说话。日本哪一个公立的人文学研究机构，不准研究禅宗？我手上便有"东洋文库"负责者有关禅宗的著作，而且是由"东洋文库"自身出版的。

六、您根本不注意，受过科学训练的人，对自己所不曾研究过的意见，便不随便表示意见；对学问的自身，应有由衷的谦虚。您只凭自己的头脑，顽固而横蛮的态度，横冲直撞，所以您实际成了中国人文科学发展的障碍。

因此，我恳切向您提议，您应当为将来作一点打算，准备物色一位真正知道什么是史学，什么是人文科学的学人，将来能继任这一所长。由阿谀您们而来的人文科学方面的院士们，应当打开眼睛安心做点学问，以弥补国家学术尊严所受到的损失；暂时不要"师承"下来，这是学术发展之大幸。专此敬请
大安

徐复观敬上　六七年五月六日于九龙

一九六七年五月十六日《中华杂志》第五卷第五期

附：致《中华杂志》编者函 *

编辑先生大鉴：

鄙人致李济之先生一函，承蒙刊出，至感。惟下述两点，似

---

* 编者注：此附文系本文收入《徐复观杂文补编·思想文化卷（下）》（黎汉基、李明辉编）时所加。

经先生删节。一、鄙人指出历史语言研究所为"无思想性"之学术机关，他们常常把"思想"与"科学"对立起来，所以他们所提出之人文科学方面之院士，尽为无思考能力之院士。他们数十年来皆守此为学术之正统，实则阻塞通向一切学术之门。二、他们包办院士，运用推选院士为维护派系利益之工具，为谄媚外人之工具，以摧抑"中国读书人"发愤向上之机、之气。鄙人所以破除私人情面，不惜冒犯时讳，坦率言之，盖出于恻诚惨怛之心，置私人利害于不顾。先生所以有所删节，殆恐鄙人因此而将益陷于孤危之境。然欲为学术留一线生机，则垂老孤危，固其所也。或者亦有疑鄙人对于万不如历史语言研究所之集团，却何以不一言？实则彼公开盗窃诬诳之不足以言学术，稍有良知良识者无不知之，又何足以污鄙人之笔墨乎？如肯将此函补刊，是所祷幸。

徐复观上　六七年六月七日

一九六七年六月十八日《中华杂志》第五卷第六期

牟宗三的思想问题

一

大概是五年或四年以前，我在由台北开向台中的火车上，遇见教育厅长潘振球先生，他说中兴大学想成立中文系，预定请当时正在香港大学教书的牟宗三先生回来当系主任；潘先生委婉地问我三点：（一）有无增设中文系的必要？（二）牟先生会不会回来？（三）中兴大学是否具备成立中文系的条件？我当时的答复是，有增设的必要。牟是否回来，我不能判定；倘牟不回来，李涤生先生也可以当系主任。

后来知道牟先生要成立哲学系才回来，所以中文系便由一手筹备成功的李涤生先生负系务的责任。同时知道校长汤蕙荪先生计划成立文学院，在文学院中添设哲学系，请牟先生担任院长兼哲学系系主任，并曾与牟先生交换过信件，这都是校长权责内可以决定的事。我对这类事情，早经看穿了，毫不热心，所以对中兴大学的朋友及对牟先生，皆未参加过半点意见。

尤其是一位根本没有教授资格的人，可以利用特殊关系去当该校的院长，院长还值半文钱吗？

汤校长不幸死去，刘道元先生继续当校长，又想到汤前校长的计划，希望牟先生履行旧约。牟先生因为有一部百万字的大著（阐发宋明理学的）在正中书局发排，为了作最后一次校对，今年暑假便来台湾，借便与刘校长当面谈谈。来台中后，先住教师会馆，后住中兴大学一栋招待外国教授的房子里。刘校长决定先请牟先生接受院长的名义，再继续争取增设哲学系。牟先生并强邀了几位在美国得有博士学位的学生返台服务，几位学生也都勉强答应了。牟先生本年度必须返香港中文大学新亚书院授课，所以牟先生和他所约的留美学生，要到下一年度才能正式到职。

牟先生初到台中时，我请他吃了一餐饭；临走前，又请他吃了一餐饭。此外便很少去看他，并开玩笑说："假定你们的计划有了周折，免得疑心是因为我来多了。"不过我从旁观察，中兴大学的朋友，对此问题不似初来时的热心；原定先发聘书的，也没有发下来。牟先生是十足的书呆子，一切不问，我更不问半句。

牟先生返香港后，这一个多月来，我从中兴大学几个不同的来源，才知道是在某种调查上出了问题，综合几种不同来源的说法是：

（一）牟先生的思想有问题。

（二）牟先生在台中以校对著作为名，作组织活动，幸而派人加以监视。

（三）牟先生在东海大学教书时，曾与"不稳分子"往来密切。所以指示给中兴大学当局，如果已聘，赶快发动以组织对组织。如果未聘，千万不可聘请。

二

今日用人须先经过"某种调查"，事属必要，谁也不应加以反对。同时，知人甚难，对于调查的准确性，谁也不应加以苛求。但在共党阴谋与反共立场的大分水岭上，则不应有所淆浑。凡是认识牟先生的人，都可以知道牟先生由思想所流露出的态度。凡是读过牟先生著作的人，便都可以明确地把握到牟先生的思想。我愿借此机会稍稍检讨一下。

牟先生原来属于民社党，主编《再生》，因反对加入民主同盟而脱离关系。在中央大学教书时，因感愤于当时共党及其外围分子的嚣张，遂以自力办《历史与文化》，奋螳臂当车之勇。因此，经常是穷得一文不名。梁漱溟看到他一篇批评共党的文章，加上许多眉批和夹批后寄给他，因为他是熊十力先生的学生，而梁又是熊先生的好友，故梁亦以学生视之。牟先生接到梁的评语后，用剪子把所有的批语都剪下来退给梁先生，以表示他的抗议。来台后，他进师大教书，我办《民主评论》。他写的第一篇大文章是《理性的理想主义》，立足于儒家精神及西哲康德思想，消极的是反对共产党和浅薄的理智主义与无内容的自由主义；积极的是要为道德、民主、科学构建一共同的基础。以后他有许多文章，都是沿着此一基线发挥的，曾因此而引起殷海光先生在一篇文章中的一顿臭骂，并引起我们与殷先生间的分裂。第二篇大文章是《辟毛泽东〈矛盾论〉》。第三篇大文章是《辟毛泽东的〈实践论〉》。《矛盾论》、《实践论》，是毛泽东到了北平后所打出的理论上的两张王牌。在台北时，不断应党政各种训练班的讲演，连"淡水训练班"也在内。到东海后，曾作过一次讲演，有人报告说这讲演有问题；我从日本回来后，找到学生的纪录看，想不出有任何问题，乃将纪录在《民主评论》上发表。牟先生到香港后，开始在港大和新亚两校教书。当新亚接受港府的条件而卸下中国的国旗时，牟先生一个人把国旗插在他寓楼的窗子上，凡数月之久。

以上是牟先生思想的轮廓。有些浅薄的民主人士，说他的思想有帮助国民党一党专制之嫌，但他们不能说他的"思想有问题"。只有共产党，才能说他的思想有问题。因此，这一位负某种调查的人员作出过分违反事实、颠倒黑白的报告，是不是潜伏的匪谍？是不是挟嫌诬陷忠良的汉奸？这难道不值得高级负责人士追查一个水落石出吗？我深知牟先生只想在文化上为国家培养几个有"正见"的后代，决不会把文学院长的问题放在心上。但对于这种极为明显的黑白淆浑的事实，难道上级可以不提高警觉，使每一个正派人，每一个从事于学问的人，受到精神上的威胁而离心离德吗？

三

说到牟先生以校对为名来搞组织，这只有有精神病的人才会想得出来。牟先生平日是没有交游的人。他住在台中教师会馆及中兴大学招待所，经常是他的几个学生去招呼他，和他聊天。计有蔡仁厚夫妇，蔡系老政工、国民党员，在中兴、东大、省一中教课。周群振夫妇，周是退役军人，嘉义高中教员。陈癸淼夫妇，国民党员，中兴大学教书。王淮夫妇，成功大学及中兴大学教书。

石元康及其未婚妻，石系牟太太的孩子，在台大哲学研究所。组织个什么？此外，还有什么见不得人的分子？岂不是活见鬼吗？学生陪伴一下久别暂逢的老师，而认为有问题，这真成何世界？

所说的"不稳分子"，当然是指我而言。这些年来，"组织专家"藏在暗处作孤立我的部署，无微不至，我知道得一清二楚，但我从来不以为意；因为正如汪中所说"学成而后孤"，厉节好学的人，从来不怕孤立。小圈圈外面有大圈圈，大圈圈外面有中国，中国外面有世界。现时以前有古人，现时以后有来者。信宗教的要受末日审判、地下审判，不信宗教的要受身前的舆论审判，舆论扼杀了，要受历史的审判。谁个孤立不孤立，在没有受到审判之前，都是枉费心机。

因为不怕孤立，所以当今之世，俺是一个最稳定的人。我反共产党、反汉奸、反文化上的诈欺盗窃。政治上主张民主主义，主张民族主义，提倡民主社会主义，这是三民主义的另一表达形式。学术上主张复兴中国文化，主张融通中西，主张以文化导引政治。凡此都是二十多年来，不唯出之于口，而且书之于笔的"八风吹不动"的态度。世界上，只有今天想偷张三，明天想害李四，东瞒瞒，西摸摸，日以继夜，想化他人财产为自己口袋的小偷型的人，才是最不稳定的人。这几年我打了两次汉奸，凡与汉奸一鼻孔出气的人，常运用汉奸的"反咬一口"的战术，把极稳定的人格，诬赖为"不稳定分子"，以为自己遮羞。顺着此一趋向，便非一齐稳定向汉奸方面去不可了。简单内容，只是如此而已。

一个故事书上，有如下的一段故事：

一群小偷儿，在某次窃案得手后，钻到树林里团团坐下，一面分赃，一面商量下一步的偷窃计划。有个乡下农人，偶然从小径中走向自己的田里，茫茫然从这一圈小偷身边经过，但并不知道这一堆是小偷。可是其中有一个小偷，突然敏感起来说："刚才从这里过去的是一个不稳分子，可能出去报警喊街的。"于是三步作一步赶上前，就是一闷棍。等到农夫醒过来后，抱着起了一个大疙瘩的头，想来想去，还想不出到底是怎样一回事。

上面故事，确实描写出了人生中的一种奇特的尴尬场面。但我要借此申明，我平生行不由径，并不知道世间有什么小偷，还是"大路朝天，各走半边"吧！何必要断绝在光天化日之下，一切人可行之路呢？

一九六八年十二月《阳明》杂志第三十六期

吊念居瀛玖先生

一

　　我第一次在报上看到"淡江文理学院董事长居瀛玖因病逝世"的消息时，精神上不觉受到一种冲击。多年来，迟疑再迟疑，拖延再拖延，但总是以"毕竟会有机会见面"的设想中，却不曾去看她。这一下子，此生此世，再没方法可以见面了。三月二十三日是她开吊的日子。我二十二日下午四时，跑到市府殡仪馆去想看看她的遗体，到后才知道依然存在冰库里面，并没有移出来化装，更增加无限的惆怅。到了二十三日的中午、下午，一连听到此离奇而使人悲愤的传说，除了使我想到，我们鄂东"由娘家出头"的习俗以外，实在无话可说，因为我不是她"娘家的人"。连要写点悼念的文字，也无法下笔，但我今天偶然在杂书堆里翻出一册"淡江英专丛书"的《大学国文选》，掀开一看，里面却夹着有这样的一张条子：

　　　本校《国文选》甲编请徐老师指教

　　　　　　　　　　　　　　　瀛玖　十、二二

说来真是惭愧！因为我一年到头总是忙忙碌碌，不看没有研究关系的东西；所以收到这本《国文选》时，大概只随便向杂书堆上一摆，根本没有发现这张纸条子，当然也不知道她特地寄来的，所以也不会回信。时间已经过十年以上了，怎么又会从将近一万册的书丛中发现出这本早经过时的《国文选》，并随手一翻，便翻出这张薄薄的纸条呢？我平时随着她家庭的习惯，称她为"五姐"，却没有想到她是称我为"徐老师"。这一偶然的发现，鼓励了我写这篇文字。

二

我初看到瀛玖先生，是居觉生先生住在她上海的入兰晴庐，约我去聊天的时候。觉生先生当时只介绍"这是我的女儿，那是我的女婿"。当时她夫婿两人，可能还不会讲国语，只向我点点头，不曾讲过一句话。来台湾后，觉生先生身心俱闲，常约我们去吃台北的日本料理，他老人家总是笑咪咪地说："没有关系，我的女婿有钱。"这样便有和瀛玖先生多见面的机会，也渐渐知道她是在日本人家里教养大的。有一次我偷偷地问居老太太："五姐是不是您生的？""不是我生的，是谁生的呢？"这我才确信她和居浩然先生是同胞姊弟。接着一连贯不幸的事发生了：觉老去世，瀛玖先生的夫婿张惊声先生去世，居老夫人去世。此后我在台北，便少了一个可以来往的地方。当日本友人安冈正笃先生来台游历时，大概因为她的养父萱野与安冈先生有点渊源，所以在她热烈招待安冈先生时，我们又多见了几次面。难怪她称我作"徐老师"。她永远只是一个清丽劲秀，除了微笑之外，不多讲一句话的"大家闺秀"。

张惊声先生死了以后，她是淡江英专的董事长，居浩然先生是校长，校务似乎发展得很快。有一天，居浩然先生突然来到我这里，告诉我，他的校长职务已被他的五姐解除了，暂由他的五姐兼长校务。他来的目的，是要我向他的五姐说人情，每月津贴他若干生活费，我当时对此情势，只感到惊奇、惋惜；同时，我不认为自己有出面说人情的资格。再过几天，瀛玖先生也突然来了，在我家住了一晚。她们姊弟之间，似乎完全是感情上的问题，可能是家庭中加入了新的成分而酝成了感情上的冲突。她向我解说时，常常用"简直是神经病"的一句话。我由此也了解她受的是日本教育，她是属于日本女性的典型。日本女性，有一种自我克制、敛抑的美德，所以平时只感到温和婉顺，但一旦到了抑制不住时，却比中国女性远为刚决果断。我当时除了安慰她以外，并转达了她弟弟对她的要求；她把经济和经费的情形简单地告诉我以后，气愤地说："他满够了，再用不上什么。"我说："为了安慰觉老在天之灵，做姐姐的还是要多照顾自己的弟弟。"她听到我说出这种话后，没再说什么。

谈完了学校的事，她又谈到她的身世和她的家庭。她以充满信心的口气，总结了她许多话："我的运命真奇怪！在日本的娘家没落了，却又有一个更美好的中国的娘家。自己没有生孩子，却有两个儿子，和自己生的一样。我是不爱管事的人，却也有一点事业。"当时她的长子张建邦先生没有资格当校长，但她提到建邦时，充满了信赖，可以看出她将坚决地培养建邦承担这份事业。提到她的小儿时，在娇惯的口气中也露出一点教育上的忧虑，但她很乐观地说"我会把他教好"。伟大的母性之爱，镕铸在她每一句话里面。她又告诉我，她喜欢在罗东的老家居住。那里似乎还有两位独身女性，我不知和她是什么关系，但从她口里，知道她们相处得非常好，使她不忍抛开她们，一个人住在台北。我问她："你既不愿多管事，日常生活怎样打发？""我喜欢看小说，英文的、日文的。""何不看点中国的呢？""看得没有意思，大概没找到好的。你将来为我找一点好吗？"过了不久，我到台北，她到青年会来看我，真的陪着她出去买了几部中文小说送给她。

三

自此之后，便没有再见面的机会。去年我曾写封信给她，后来接到董事会秘书的回信说，她正在美国旅行。我一直在下决心，要去看她一次。等到看见报上的消息时，始知此生已经无望了。

三月二十三日，我从市立殡仪馆出来，同位老朋友在一起午餐。这位老朋友拿起酒杯淡淡地说："人生算什么？居瀛玖是一条带子勒死的！"说时并用两手在自己颈的左右一比："这到底是自己勒死的呢？还是被人勒死的呢？只有天晓得。"我当时听后当然大吃一惊地反问："你怎会知道？""我的女孩在宏恩医院做事，送来时已经死了。要医院出死亡证明书，医院不肯，这才报警验尸。"原来她是这样了结的。饭后又到一位老朋友处聊天，聊出一位达官的荒淫生活，使我恶心不已。自此之后，"自杀"？"他杀"？"冤沉海底"？一直在我脑筋里起伏。以瀛玖的乐观、自信，和她现时所领导的规模日益宏大的学校，到底为了什么？

这一谜底，在最近揭开了，有位与淡江学院甚深关系，而人格又甚可信赖的朋友告诉我，她是自杀的，有三封遗书可作确证。但她为什么自杀？据事后推测，还是家庭中的许多不愉快事情积累起来的。原来她在社会上，是淡江文理学院的董事长；在家庭里，却想不到几乎是一无所有之人。假定她是一个男子，家庭中许多呕气的小事，可以在朋友的聊天中，慢慢消解掉。但她是一个有地位、有自尊心的寡妇，便不可能有可以"谈家常"的朋友；并且自从居老太太死后，她在精神上，在事实上，成为一个完全没有娘家作依恃的女人。她的生前，是没有地方可以投诉的彻底的孤独者；她的死后，是没有一个人能为她追求真实内容的彻底的孤独者。假使在出头为她办丧事的人们中，有实际上是参与了夺取她生存意志的人在里面，她若地下有知，将会感到，这将比在她颈上勒成一条紫痕的绳索，更为刻毒。

我希望在淡江文理学院的校园内，能竖起她的遗像，以纪念这一时代伟大而孤独的女性之死。

六九年四月卅日

一九六九年六月《文化旗》第二十期

陈布雷先生的一封信

因为最近即将移居台北，清理箧笥，偶然发现了布雷先生写给我的一封信，由此亦可见其对人的恳切周到，并常以领袖之心为心，为之感叹。爰请《传记文学》编者刊出，或亦足资瞻仰贤者风范之一助云耳。

徐复观谨志　六九年七月二十日

佛观我兄大鉴：

目前复兄一函，谅早收览。兹悉（据周同剑科长说）兄对总裁致赠医药费，谦辞不受，弟窃以为兄不必拘泥于辞受之间。缘总裁某日问及"佛观近来身体情形如何？闻曾患病，已愈否？"弟即以兄因胆囊发炎，曾入中央医院割治，经疗治多日始愈相对（当然亦述及医药费昂贵情形），总裁即谓应致送医药费，而隔日即有条谕致公费股周科长嘱令致送，经弟告周科长以尊处地址然后送达。窃意兄艰苦卓绝，弟等固所深知，而总裁对兄之一贯重视，所言多蒙采听，亦非寻常感情关系可比。今若坚却，在兄为不苟取予，然似有负总裁顾恤同志之意，且周科长亦大感为难。故特函请兄于周科长再度送来时，务必领受为要。我辈相知以

心，弟虽无似，亦不强兄以不义。务俯纳鄙言为幸。祗颂
时祺

弟陈布雷顿首　卅七年十月十八日

谨按：当时承蒙今总统蒋公赠送医药费黄金十两，于周科长第二次送到时，即遵布雷先生之命，敬谨领受。隆恩未报，夫复何言！

复观再志

一九六九年八月一日《传记文学》第十五卷第二期

敬谢胡秋原兄

秋原吾兄大鉴：

弟由东海大学强迫退休后，除在《中央日报》登一启事外，原拟暂守缄默。但昨读《中华杂志》七卷八月号兄《贺徐复观教授离职书》，既感兄厚意，复觉须稍作补充，并乞教正。

一、以今日汉奸与诈骗者潜势力之大，弟与少数人欲奋起而阻遏之，则在现实生存条件上必须付出相当代价；此点弟知之甚明，断之颇决，其被强迫退休，乃意料中事。古今志士仁人，为成就其志，成就其仁，其所付出之代价，实远较弟今日所付出者，常千百万倍。弟在启事中所谓"求仁得仁，实符私愿"者，盖指此也。

二、东海大学当局，与若干有特殊身份者正复相同，始终不承认有所谓汉奸与非汉奸之别；并在事实上，常站在汉奸的一边；此乃其个人出身与东海大学之背景使然，本不足深责。但兄述及此点时，过于曲折，致使事实真相含浑不清，且使东海大学当局者之立场不明，诚恐因此而影响其前途，故弟不得已须加以点破。

三、弟以一堂堂正正的中国人进入东海大学，以做一堂堂正正的中国人勉励弟之学生；十四年间，未曾受到任何污染，并因始终系一堂堂正正的中国人而离开；此不足以言贺，或聊堪以告慰。吕晚村有诗谓："谁教失足下鱼矶，心迹年年处处违。雅集图中衣帽改，党人碑里姓名非。苟全始识谈何易，饿死今知事最微。醒便行吟埋亦可，无惭尺布裹头归。"弟现移居台北，盖亦尺布裹头而归耳。专此志谢，并颂

双安

弟徐复观敬上　六九年八月六日

一九六九年九月一日《中华杂志》第七卷第九期

附：强迫退休启事 *

本人为维护民族之荣誉及学术与大学之尊严，年来曾参加反文化汉奸及反学术诈欺之行列，以求良知良能之所安。今日接吴德耀校长通知，以本人上述行为，"影响校风"，强迫退休；求仁得仁，实符私愿。一俟此间作一了结，即移居台北，闭门著书。谨此奉告关心我的朋友。

六九年六月廿六日谨启

一九六九年六月三十日台北《中央日报》

---

* 编者注：此附文系本文收入《徐复观杂文补编·思想文化卷（下）》（黎汉基、李明辉编）时所加。

人生道上突破中的友谊
——祝胡秋原先生七旬大庆

因看前天（四月七日）《中央日报》上刊出的诬辱胡秋原先生的特大广告所引起的愤怒，使我夜晚睡在床上想来想去，不禁问：法治社会报纸可以刊出这种广告吗？这笔可观的广告费是由何而来？幕后支持的机构，到底想要干什么？难道做得还不够，要做到秋原身上吗？所以昨天早上五时十分，便提笔写封信给秋原，劝他放弃现实政治上的一切关心，完全埋头到学术著作上去。我知道秋原不会接受我的意见，所以把信寄出后心里还是忐忑不安。昨天下午，突然接到秋原的女公子采禾博士自美国的来信（正如她所说这是她出国后的第一次来信），要我为她父亲今年七十岁写篇文章，我的精神立刻轻松下来了。采禾们这几个有学问有志气的儿女，正是秋原"身教"之效，"齐家"之效。站在中国"家齐而后国治"的传统观念，难怪秋原谈起国家大事时，腰杆总比旁人来得挺，见解总要比旁人来得深，文章汪洋浩瀚，气总比旁人来得盛，因为他有"己试之效"。

采禾要我写的是我和她父亲的友谊，这倒是很有意思的题目；因为我和秋原的友谊，是由人生途程上的不断突破而来；没有这种突破，便没有今日的友谊。秋原是否有此同感，不得而知，在我这一方面的确是如此。

第一次看到秋原，是在日本东京。他与杨玉清先生住在一起。我去看杨先生的时候，他当时长身玉立，但充满了自负的神气。此后便常常读到他刊出的知识广博、才气纵横的开辟文化新领域的文章。后来台湾曾有几个小聪明的年轻人起来攻击秋原时，我心里想："你们的老师的文化水准，还远赶不上二十几岁的胡秋原，你们心浮气躁，大概这一世也赶不上你们的老师了。""闽变"时，秋原是文化部长，大概还只有二十四岁左右。秋原一向以此为讳，我们觉得这是人生摸索途中、国家摸索途中很寻常的事情，不关是非荣辱。当时我也到过福州，后来上海有一刊物说闽变时组织了个生产党，秋原是中央委员，我是湖北负责人，可是我始终不知道这回事。今日所以提到，只想和秋原拉上一种间接而又间接的关系。

重庆时期，除了抗战末期，因他反对中苏条约中允许蒙古独立一事，而被撤除一切职务外，他一直是文化界中的重镇，在参政员中，一直是很有分量的发言人。他当时提倡"新自由主义"，除了当《中央日报》的副总主笔（总主笔是陶希圣先生）外，还先后私人办了两个刊物，一名"祖国"，一名"民主政治"，讲他的新自由主义。这段时间，我们当然有来往。印象最深的是两人在南方印书馆，他极力反对军人当省政府主席，我们大大地抬了一杠。两三年以后，我才感到他的主张实有至理。这是我在政治了解上的突破，也是我们友谊的进步。当然，他当时不顾一切，反对中苏条约贻国族无穷之祸（我因很多人对他怀疑，还亲自去劝过他）。这只有兼"学者"、"国士"于一身，才能表现出种种卓见；这种大节，当然增加了对他的敬佩。

在南京时，有一次罗刚先生和自己写的一本小册子的文稿，要秋原看一遍，在座的人很多，秋原一下子就看完了，还提出了意见。大概要比我看书的速度快上七八倍，我忘记了问秋原何以真有一目十行的本领。

还都南京，我们的交往较密。我曾有意发动一个新组织以支持当时困难日增的蒋公，和他谈到，他也乐于参加；但不久他便去湖北办中学，我也把原来的企图放弃了。

我到香港在先，他稍后。有次我到赤柱去看他，他全家在一乡民家中，分租临时隔成的一间小房子里，可以说没有任何家具，对外也没有窗户。他向房东借用一个旧茶几，放在隔成的门限外面作桌子之用，坐在门限或者是一只矮凳上，每天翻译五千字，向王云五先生换稿费，维持每天的生活。我亲眼看到这种情形，在生活方面，又大大地佩服起来了。接着他写了《中国的悲剧》的长文，我读后非常感动。说老实话，我在学问上完全佩服秋原，自此文开始。我是半路出家（秋原不赞成我说这种话），在学问上缺乏根据，而又是眼高于顶的人，佩服一个人并不容易。有的我开始佩服，以后又不佩服，有的是不佩服到底。只有对秋原的佩服，随他学问不断地突破而与日俱增，所以我们的友谊，自然也是与日俱增的。

有一件事，采禾大概还记得。他们搬到台北，住在郊外青潭一个桥头边的破旧房子里。我去看他，是因为中国文化中的某种观点的不同（已完全忘掉），我们又狠狠地抬了一杠，由胡夫人出面转圜。自此以后，没有再抬什么杠了。这不仅因为彼此日进于暮年，由友谊的积累，压过了异同之见；而主要是在大的方面，彼此的意见，常不约而同。有的意见，我在香港写出来容易，但秋原也不谋而合地在台湾写出，这没有光明俊伟的志节是不可能的。

秋原一生所受的波折真不算少。但他能始终屹立不动，靠的是什么？是他日进不已的学问。日进不已的学问，是没有人能打倒的。"蚍蜉撼大树，可笑不自量"，我以韩愈这两句诗，象征吾两人相视而笑的友谊，不知站在一旁的采禾博士，觉得恰当不恰当。

一九八〇年四月九日于九龙寓所

一九八〇年五月《中华杂志》第十八卷第五期

哭高阮

高阮：

今天接到文华来信，说你于十月七日早上，因高血压跌倒，竟于九日早一时四十分左右，死在台大医院了。在我的想象中，在我的眼睛里，你才是一个踽踽独行，始终保有"作为人的完整形象"的极少数人之一。在我的想象中，在我的眼睛里，你才是在各种误解中，配称为一个人而毫无愧色。当你发现了最大的文化卖国集团、最高的文化诈欺集团，挺身而起，鼓笔直前的时候，该集团中不学有术的领导者，首先宣称你有精神病，想把你送进精神病院。继而挖空心思，要打掉你的饭碗，让你一家活活饿死。但你现在真正地倒下去，爬不起来了。难道说历史上竟有一种只许衣冠禽兽跳舞，而不许名符其实的人活命的时代吗？你倒下去，文化卖国、诈欺的集团，正绉着眼角微笑；但我相信，稍有人性而能了解你一点点的人，都在为这一梦梦的苍天而悲泣。

我几次受良心的激励要离开东海大学的时候，看到我的妻为孩子们而向我流眼泪，便软化了下来，结果，受到洋奴与土奴合作的侮辱。但你不肯沾染一点污秽，拒绝了研究员的升等，拒绝了各种分赃式的津贴。你的收入，不到你的侪辈三分之一；你的工作，却超过一般人的多少倍。当你的太太为了生活的压力、儿女的教养，而向你争论时，你可以彻夜无眠，但依然我行我素。

当你的顶头上司玩弄各种阴谋诡计，在口头上，在会议中，在通告里，要打掉你的饭碗时，你知道得一清二楚，但从来无动于衷。你绞尽你的脑汁，榨取你孱弱不堪的身体，为朋友帮忙，却从来没有想到应吃朋友一餐饭。你冒着最大的压力，受到生活最大的困苦，以为国家争国格，为文化植生机，却从来没有想到应从国家的代表者们中受到半丝温暖。东汉的士人，为了实现他所认定的一点当为之义，常受尽苦刑，拼掉生命，而毫不后悔。你就是属于这一型，你就是由东汉所遗留下来的节义之士的一粒种子。

我到香港来的前三四天，狠狠地跌了一跤，由我的小儿子抱到床上去休息，膝盖至今作痛，但没有跌死。你比我年轻十多岁，身体比我瘦小，为什么一跌便死呢？因为你早有高血压，而自己没有时间金钱去知道自己是高血压；你的死，是死于高血压；你的高血压，是有一柄银幌幌的文化刀，在你脑袋上经年累岁地幌来幌去所压出来的。真正说，你是死在文化汉奸、文化诈欺者的刀下。

我和你相识于俦人之中。在十多年前，你一再写信，要到东海大学来看我。因为我知道你很尊敬胡适之先生，所以不知不觉地以冷淡的态度复你的信。你终于来了，是因为我主张个人自由和国家独立应当是不可分的，因此，和《自由中国》发生了争论。你告诉我："佛泉先生虽然是我的老师，但在这一点上，我却完全同意徐先生的观点。"在你娓娓不倦的言谈中，已深深感到当前知识分子立脚不稳的危机，希望真爱国的知识分子能有所作为，多尽份责任。这十多年来，我们的友谊，都是用你提出的这一根线所织成的。你为了洗刷胡适之先生不是全盘西化论者，费了许多时间，写了许多文章。我向你说："你应当做自己的学问，不必耗日力于此。"你听了，总是笑而不答。"我想写一篇文章，把康有为、胡适之和你，加以论列，说明在时代中你们相同之点，但还没有酝酿成熟。"你几次向我讲这几句话，我从来未答复你一个字，也不知道你话的内容是什么。现在我老实告诉你吧！我是一个不曾尽到半分时代责任的人，值不得你的关注。

你和文华在九月二十五日（中秋前一天）下午六时左右来到我台北的住处，当时我心里非常高兴。我要你吃点牛肉汤，你说"最近一直吃得很少"。殷海光先生刚好在九月十六日死去，你们这几年虽然弄得很不愉快，但谈天中自然谈到他的身上。我说"你和海光都是烈士型的人物，我在这一点上，对海光之死，感到非常难过"。你听了我的话，默不作声，谁想到我的话竟成了谶语。你走的时候，我一直送你到南松山车站去搭车，边走边谈，感到特别轻松愉快。我反复说，"以后最好每星期有一次聊天的机会"。大概是天可见怜，这是我和你最后分手的机会，所以你所要搭的车来得很迟，让我们在一块儿多呆了十多分钟。你问我："文华想到印度去，你知道吗？"我说"他瞒着我"。我便把文华的长处、短处告诉了你，并且我希望文华安心在史语所做学问，不应赴印度。你说"我明了你的意思了，并且也很赞成你的意思。我会在谈天中劝告他"。在灰暗的路灯下，我望着你坐上车向南港驰去。

高阮，海光在绝望的病症中，内心希望有一个鬼神的世界。我从来不想这一问题，更没有和你谈过这一问题。但现时我仿佛看到你在另一世界中，独立苍茫，举头怅望。我希望我此时的眼泪，能洒到你的面前，你顺着我眼泪洒来的方向，不断地来到我的梦中见面。

六九年十月十一日下午两时于九龙

一九六九年十一月《文化旗》第二十五期

痛悼吾敌，痛悼吾友

殷海光先生于九月十六日（一九六九年）逝世，十八日写此文以志悲戚，二十二日台北《自立晚报》改掉标题后刊出。现改回原标题交《人物与思想》转载。

复观

一

前年（一九六七年）大约是春末夏初，我在香港接到金耀基先生来信，说殷先生因胃癌入台大医院动了手术，但癌菌已散布开了，只有三个月到六个月的寿命。虽然十多年来，在文化、思想上，殷先生由"我的朋友"变成了"我的敌人"，但当我接到金先生的信后，心里难过了好几天，随即函托金先生设法代我送了三千元的医药费，不管他愿不愿意接受。六月末，我由香港返台，到他家里去看他，出我意料之外的他的精神很健旺。但突然看到我，也和过去在傅伟勋先生婚礼席上突然相遇的情景一样，态度有些生硬。过了一会儿，又大说大笑起来。当时大陆上的文化大革命，正闹得天昏地暗。我告诉他，不论毛泽东怎样搞，但我们民族，是熬得起苦难，最后一定会站起来的。他听了我一番半分

无惭尺布裹头归·交往集

析、半安慰的话，显得十分兴奋。我半开玩笑地说："你们过去从语意学上，反对'国家'、'民族'的说法。但实际，假定我们没有对国家民族的真诚的爱，便不会写许多文章，惹出许多麻烦。在我看，真正的自由主义者，也自然而然地是一个爱国者。你不会例外！"他很严肃地承认了我的话。他在谈天中，不断流露出对国家民族，有如赤子之心的热望。他所反对的，是把国家民族当作满足私人权力欲望工具的情形。

二

前年七月，我接到殷先生来信，想到东海大学来看我，我回信欢迎。来后住了四天，经常和我谈到文化问题。我发现他的态度已经有些转变，他对中国文化，保持他审慎的敬意，他认为他有关中国文化的一部著作（我始终未看到这部书，所以对书名记不清楚）犯了不少的错误，他认为逻辑实证论沾不到价值问题，而价值问题是非常重要的。我只是静心地听，避免主动地说出我自己的意见，因为怕出言不慎，刺伤他病后的身体。但有许多话，是他过去决不肯说，决不肯承认的。我惊奇地问："你怎会有这种转变呢？""我是受了近年来文化人类学的影响。"前不久，他在病榻上告诉陈君鼓应，又多补出了三个转变的原因：一、他对故乡生活的回忆，二、他的学生张灏，三、半个徐复观。就我的了解，他所说的转变原因，除了对故乡生活的回忆，最为深刻外，其他的都是外缘。真正的原因，是中国文化，乃在忧患中形成，也只有在忧患中才真能感受。他这几年正陷在深刻的忧患之中。

在四天中，他又谈到哈佛大学中的某一部门请他去做研究工作，但还没有拿到出境证的问题，问我有无办法。我说："他们所以如此，是怕你在美国骂他们。你对这一点怎样？""在国外决不会骂他们，这完全是他们不了解我。"我十分相信他说的是真话，便向他建议："你最好直接写一封信给某君，他应当有此智慧。"他接受了我的意见，并说到我与某君是老朋友，我告诉他："政治圈中没有老朋友不老朋友的问题，但你若要我写一封信，我便以最负责的态度写。"事情一切照办了，他依然没有出去。但当他要退回不准开课的台大聘书时，我曾力加阻止。

三

自此之后，我经常惦念着他。但为了避免不必要的麻烦，又一直没有去看他。今年六月末，我参加台大哲学研究所毕业生的口试，知道他因旧病复发而进了医院，我赶去看他时，他已回家休养。八月初我去看他，为了给他以安慰，向他说："不论如何，你所表现的一种反抗精神，在中国长期专制的历史中是非常可宝贵的。仅这一点，也可使你不朽。""我不是反抗，而是超越。我希望徐先生也要走超越的路。"我了解他所说的超越的意思，笑着说："我也早超越了，只是超越不了汉奸。"

他和我热烈地谈到文化问题。他向我说："我们不能说雅斯培（K. Jaspers）不懂科学。但他有句话使我震惊，他说'即使知道了一切科学知识，对人的自身依然是一无了解，一无帮助'。"他由此滔滔不绝地谈到不能仅以科学来代表文化，不能认为没有科学时代的人的生活即是不幸福。科学成就对人类之为祸为福，尚很难断定。最重要的是人生价值问题的解决。他说："许多讲中国文化的人，极力在中国文化中附会些科学，这实际是把科学的分量估计得过重，以为中国文化中没有科学便没有价值。实则中国文化中即使没有科学，并无损于它的崇高价值。不过对中国目前情形来说，以严格的方法来界定知识、检别知识，当然是重要的。"诸如此类的话，说得很多，都表现出他很高的智慧。我劝他把这些意见，不要用论文的方式，而只用语录的方式写了出来。他说："现在天气太热，决心从十月一日开始写。"又说："我希望还活五年，完成对中国文化的心愿。"我听后心里非常酸楚，他的病情怎能拖到十月一日？怎能还活五年？好在我对他的提议，他终于要他的学生陈君鼓应，零星地纪录了一些。我曾向几位朋友说："海光因为对学问的真诚探索，到现在，他的思考、体认，开始进入到成熟的阶段。假定能再活二十年，必定有很高的成就。他得这种病，是我们学术上的不幸。"后来有位学生把我的话转告诉他，他在床上痛哭了一阵。

四

八月二十五日，陈君鼓应送来由殷先生口述，陈君笔记，并由殷先生签名的一封信，这可能是他最后写给朋友的一封信，所以抄录在下面。

佛观先生：

　　八月十五日清晨，先生所提出在专制政体下纯理思维难以布展的问题，颇激起我对于这个问题的思索，甚为感谢。八月十二日，先生偕唐君毅先生来舍探病，引起我对当代智识之士的若干基本问题的思考。唐先生所树立的为儒门风范，所成就的为道德理想，而非知识。以他的学术资本、思想训练，和个人才力，显然不足以完成他所要达到的目标和规模。古往今来，道德的奇理斯玛人物，往往如此。相识二十多年，先生为光时常提到所厌恶的人物，但亦为光心灵深处所激赏的人物之一。这种矛盾，正是不同的生命火花激荡而成。一个时代创造动力的源泉也许辩证地孕育在这一歧异中吧。现在复兴中国文化的叫声似乎颇大。然而一究其实，不过空泡而已。在我看来，对于中国的历史、社会、文化的认知，尚是一大片未曾开拓的处女地。这有待真才实学之士的奋发努力。"山穷水尽疑无路，柳暗花明又一村。"就现实情况看来，今日若干知识分子的处境，似乎天小地狭，但就开辟观念和知识的新天新地而言，则无限无穷。今日有心人最重要的事，在于树立一超越现实的自我。对外界的成败毁誉，颇可不必计较。际此是非难辨之世，吾人必须学习隔离的智慧，抖落一切渣滓，净化心灵，然后跨大鹏之背，极目千里，神驰古今。但又同时能如现代的探矿师，对于中国历史、社会、文化的发展形态及去脉来龙，能有真实的了解。先生如能将认知模式稍加调整，也许在这方面可能作进一层次的努力。光现与癌魔搏斗，在不久的将来，果能康复，希与先生倾谈上下古今，并请我吃脚鱼与鳗鱼。一笑！谨祝康乐。

殷海光　一九六九年八月廿四日

我读完他的信后，使我更为他求生的热忱而感到难过。

五

大概是九月七日或八日（我没有记日记的习惯，而记忆力又差，所以对日期记不清楚），我知道他的病情很恶化了，便再赶去看他。敲开门，殷太太说："他完全不能讲话，讲话后就增加痛苦。"进去后，我和殷太太都不要他讲话。但他坚持"徐先生来了怎能不说话"，他便断断续续地说：

> 牛顿曾说他的成就，主要是他能站在巨人的肩上。你和唐先生、牟先生，对中国文化都有部分的功绩，但在站在巨人肩上的这一点上，还嫌不够（他接着举出两个美国社会学家的著作）。中国文化，不能凭借四个人的观念去把握：第一是不能凭借达尔文的进化观念。这个观念把许多人导入歧途（按中国文化，主要在成就人生价值，表现为道德、文学、艺术。这都是不应以进化观念去衡量的）。第二是不应该用康德的超验观念（按康德正是由西方文化通向中国文化的巨人。假定殷先生再活三五年，便会修正这一意见）。第三是不能通过黑格尔的体系哲学（按这有一部分是对的）。第四是不能通过马克思的思想。中国文化不是进化而是演化，是在患难中的积累，积累得这样深厚，我现在才发现，我对中国文化的热爱，希望再活十五年，为中国文化尽力。

因为怕引起他更多的话，所以我只静静地听他说，并用手势希望他不再说。他的话刚告一段落，我就走了，以便他能好好休息。他大概是九月十二日晚再进台大医院，我十三日去看他，眼睛已是经常闭着。但当我告诉他"我有生之年，不会忘记你在信上所寄与于我的期待"时，他还从嘴角露出一丝微笑。十四日去看他时，已像一副骷髅躺在床上。十五日夜晚去看他，他精神却好多了，我怀疑这即是所谓"回光返照"。十六日没有去，他便在这天夜晚死了。

中国二千多年，知识分子一直在法家所提倡的赏罚二柄的驱策之下，绝对多数渐渐变成了软体动物，其特性，只有食色的享受才认为是真的，任何知识、任何价值，都觉得是假的。不仅不容易发现一个在人格上能自知爱重的人，也不容易发现一个在学问上真能尊重知识、追求知识的人。殷先生在学问上尚未臻成熟，并且对文化、政治的态度，常不免过于偏激。但由他的硬骨头、真热情所发出的精光，照耀在许多软体动物之上，曾逼得他们声息毫无，原形毕露。他由学术上的科学一元论，转变为科学价值的限定论，这是说明他对学问的热情与诚意。他对唐、牟两位先生，始终存有误解；他未注意到他转变的方向，正是唐、牟两先生历年来的主张，即是必须在经验法则中成就知识，但仅靠知识并无建立人生价值，更不能代替人生价值的主张。不过他更瞧不起文化绅士们所信奉的镇山神。他曾强调个人主义，但痛恨自私自利的人物。他把自己的尸体捐献给医院，这是他尊重科学，并把科学和爱心连结在一起的证据。我已经老了，在学问上能作进一步努力的可能性不大。但我希望后起有志之士，能从殷先生做人的品格上启发自己对国家民族负责的根基，能从殷先生在学术的转变上，把握对学问探索的热诚与方向。我于此，祝殷先生的永垂不朽。

一九七〇年一月十五日《人物与思想》第三十四期

对殷海光先生的忆念

殷先生死后，我曾写过一篇悼念的文章，古人谓"既念逝者，行自悼也"。乃补写此文。

一

二十年来，在文化思想上我所遭遇到的最大的麻烦，多半与殷先生有关系。但即使在我们敌对最尖锐的时候，因为他不被威迫利诱的风骨，也使我内心敬重这样一个文化上的敌人。两年以来，我们又化敌为友了，更使我感到这决不是一个寻常的朋友。他得的是必死的绝症。有三点是在他死了以后，使我更感到这是我生命的一大创伤，学术界的真正损失。

第一点，在得到他的死讯时，我曾绕室彷徨地自言自语："今后的生活更寂寞了，再没有一个可以谈天的人了。"这话当下被我的太太听到，立即责备我："你怎能说这种话！你说这种话，对得起其他的朋友吗？"我太太的责备是对的，并且我决没有减轻其他朋友在我精神上的分量。我的自言自语，只是在语意上没界定清楚。我真正的意思是说：今后再不容易遇见可以剧谈深论的朋友了。我和海光的情形，要便是彼此一想到就涌起一股厌恶的情绪，要便是彼此大谈大笑，谈笑得恣肆猖狂。假定我们精神中也藏有干将莫邪的光芒，只有在我们的对谈中，才真能显现出来，使一般人不可逼视。尽管彼此的话，都有彼此不能完全同意的地方，但彼此生命的躯壳，常常被彼此的谈锋所拨开，因而闪出彼此生命本质的精灵，随着谈锋而互相照射，便自然而然地发出一阵一阵的、可与孙登长啸相比的大笑。这一点，海光只能得之于我，我也只能得之于海光。在他死前约一个月左右，当我劝他把向我所说的话记录出来的时候，他说："这些话，我只能当着徐先生面前才说得出来。旁人来看我，谈上两三句便疲倦了，没有机缘能引出我这些话。"他这里所说的，我也可以转用。惠施是庄周一生最大的论敌。《庄子》一书中有几篇重要的文章，皆以与惠施的辩论或对惠施的批评收尾。但当惠施死后，庄周却深痛"臣之质亡矣"，我现在才真正体验到庄周的心境。

第二点是他临死前一两年的文化转向，是一件了不起的大事。他的性格和思想，是以现代科学的巨力为背景，趋向偏急的一路；他要举着科学的大旗——这在他，乃是逻辑实证论，要摧毁中西正统文化的一切，改造一切。而这也是他能在青年层中得到声誉的重大因素之一。但因为在他的勇气中有追求学问的诚意与毅力，他便自觉地摆脱由声誉而来的枷锁，接受新的观念，酿出新的动向，以深入人生人文的新领域。并公开说出他过去文章中的许多错误。由陈君鼓应所编印的《春蚕吐丝》，只是他挣扎于生死之际所吐露出的一小部分。有人说他虽然提倡自由民主，但他自己却有一些极权主义者的性格，也或许是真的。不过由他这一思想的转变，也必然会影响到他性格上的转变；因为他的思想是转向生命的自身，也是从生命自身深处所转出。当然有人会说，他转变所得到的，站在人类正常的文化大流来看，也极为寻常，也极为有限。这话不是没有道理。但我们只要想到胡适先生在二十多岁时写的《中国古代哲学史》，到六十多岁在台湾重印时，不仅不曾改动一个字，并且也不曾对自己少作之作，表示一点不满。当一九五二年自由中国的青年以最大热情，欢迎他的时候，他依然当着大家背诵他三十多年以前的《〈红楼梦〉考证》和杜威的知识论的入门；并把他的老秘书毛子水，当众宣称"这是当代圣人"。李济先生在三十岁左右写了几篇田野报告，到了七十多岁，还以为那点从锄头上出来的东西，就是史学的一切，就是人文学科的一切；凡是他所不了解的学问，都是他所不承认的学问。连考古学上的进步，也闭目不睹，而公开宣布只有地下掘出来的才是"实证的历史"，此外则都是"想象的历史"。其他所谓国学大师，年轻时以玩弄小聪明起家，到了七八十岁，还在玩弄着已经失掉了少年才气的小聪明、小花头、小把戏。由于这些人缺乏对学问探索的真诚，便以浮名虚声为学问；便一生一世，陶醉在浮名虚声之中；于是由他们自身不进步，实际是在退步，而阻碍到整个学术的不进步。从此一角度看，海光在学术文化上的转变，对一个人的自我形成，及对学术风气的突破，实含有伟大的意义。

一个人，当然含有许多弱点，好胜、负气，以及在战斗时对敌人运用若干机巧，海光何能避免。但人格和学问的形成是一样的。学问是在层层突破中向上伸长，人格也是在重重考验中向上完成。问题是要看这个人有没有这种学问与人格挣扎上的历程，我们要从一个人的历程中观取他的大方向。以某人历程中的某一个弱点来概括某人的一生，我认为是不大公平的。

第三点是他临死的情形。他知道胃癌复发是绝症，但直到最后，他不放弃求生的希望，这是没有什么的。我从他的学生口中，早已知道他在服用中药；但因为他过去曾强烈地反对过中药，所以在我面前一直对吃中药的事加以掩饰；等到他太太当我面前露出来了，他才说"现在是中西并进"。这只表示他的特殊的个性，也没有什么。但他在非常痛苦的情形之下，始终能忍住不哼不叫；并且一息尚存，尚专心致志地思索学问上的问题，这便是了不起的事。《论语》记曾子临死时从容平静地告诉他的学生"启予手，启予足，而今而后，吾知免夫"的一段话，我以前不能了解他的意义。现在才体悟到这是曾子的整个生命，完全沉浸于"孝"的理念中的流露。从这种地方，也可见到海光对学问的热情、诚意。

二

民国三十三年，我以军事委员会高级参谋的名义，调到参谋总长办公室里办公，家住在重庆南岸的黄桷垭。曾充广州兵工厂长（这在北伐前是一重要位置）的夏声先生，此时也是军委会的高级参谋，也是住在黄桷垭。我与夏先生是邻县，有一次我去看这位夏先生（后来夏先生成了海光的岳父），遇见穿一身又旧又脏的军服，身材瘦削，见人很矜持的一位青年；夏先生介绍："我的同乡殷海光先生。从西南联大去参加青年军，现在刚到重庆来。"我便和这位青年攀谈起来，发现他的语言简炼有力，反共的意志很坚强；而且和我谈到法国大革命的若干情形，我感到他有相当的学养，劝他把自己的观点写出来，他便拿出一篇文章给我，约定以后再见面。我回家看了他的文章，挺拔振踔，很合我的脾胃，以后便常常来往。他此时大概在独立出版社有一个编辑名义，待遇微薄。他当时的兴趣，完全在对共党的理论斗争方面，比我激烈得多，根本没有谈到自由民主等问题。我和他开玩笑，"你的样子和说话神情，倒有点像希特勒"，他当时并不拒绝我这种说法。民国三十四年春，海光曾因我的推荐会见了当时的最高当局。后来我问及会见的情形怎样，他只冷漠地说"没有什么"。最高当局以后看到我时，也没有再提到海光，我便知道这是机缘不契，彼此都没有深刻印象。

三

三十五年春，我复员到南京，海光在南京和后来办《人生》杂志的王道先生住在一起，似乎没有什么工作。后来我和上海商务印书馆合作，办一纯学术性的月刊，名为"学原"。编辑委员多半是留德的几位先生，把调门提得很高，我和海光都没有资格在上面发表文章，但我常以"稿费"的名义送些零用钱给他。因我的关系，他又认识了牟宗三、唐君毅两位先生。与唐先生大概没什么往来，与牟先生往来得相当密切。当时金陵大学文学院长倪青原先生，也是《学原》的编辑委员；海光学逻辑实证论的业师洪谦先生，民国三十六年由英返国，经过南京赴武汉大学讲学，海光当然曾和洪先生见面。《学原》曾请洪先生吃饭，倪青原先生当然在座。我的推测，洪先生可能向倪青原推荐过海光，但促成海光到金陵大学教书的则是牟宗三先生。

我竭力向有关的人士为海光揄扬，终于他能进《中央日报》当主笔。当时国民党的组织松懈，我也不知道海光是否系党员。有一天，海光到我家来，说他决定正式加入国民党。我当时觉得他原来既不是党员，能不加入便不必加入，我告诉他："站在我的立场，当然希望你加入到党里面。但以你才情的犀利，若保持一点距离，或者可以相安下去。一旦加入到里面，结果会很糟的。"他当时对政治的兴趣很高，我曾力劝他应先在学术上有了成就后，再参加政治。放下学术去弄政治，可能会两面都落空。我的这些意思，他当时都不能接受。

四

三十八年逃到台湾，我决心与现实政治保持距离，以便能在文化思想上用点力量，这是我办《民主评论》的基本用心。民主评论社成立之初，在台北市长安西路顶有一栋狭小的日式房子，作为台湾分社，并成为几个朋友经常托足聊天之所。牟宗三先生当时便住在里面。海光是《民主评论》的基本写作人，当然来往得更密；下象棋的棋声和喧笑之声，终日不绝。我始终认为海光应在学术界中立足，所以在三十八年春天，我到广州乡下黄良庸先生家里去探望熊十力先生时，请熊先生向沈刚伯先生写封推荐海光进台大教书的信，并由我拿着信去看沈刚伯先生；此事虽没有结果，但与海光以后进台大，也可能有点线索。到台湾后，大家对政治的看法，似乎不约而同地有一个新趋向，即是认定只有民主政治，才可解决中国的问题。就我个人来说，在民国二十九年以前，我的思想，受马、恩的影响比较大，到了二十九年以后，我虽然放弃了马、恩的一套，但对民主政治并无了解，并无信心。到了三十八年，我才由"中的政治路线"摸到民主政治上面，成为我后半生政治思想的立足点。海光当时偏重于以"经验论的自由主义"（此系我临时造出的名词）反极权主义。他很讨厌"理性"、"道德"、"历史文化"这一套东西。因此，他对《民主评论》不满的情绪，一天增加一天。我住家在台中，每来台北一次，便找他谈一次；开始由他发一顿气氛上的牢骚，我再向他作一番解释，他的不平之气再慢慢平下去，再为《民主评论》写文章。当时老友傅光海先生也寄居在民主评论分社里面，他有次向我说："看你很用力将就殷海光。但我看，你们的友谊很难维持长久。"当时比《民主评论》稍稍后一点出现的刊物有《自由中国》，发行人是胡适先生，实际负责的是雷儆寰先生。他们一开始便声势浩大，海光渐渐地走向《自由中国》方面去，与《民主评论》一天一天地疏远。在友谊上，他和张佛泉、徐道邻诸位先生成为密友。我们虽渐少往还，但他对我始终是很好的。并常常向着人说"台湾有两个人死不得，一个是张佛泉，一个是徐复观"。他看到我的《文化与政治》、《为生民立命》这类短文章时，曾特别鼓励他的学生阅读，并要他的学生来看我。

五

我们正式没有来往，是为了他在《自由中国》上发表了一篇大骂牟宗三先生的文章。我的观察，他对牟先生的敌视，不纯是为了学术上的派别；而是在与牟先生来往之间，牟先生于不知不觉之中，把他当学生看待。有一次，他向牟先生提出问题，牟先生曾给他一封信，劝他在学问上应当转向等等，引起他很大的反感。后来有位朋友特别告诉我"殷海光得了重病，不死掉，也会影响到他的脑神经"。当时我们的友谊虽已中断，但并不希望他死掉，所以立即寄了一笔钱给他，劝他好好诊病。不久我到台北，特到他在松江路的住所去看他，见面又谈得很愉快。他的病情并不严重，而且快要恢复了；送我送得很远；我极力劝他在养病时可以看点中国书，他问：“看什么呢？”我劝他读《孟子》。他在这次谈话中，批评到胡秋原先生，说：“他谈什么哲学。”我劝他说：“秋原读书很博，你对他不应轻下断语。”他不很以为然。由《文星》所揭开的“文化骂战”，根子也可以说埋伏得相当久。

我们正式的决裂，是由他在《自由中国》写了一篇攻击唐君毅、牟宗三两位先生的文章；在这篇文章中，把可以用到的恶毒词汇差不多都用出来了；我看后非常生气，也就在《民主评论》上狠狠地还敬了一篇。在这以前或以后，张佛泉先生也有一篇口气较和缓而内容无大出入的文章，我也写了一篇文章答复。

六

后来《文星》的“文化骂战”开始了，战火逐渐蔓延到我的身上；有篇攻击我的专文，内容非常幼稚，我以为作者“黄富三”是《文星》编者的假名，便答复了一篇；假定事先知道黄富三是台大的学生，我就不会答复。当时我认为这只是由胡适先生说了“东方文化没有灵性”的话所引起的“崇胡”与“反胡”之间的战火，海光对胡适先生，并没有多少敬意，最低限度，他在我面前是这样表示的。所以这场战火，我根本没有想到海光身上去。并且在我答复黄富三的文章还没有印出时，胡适先生死了，我便赶到台北，找《文星》的负责人，一方面给他们一篇悼念胡适先生的文章，一方面要把我答复黄富三的文章抽回来不发表。当时我和胡秋原、郑学稼两先生，都希望因胡先生之死，把战火熄掉，但《文星》的人们坚持要干下去。烧到最高度时，有人告诉我，在后面指挥的是海光，于是这个战火由此直接烧到海光身上。海光以为我在后面支持攻击他的人，这是他上了旁人的当；我当时只支持对直接迫害到身上来所做的防卫工作，并不会想到海光身上去。人与人之间的界线，虽然有时很难划定，但我始终有自己的界线，不过在当时我不能表白出来。当然，这并不说明我们彼此之间，没有敌视的心理。

这中间有一个可纪念的插曲。傅伟勋先生与钟淑儿女士结婚，我也到台北市中国大饭店参加他们的婚宴，吃的是西餐；恰巧把我和海光的座位，摆在长条桌的正对面；海光突然看到我，硬着颈子点点头，我勉强笑了一笑。坐下后两人没有话讲，都感到很尴尬。我想打破这种窘局，首先问他："你的小姐长得很好吧？"因为我的经验，脾气再怪的人，没有不爱自己的小孩的；像这样的家常话问了几句以后，他恢复了过去相处时的表情。他突然问："××学派成天讲考据，到底他们的考据怎么样？"我说："一般而论，他们的考据，和×××的逻辑差不多。"他听了我的答复，不觉大笑起来；因为他过去提到×××的逻辑，大概总是以"胡说八道"四字来概括的。他又问："为什么？"我告诉他"考据根据的是资料。但资料依然要分析，要综合；而分析综合的过程，也可以说是一个推理的过程。他们反对思想，所以把这套基本能力，从他们的头脑中取消了"。他于是又大笑一阵。这一顿饭，一直大说大笑下来，忘记了此外还有百多位贵客。散席时他要我写的《中国人性论史》，返台中后寄一部给他，他也寄了一部著作给我；我曾给他一封长信，认为他所根据的自然科学的材料与方法，不能解答人的问题，并把我所看过的卡勒尔、卡西勒，和一位由生物学讲人文主义的赫胥黎，及美国一位提倡"世界文艺复兴"的生物学家（忘记了姓名）的几部有关著作告诉他，希望他把观点矫正一下。他没有回信。

本来自此次婚宴以后，我们两人是早可恢复以前的情感的。可惜和我站在一条文化防卫战线的几位朋友，因讼事的困扰，而不断把火烧到海光身上。我心里并不以为然，但口里不能说出。自称为海光的一位学生，又不断向法院告了我五六状，我倒从来未怀疑过这是出于海光的指使；否则当一九六七年我由港返台时，我的讼事尚未结束，便不会去看他。但这种火爆的环境，迫使我们两人继续着断交状态。

当一九六七年六月底和七月中，我和海光很快地见了两次面以后，他在文化上的态度已经转变，对现实政治，已闭口不谈；并承认由《文星》所发动的文化骂战，使剩下本已无多的知识分子，两败俱伤；并使知识分子对政治社会可能从言论上稍稍尽点责任的，也被迫作完全的抛弃。"这一次真是最大的愚蠢。"海光的话，是千真万确的。尤其是台湾的司法审判，受政治的影响很大。持久的骂战，已经把大家的精力和对社会的影响力都抵消了；再打起官司来，对政治的影响力，便自然而然地有点像过去江南人对付五通神了。我曾经向胡秋原、徐高阮各位先生谈到海光的情形和意见，他两位都同意立即"休兵"，希望能在文化上合作。谁知香港有一本刊物上面，发表了一篇捧殷骂胡的文章，本来发表已经好几个月了，不知由谁人辗转交到胡先生手上，里面对胡先生的说法，有不公平的地方，于是将熄的火，又重新燃烧起来，而我也只有说声"天乎人乎"了。在这段期间，海光当然不能了解到底我对他是怎么一回事。等到他癌症复发，我去看他，告诉其中的委曲，他也便坦然了。

七

我和海光，虽然我是浠水，他是黄冈，但相距不过十里左右。中间隔着一条巴水。我们两人，有若干相同的地方。首先是两人出身穷苦，幼年少年时代，受到许多欺压，这便形成了精神分析学所指出的潜意识中的反抗性，脾气都有些怪而且坏。与我家也相距约十公里，与海光家相距约三公里的熊十力先生的性格，也可以作此解释。但我的家世是乡下的寒儒，而他的家世却是乡下的牧师，这可能与他的骨灰放在一间教堂里面，并曾由一位什么牧师，借他的骨灰向人说了一大顿不相干的话和谎话有关系。我在东海大学呆到第五年时，就发现某些人的传道实在就是说谎。所以海光死后的安排，是滑稽而可悲的。

其次，我和海光，都是不很信邪的人。对于任何刺眼的东西，有兴趣的话，便会把眼睛睁得大大地正视一番。对于有趣的学问，说闯就闯。任何学术权威，都要看看他的成色，秤秤他的分量。可惜我中年失学，而海光死得太早。就我们的性格，在中国任何空间，都是不容易生存的，除非民主政体真正实现以后。我能活到今天，海光能以癌症而死，都是由侥幸而来的大幸。海光抱着此一大幸，好好地"与造物者为人"，逍遥在另一世界吧！

一九七〇年二月《人物与思想》第三十五期

张教授丕介墓志

　　呜呼！此余友张君丕介之墓也。君山东馆陶县人。父光间公，任教第二武训义校。君三岁入义校随父受读，迄十二岁升学县城高小始离去。光间公极受武训之敬礼，君幼时以庭训暨在义校之耳濡目染，故武训精神，沾溉于君之一生者，盖至深且巨。毕业东昌师范学校后，参与国民革命地下工作。民国十六年山东光复，任省党部委员兼宣传部长，年仅二十余耳，顾君歉然不自足。十八年，赴德留学于佛莱堡大学。二十四年，获经济学博士，返国受命参筹设连云港事，此为余与君相识之始。设港事旋罢，君受聘于南通学院为教授。抗日军兴，转赴陕西充国立西北农学院农业经济系主任。二十八年，君与友人创办华西垦殖公司，设垦区于云南建水县之羊街坝，君实主之；垦事稍具规模，因故未能竟其业。廿九年，任教于重庆中央政治学校地政系，以迄改制后之国立政治大学。三十二年，贵州大学借聘二年，创办农学院。二年后仍返政治大学。君于土地经济之研究特深，且有志于实现中山先生之土地政策，课余与萧青萍、汤蕙荪诸氏创办中国地政研究所，君任秘书长，实负筹划推行之责。后十余年而台湾有土地改革之举，其基实奠自君等。三十八年春，余创办《民主评论》半月刊于香港，笔政则一以任君；君因得识钱宾四、唐君毅两先生，共相慰藉于流离困顿之中，创办新亚书院。君于授课外，兼任总务长；学校日在饥寒煎迫之中，左支右绌，以君之力得因而不绝。及学校之声誉日起，环境渐优，君忽颇受排挤。乃益奋励于其所学及所主之经济系。新亚前期学生，多来自大陆穷无所归之流落青年，君视之殆如己子，所以拂煦之者无微不至。而诸生既敬君为师，复亲君如父，以迄君之殁。所谓武训精神者，兹其验矣。君既精治西学，常欲使西学在表达形式与政治社会之问题上能中国化，以期得西学殖根于中国社会之实。虽专攻经济，而常欲赋经济学以人文学之精神，使经济与人文能获相持而长之效，故亦旁及于哲学、文学。译著凡十余种，皆传于世。资性质朴刚健，屹立风暴中，无所畏怖。与人交，初若落落难合，时日愈久而情意愈笃至。余初与君共事时，皆年少气盛，常剧谈狂饮，视世间如无物。意有不合，则忿戾以争，终且不欢而别，别后又互相思念不置。今余以穷促，偶就食新亚，遂得视君之疾，吊君之丧，终且铭君之墓，亦可哀也矣。君生于民前七年八月十二日，卒于一九七〇年五月廿八日。葬于九龙荃湾之墓地。配章氏，无所出。铭曰：

垦石田于穷海兮，石田则既有嘉禾。瘗骨于兹湾之一角兮，魂归绕夫泰山之阿。呜呼！死而不亡兮，其奈君何。

七〇年六月徐复观拜撰

一九七〇年七月十五日《人物与思想》第四十期

痛悼道邻兄

我没有寄贺年卡的习惯，但道邻赴美国后，每年一定会写一张来，到得相当地早，我便照例地回写一张。因为既穷且老，所能保持的朋友关系，已寥寥无几。今年到了应收到道邻贺卡的时候，竟没有收到，我便破例地先写一张给他，并写上"请简单写几个字来告诉您的健康状况"，因为我知道他从台北返美后身体不太好。一直到本月（十二月）二十四日，还没接到他的回信，我便与隔海而居的陈克文先生通一电话，问他接到道邻的贺年片没有，他说："今年没有接到。""是否他的身体有问题？""不知道。铸秋明天来港，他一定会知道。"我昨天（廿七）和铸秋见面，首先问他知不知道道邻身体的情形，铸秋说，曾接到他简单一信，说希望十月能上课，以后的情形也不清楚。今天（二十八）下午五时我买到一份《中央日报》，第三版有一标题是"徐道邻博士病逝"，我来不及看内容，立刻在电话中告诉陈克文先生，而人同时像被雷轰了一样，不知怎样才能表达出现时感情的混乱、悲痛。

道邻早负盛名，但我和他见面，是在三十八年他刚从大陆逃到香港的时候。他逃到香港，真可谓孑然一身。幸而他有点特殊人事关系，很顺利地进入台湾，一直住在有世谊关系的蔡先生的家里。我们每次见面谈谈时事问题、社会问题、过去的若干掌故，乃至令人喷饭的官场笑话；他总是不疾不徐，清言娓娓，一聊便聊上两三小时。他教书在我先，抗战胜利后，便担任上海同济大学的法学院长。但到台湾，我教书却在他先，他只靠反攻大陆设计委员的一份津贴维持生活。我每从台中到台北必定去看他，两人常常坐在南昌街路边牛肉摊的板凳上吃牛肉面之类，颇洋洋自得。他可以算是大少爷出身，读书做事，都出人头地，但我从没有听过他以过去的阔绰，叹现在的寒俭；在这种地方，他显出了高贵的品格。

有一次，他和我说："你知道我的太太和儿女都在美国。假定我不能很快地到美国去，太太便会和我离婚。要去，又没有钱买飞机票。你能不能想个办法？"这次，他流露出很凄凉的神色，我便为他找了一位先生（也不是多有钱的人），可以为他担负飞机票钱；但阴错阳差，他没有去成，德国出生的太太，终于提出离婚的要求，他除接受外，更无他法。幸而他不久进台湾大学法学院教书，现在的夫人叶女士，当时是他的学生，对他很崇拜、亲切。到了可论婚嫁的程度，他写信给我，要我一定到台北来亲眼看一下，听取我的意见。我到台北，在他的斗室中坐了不久，叶女士赤着脚便走进来了，我看那一片天真热情的情形，哪有不赞成之理？他结婚时，我向我的太太说："道邻比我还穷，他这次结婚，在经济上相当勉强，我觉得应就我们的能力给他一点帮助。"我太太极端赞成，便拿了一个月的薪水作他新婚的贺礼。后来他也到东海大学教书，有一次我在他的宿舍里聊天，他指着三架电风扇给我看："初来台湾时，真是一身之外无长物；现在有了书，有了衣箱，连电风扇就有三架。你老兄连一架新电风扇都舍不得买。"因为我当时还是用的一架带出来的上海出品旧得不能再旧。

我问他："为什么要买三架？"他说："先买一架，后来看到这架好，就再买一架；过些时又看到那架好，就又买一架。有什么关系？"中年以后，还保有这种儿童心理状态的人，永远不会变成坏人的。

道邻以治中国法律史，在德国得博士学位。对唐律特有研究，以后又治宋律。但他到台北后，对逻辑实证论、语意学、变态心理学等，有非常浓厚的兴趣。为了学逻辑实证论，他又重新温习数学。在困难的生活中，还不断地买一厚本一厚本的英文书，如饥如渴地阅读、演算。我到台北见面时，他便兴高采烈地谈这一套；我除了看看他要我看的变态心理学中的若干稀奇图片外，对于逻辑实证论和语意学，不敢参加一句话。因为年龄的关系，凡是我认为自己得不到结果的东西，我便不去沾手。但我对他的时代感受力之强，对新学问追求之热，心里非常佩服。在学问上，我们走的是两条路；我和他的友谊，不是来自学问，而是来自人与人的关系。当时和他在思想上最相近，因而交往也最密的，是张佛泉、殷海光两位先生。后来他们三个人之间，不知为什么，弄得非常不愉快，乃至断绝了来往。

他赴美国讲学，中间他很想回来。最近几年，在西雅图华盛顿大学执教。我来香港后，他看到我在《明报月刊》上的文章，常常来信讨论一些学问上有关的问题。去年他送我一首七律诗，作得非常好，我因为不会作诗，许久不敢和。他来信催促，勉强和了一首，都发表在《明报月刊》上，我手上反没有存稿了。他对王充很有兴趣，曾经写过王充所著的《论衡》的文章，听说我写了篇《王充论考》，他急切地要看；我把油印本寄给他后，他来了封长信，表示什么地方他赞成，什么地方他不赞成。我文章开始有一段考证，指出《后汉书·王充列传》，十之七八皆不可信，这是研究王充的人从来没有注意到的，他对这段考证表示非常钦佩，但说："可惜没有把日本人的姓名、著作，注明出来。"大概他以为我是抄自日本人的。我接此信后，心里很不舒服，回了他一封长信，把他所提出的问题都答复了，并说："怎么可以怀疑我会偷日本人的东西呢？"他马上来信道歉，并说了些他从来没有说过的一些客气话。这在我们的友谊上，没有发生丝毫影响。而他对学问的热情，始终如一，年年月月，都在追求、进步之中，这在今天实很难看到。今年七月间来信，说由教育部的邀请，得返台一行；预定八月中旬来港，主要是想和我及陈克文、胡惠春两位先生叙旧。九月中旬，克文先生在电话中告诉我，道邻因身体不舒服，此次不能来港，明年有来港的可能。此后便一直到今天看到他死的消息。生于乱世，转徙流离，各人生活上所经历的辛酸，都积累在各自的心里，死了倒真是一种解脱。但后死的人，由此所引起的平生之忆、寂寞之心，总难免要临风一恸。去岁我曾在一信中说"此生大概没有再见面的机会"，真是没有再见面的机会了。

七三年十二月廿八日夜于九龙寓所

一九七四年一月五日《中国时报》

痛悼道邻兄

黄震遐先生之死

一

好像著名小说《西部无战事》中，有这样的两句话：“在战场上，不愿认识新的朋友；今天认识的，可能明天便死去，只落得心里多一次难过。”一个人，进入到老年，也像进入到战场一样，自己可能随时死去，平生的老友，也可能随时死去。所以有时感到愈老便朋友愈少而寂寞，有时又感到平生不应积蓄些老朋友，以免因动辄死掉一个而悲哀。昨天突然发现，在书桌玻璃下面的三个姓徐的照片，只剩下我一个；徐芸书、徐道邻两位，都已先后离开人世了。今天早上看报，知道黄震遐先生又于昨天（一月十八）死去。

我第一次认识震遐，是民国三十三年，蒋坚忍先生在陕西某区当行政督察专员，他当蒋氏的秘书，我们去参观他们的政绩的时候。他当时穿一套相当神气的军服，从容潇洒地和我们周旋。回到重庆后，和朋友谈及，才知他是很早便有了一定水准成就的文学家。抗战发生，他才离开上海的亭子间，加入到军队中去，以为这样才算直接参加了抗战。以后我留心读他的评论性的文章，发现他能在问题分析中，鼓荡着一股浩瀚而又非常自然的气势，这是有才而不以才自现的文学中的大才，给我一种深刻的印象。

民国三十八年，我来到香港，知道震遐在《香港时报》当主笔，待遇不高，但总算有了固定收入。也有朋友告诉我，震遐性情有些浪漫，所以他总是闹穷。因为我喜欢他的文章，便找到他住的地方去看他，才知道他刚与沙千梦女士结婚，沙女士也是一位特出的女作家。自从这一圆满的婚姻后，我就从来不曾发现他有什么浪漫的形迹。他之穷，是来自他不曾发过一点横财，只能靠卖文章活命。先进国家，有因稿费收入而席丰履厚的文人。落后地区的特征之一，便是文章不值钱。尤其是写作态度愈严肃，愈不会寅缘吹诈的人，愈会穷困以死。震遐便是这种文人，我对他之死，感触特深的原因也在此。

二

在我离开香港十多年中，除他曾因来台湾之便，到东海大学来看过我一次以外，连信也不曾通过。但有一次，我读到他在《民主评论》上发表的一篇批评美国现实政治的文章，不仅文字写得好，并且发挥了他很高的智慧；我读后很感动，也写了一篇《美国真正缺少的是什么》的文章，指出美国在文化上的危机的深重。后来我偶然看到他分析中共与苏联的军事形势的文章，使我惊讶他为什么能对这种绝对机密的对象，说来头头是道，有凭有据。一九六七年，我在新亚书院教了半年书，一到香港，便忙于找他的住址，急急去看他。见面后，他送了我厚厚的一本《中共军人志》，并把他所根据的一些材料，也从书架上指给我看。我向他请教些问题，他慢吞吞地答复。我才了解，他是整天地在看资料，在资料中把自己的智慧、才华融入进去，决不逞意气之谈。所以他写的有关中共的文章，只作客观的分析，决不作悬空的批评，更不作逞快的谩骂。来往多了，慢慢谈到生活问题时，他的夫人沙千梦女士笑笑地说："固定收入，不够维持五天。"我问："那怎样办呢？"她答复："全靠两个人卖文章呀！"租房子住，还养四个儿女，即使是夫妻两人都写稿子，香港的行情，也会饿死人的。后来才知道震遐的英文很好，可以向外国卖稿子。外国人买中国人的稿子，会出到什么价钱，我就无法知道了。

三

一九六九年，我再来香港，知道房东逼他们搬家。他们刚搬了几天，我去看他，发现他们没有一张能摆得平平正正的椅子，没有一件不现出破烂不堪的桌子和书架。但他们两人，还是以能租到这个新居而深自庆幸，甚至可以说是带点骄傲；因为后面可以看到山岩上的几棵树和绿草，震遐还能分配到一间书房。

同在香港，因为研究的方向不同，再加上生活的忙累，我们很少有见面的机会。偶然通过电话，知道他的身体不大好，我以为这是因为他坐在椅子上的时间太多的原故。听说他最近曾到台湾去参加过一次国际问题讨论会，总想去看看他，或和他通一次电话，但不知为了什么，一直在拖延。谁知这一拖延，便拖延到人天两隔了。

奇怪的是，震遐不算是和我关系很密切的朋友，但却是心上常常无法忘记的朋友。我常想，以他的才，以他的学，以他的智慧，以他的气质，他可以从事文学创作，可以从事其他学术研究，这都会使他有更大的成就；但他若如此，可能早就活不下去了。
刚才我到殡仪馆去，一个人隔着玻璃门望望他停在殡床上的遗容，
和平时一样地安详和善。大概这就是所谓人生罢！

一九七四年一月二十二日《华侨日报》

悼高叔康兄

在《中央日报》上看到叔康兄死去的讣告，心里顿时一片空虚、茫漠，除了写封信给何淑玉嫂夫人悼念外，似乎有许多话想说，却又没有一句话可说。生遭离乱，大家把能丢掉的，都不止一次地丢掉；最后逃到台湾，彼此在孤独中以老以死，这到底是人生之幸，还是人生的不幸？

越是生在乱世，便越感到朋友的可贵。朋友有各种分际之不同，而以能自然地过共同私生活的，才是一个人生命中不可缺少，而又是可遇而不可求的朋友。叔康便是我的这种朋友。

叔康生长在湖北浠水团陂镇，与我家相距十五华里。但一直到民国十七年，才在武昌相识。我于民国十七年春赴日本，他随后也来了。我的性情急躁，他则比较宽和。但彼此共同之点是，都喜欢读书，都是任天而动，对人世不懂得用心计，所以在东京整天地泡在一块儿。我过去非常懒于动笔，但他到日本十个月后已开始译著了。回国后，虽职业不同，他是文，我是武；但一见面，总是和二十岁左右的淘气大孩子一样，彼此无不可谈之话，无不可公开之事。有一次，一起看电影，戏中有个流氓型的贵族，穿起军服来在街上胡闹一番，叔康对我说："你就是这种模子的人。"这句话，实际是知己之言，所以我心里常常记起。他喜欢平剧，偶尔高歌一曲，很有点马连良、谭富英的韵味。有时读起诗来，声调铿锵，而抑扬顿挫，高唱入云；音节之美，除了黄季刚先生外，恐怕没有第二人；使听者低徊感叹，不能自已。他最爱念乡先辈熊光大先生的诗给我听："一树梅花开欲绝，往来儿女不关情。"熊先生的诗本来就好，经叔康一念，更把我的心灵转到这位没见过面的老人的清和恺悌的意境中去了。

叔康攻经济学，著作很多。来台后，生活艰难；但为了买入日文书，吸收新知识，宁愿扣减日常的菜钱，无所吝惜；独力编有一大厚册《经济学辞典》，不是用力勤，读书多，便决不能办到的。到台后，受大陆恐怖气氛的刺激很深，常有汲汲顾影的样子，因为他住在台北郊区，我一直住在台中，见面的机会反而不多。每次见面，总多增一分苍凉的意味，以前见面后的闹劲，两人都消磨以尽了。前年七月，我移家来港之前，他由新店赶来一面，真有万千语言，无从说起的感慨。今日竟永诀了。尚喜淑玉嫂夫人持家有法，侄辈都能孝友，而且能自立。人世本无所谓成亏，就这样，生者、没者也都无所遗憾了。

一九七五年四月二十六日《中国时报》

对蒋总统的悲怀

　　蒋总统逝世后,《明报月刊》编辑先生要我写篇文章。过去我曾向蒋总统要钱办《民主评论》,在《民主评论》上曾发表过不少直接间接的批评性的文章,收入在《学术与政治之间》里面,颇为人所称道的《谁赋豳风七月篇》一文,也是为到台湾不久的一个党内文件而发。《自由中国》出蒋总统七旬祝寿专号,雷儆寰先生特地来台中要我写了一文,曾惹起一番热闹。这一切,都是出于对国家、对蒋总统的爱护期待之忱。现在他已以八十七岁的高龄死去,我除了由私人悲哀之情,写出一点点记忆外,实亦不能再写什么了。希望要我写文章及请我讲演的先生们原谅。

　　　　　　　　　　　　　　　　七五年四月九日记

　　各报一齐刊出了蒋总统病逝的消息(只一家大型报未刊出)。这虽早在意中,还是使我震惊哀痛。到台湾后,由一九五二年起,便没有机会和他见面。但就私人关系说,他对我只是有恩无怨。他的丰功伟绩,乃至功过是非,自有儒臣及史家来加以宣扬阐述。我只以哀痛的心情,追述若干记忆。

　　我一直是没有党的观念的人。在民国二十九年,当荆宜师管区司令,并兼党的特派员,临时由石瑛先生,向湖北省党部介绍，取得正式党证以前，我不能算是国民党员。民国二十三年，中央派当时的内政部长黄季宽先生，到归绥筹划平定新疆，我因穷无所归，向他投效。筹划新疆的事，听说是因胡某反对而作罢。二十三年十二月，黄调浙江省政府主席，过了一段时间，也把我找去当上校参谋。当时我很同情上海知识分子抗日的主张，把他们的言论圈点起来给黄先生看，意思是希望他能向政府进言。不久，军事委员会秘密成立沪杭甬指挥部，由黄兼指挥官，徐景唐当参谋长，策划对日作战。因为重要的计划、文电，多出于我之手，很取得黄的信任。有一次，我随他到南京，在火车上，他教一位矮子副官把委员长给他的一封亲笔信给我看。信的大意是说对日必须一战，不战便会亡国。但一旦宣战，决不可存侥幸之心，更不可中途妥协，而必须有战至最后一人的觉悟。不如此，也一定会亡国。要黄把这种看法转告西南当局，积极作各种准备。我由此推测，黄对抗战是作了积极的进言，而黄之所以把这封信交给我看，也算是他对我的一种答复。这大概在民国二十五年春天的事。

民国二十六年暑假的庐山训练，黄以湖北省政府主席调任兼总队长（当时总队长还有孙连仲和胡宗南）。余家菊先生以省府公报室主任调去当书记（余一气而下山，盖嫌官衔太小），我以保安处科长调去当副官，但只是随班听讲，没有副官的事可做。这一次的训练完全是教育界对日作战的精神动员。约半个月后，七七事变发生，在海会寺大场的大集合上，蒋委员长宣布对日抗战时的激烈而悲壮的心境与辞色，使我毕生难忘。现时海外人士，有的对抗战一事也发生了怀疑，我觉得太不公道了。

民国三十一年，我由师管区司令调到重庆中央训练团兵役训练班当教官，一家简直贫不能自存。但当时一般人都说，凡是当过师管区司令的人必定有钱。我内心有些愤慨，决心回鄂东种田，但旅费不够。此时有人问我愿不愿充当军令部派到延安去的联络参谋，一次可以发半年的出差费。我为了拿这笔出差费，便应承下来，一面把妻子送到鄂西，作返鄂东的第一步，一面我在延安大概住了五个月。从延安回来后，我住在重庆南方印书馆，等船到鄂西。在和朋友聊天中，我常说政府和国民党不彻底改弦易辙，中共便会全面夺取政权。有位乡前辈劝我和参谋总长何敬之先生谈谈。谈完出来后不到五个钟头，接到通知，委员长在曾家岩官邸召见。自后以军委会高级参谋的身份由参谋总长办公室调到侍从室，并经常参加所谓"官邸会报"，一直到民国三十七年十月为止，我应当算是地位不高，却得到相当信任的幕僚之一。我曾几次提出改造国民党的意见，每次他未尝不再三称善。国民党开第六次全国代表大会时，他下一个手令，派我当"总裁随从秘书，每日出席会议后，向总裁提出报告"。接着陈布雷先生又加了罗时实先生和一位曹先生（忘其名，现在台担任什么部长），这是怕我单独一人向总裁乱讲话的缘故。但会议开完后，我还是单独向他提出此次大会中所显出的各种危机，及应彻底改变党的社会基础的意见，他都加以承认。因为我不想做官，又是无派无系。所以在他面前讲话，略无顾忌，但总是在包涵奖掖之中。我的印象，在他面前讲话，似乎比在当时其他要人面前讲话容易得多。只有一次，在南京时，我说当时负军事重责的某公，并不懂军事；他听了脸上勃然变色，我没等骂出口时，便起身走了。但过两个月，我再向他提出时，他依然和颜悦色地听下去。在一九五一年，我当面说他所作的党的改造，是表面的，没有实质的意义时，他才拍桌大骂一顿。但骂完后，还是和颜悦色地握手而别。我之所以

　　　　　　　　　　　　　　无惭尺布裹头归·交往集

决心离开他，决定于民国三十七年之夏，与此事没有半分关系。

民国卅七年二、三月间，有位在上海养病的某公特地跑到南京，说又要出现民国十六年"○○合作"的局面，挑拨中央和桂系的关系。我当时为大局着想，对此公的弄权使术、无识无知的情形深恶痛绝，向布雷先生说出要争取桂系合作的意见，希望他向总裁力争。布雷先生完全同意我的看法，但他要我向总裁讲，他再找机会讲。我问："以我的地位，怎能讲这样关系重大的话呢？"布雷先生说："总裁知道复观兄后面没有什么，会听你所说的。"过一两天我真的说了，解决了华中剿总的驻地和武汉管辖权的问题。三十八年初之变，是某公逼成的。

还有三件事，却是可信的传闻，在此也应一提。不过这是出于我所听到的传说。

第一件事，魏德迈将军在抗战结束后，曾提议把东北暂时交由麦克阿瑟的联军统辖，以防制苏联的野心，经蒋总统的断然拒绝。第二件事，当民国三十七年局势恶化时，经当时外交负责人向美国马歇尔交涉，马歇尔决定派三个师到上海，并已说出可以不至发生"内交"纠葛的统帅的名字，也经蒋总统拒绝。第三件事，到台湾后，麦克阿瑟曾提议由美国担负军队的薪饷，也被蒋总统拒绝。从这些地方，也未尝不可看出一位爱国伟人的光辉志节。

就他把权力移交给经国先生一事，当然有若干人不以为然，连我也在内。但客观地说，当三十八年春他隐退在溪口时，有一天张治中来了，和我们一起陪着蒋总统在妙高台漫步；我第一次发现张治中走路是脚跟先轻轻落地，脚掌才缓缓由后向前落地，但一离开便变了。此时蒋总统睡在坟庄内，经国总是睡在门外。

这份亲子之情，真可说是古今少有。到台之初，经国用一切方法来恢复总统的声望，这也是旁人所无法做到。由此而来的对经国的信任，是可以了解的。同时，就能力与正义感来说，在国民党中，我认为无一人能赶得上经国。所以我以悲哀之情来写这篇文章时，一方面感激蒋总统过去对我的涵容；同时，也希望台湾的先生们，能帮助经国好好地继志述事。

此文系四月五日早八时在报上看到报导后，立刻动笔，到十时写成亲自送往报馆的，所以文字未加修饰。下午从晚报上看到遗嘱，上有"无时不以耶稣基督与总理信徒自居"一语，立刻使我万分怅惘。遗嘱完全是政治性的。近代基督教与政治没有关系。中山先生是基督教徒，但在他的言论中，从来没有以耶稣基督相标榜；因他是"黄炎的子孙"，不属《旧约》中所叙世纪的血统。他讲民族主义，继承的是文、武、周公、孔子的道统，在文化上自然以道统为主体去融合基督教。以基督为主体，再配上一点中国文化，在一般教徒无所谓；作为中国的政治领袖，假定有承先继后的责任感，是断乎不可的。利用蒋总统生命最微弱的时候写出这样"承命受记"的人，可以说是对蒋总统，对国民党的出卖。

一九七五年五月《明报月刊》第十卷第五期

哀悼欧阳百川先生

应当算是我的知己之一的欧阳百川先生，竟于九月二十二日夜晚十时三十分，在医院里溘然长逝了。他以七十一岁的高龄，留下十个崭露头角的子女，亦可谓死而无憾。但我于迟暮之年，面向茫茫的人海，遽然失掉这样一位知己，总难免在孤独中增加一番悲怆。

我和百川的性格乃至对人生的态度，并不相同。说他是我的知己之一，或许难使人相信。实则他不仅是我的知己，而且是我最不感受压力的知己，所以也是在人生中最难得的知己。在我这一生中，有少数的朋友，站在社会政治的立场上曾谬相推许，也有站在文章学问的立场上谬相假借。过去更有少数前辈先生，抱着"众人皆欲杀，吾意独怜才"的襟抱，对我曲为维护。这在干枯险巇的人生道途中，都可说是我的知己。但对于这种知己，常因恐名实不符，在精神上感到由负担而来的压力；这是鞭策性的人生知己，不是享受性的人生知己。人越到暮年，越希望有一种享受性的人生知己。百川与我相交二十五六年，他不问我的政治见解如何，不管我的学问成就如何，自相交之日起，即对我作全面的信任，从来不为对我的闲言闲语所动，从来不因我的任性使气见疏。虽然他没有能力直接在生活上帮我的忙，但凡是他力之所及，没有不竭尽他各种照顾的心意。我们见面，不谈大事，不发牢骚，而只是倾吐各人生活中自以为有趣的琐事，倾吐得知无不言、言无不尽的程度。所以见一次面，两人便相对谈笑两三小时，在谈笑中，都得到精神暂时的解放。因此，百川对我的知己，是没有压力性的知己，是一种享受性的知己。

当国府刚播迁到台湾的时候，《华侨日报》为了表现人世间尚有道义，请百川、才生、裕昌三位先生，赴台湾谒见故总统蒋公，要我为之先导，这是我与百川认识之始。百川在广州曾创办中国新闻通讯社，培养出不少的新闻人才。第一次赴台时，他是《华侨日报》的副总编辑，后任《华侨晚报》总编辑。因为我在台湾教书，对办报的事，完全外行，更很少有与报馆接触的机会。所以对百川办报的情形，所知甚少。不过从他经手的笔札看，其文字与见解，都极为特出，由此可知他是很有才有学的人。我自一九六九年移居香港后，与百川的相见机会多，知道他的态度颇为消极。但在长期交往中，发现他消极的态度，虽然不一定能有所为；可是他的胸怀坦率，性情耿介，却卓然能"有所不为"。人当年少气盛的时候，不会对"有所不为"的人加以重视。但身经丧乱，阅世已深，才知道今日"无所不为"的人实在是太多，而"有所不为"的人实在是太少。从这一角度看，百川已尽到了人生某一方面的意义；而他的死，不能不说是社会的损失。所以我对他的哀悼，不仅是出于私人的友谊。

一九七五年九月二十三日夜

一九七五年九月二十五日《华侨日报》

悼念周恩来先生

周恩来先生已经死了！我没有理由悼念他，也没有资格悼念他。但看到报上他死的消息时，依然使我热泪盈眶，这真不知从何说起！

昨天（八日）上午十时左右，有位电话工友到我家来检查电话，一面工作，一面和我聊天。他天真无邪地向我披沥了爱国的热情，及对政治的见解。他的结论是："假定毛死在周的先头，我们的国家就好了。假定周死在毛的先头，那就不得了。"并坚信周没有害上严重的病，只是在医院暂时避避风头。我当时只觉得我们国家的伟大，一位年轻的工人便有分析国家大事的能力。谁知这位工人正以坚定的信心，认定周先生不会死的时候，与报上所报导的时间对照，正是周先生刚刚死掉的时候。假定黄克强、蔡松坡、宋教仁几位先生都能多活二十年，假定孙中山先生也能多活十年八年，中国的情形会怎样，谁也不能推断；但历史是由人造成的，各种特出人物的生死，对历史必会发生影响，则是可以断定的。

我第一次和周先生见面的时间和情形，完全记不清楚了。抗战时，随黄季宽先生赴山西作战，黄曾从湖北乡政干部训练班调两千人到山西豫定成立战地干部训练班，由我当教育长，并托周先生推荐政治教官。此事因战事失败得太快，没有实现；但推想起来，在石家庄或在太原，已经和周先生见过面，并且彼此间的印象相当好。

和周先生见面最多的当然是一九四三年，我被军令部派赴延安当联络参谋的时候。周本来长期驻在重庆，一九四三年中共内部发动了整风运动，周大概在这年五、六月，返延安参加，常常到招待所来看我。和他谈问题，他总是通情达理，委曲尽致，决不侵犯到各人的基本立场。当国民政府主席林森逝世，延安以追悼会为名，吴玉章在致追悼辞时，辱骂蒋先生时，我除当场退席外，并绝食抗议。周先生先写了一封长信来解释并表示歉意，随后亲自来宽解一番。总之，当与他接触时，除政治立场外，似乎还有一种共同的"人的立场"的存在；这在共产党员中，是不容易找到的。

我到香港后，听到许多的琐事，有如对齐白石的安排，在文化大革命中红卫兵找上了章行严的门时，周如何设法抢救；乃至有的人想离开大陆而无法离开时，找到了周，周总是为这种人开脱。这都是微不足道的事情，但在这类的微不足道的事情中，依然流露出由"人的立场"而来的一点情意。在人的世界中，这种"情意"是值得万分珍重的。

我曾经说过，周是以政治的才能、唯毛是从的路线，及不为天下先的技巧，在惊涛骇浪中，维持他的地位。我在延安见过刘少奇，但对他没有印象。从文化大革命所宣布他的罪状中，才发现他是一位了不起的人物。从文化大革命以来，很多人说了多少横不讲理的话；但这种话，很少出于周先生之口。在批孔运动中，江青们以"巧伪人"来影射他，攻击他；但在此一影射攻击中，可以推断出，他在毛的骄傲横决的权威下，实尽了许多调停调护之力，使中共政权，能撑持下去。当我每想到"调停头白范纯仁"的一句诗时，总为他难过。

癌是一种绝症。周的处境，使他不能不得这种绝症；并由此而死，可赢得身后的哀荣，对他说，未始不是大幸。但因他之死，中共内部，更失掉了力量的均衡，更影响到国际的威望与信用；使无知无识的江青一群，更得以横行无忌。这便使我这种反对共党的人，也不能不为国家前途痛惜。

一九七六年一月十日《华侨日报》

周恩来逝世座谈会（发言纪录）

这几年来我碰过好几个年轻人，他们到大陆去，与周恩来见过面。在这几个年轻朋友中间，有些是我学生，有的并不是。他们去了大陆后，有的受了共产党的影响，有的在思想上并没有改变，仍旧保留很严厉的批评态度。但是一提到周恩来，他们那种感激佩服之情，那真是超出我想象之外。他们和周恩来见面，当然还有几个人陪着周恩来在一起，谈什么问题，当然也是和陪着周恩来的人一起讲，但是他们对周恩来之所以这样感动，我想有两个原因：

第一，周恩来有这样高的地位，在年轻朋友心中，开始时是高不可攀的。但是一和他见面后，发觉是那么亲切，从夜晚可以一直谈到天亮，临走时还很亲切地送出来，照相留念。地位那么高的人是这样亲切，超出他们的想象之外，使他们不感觉一个大的政治权威压力摆在他们身上，我想这是一个原因。

第二个原因，就是他们和周恩来谈话时，据他们给我说，他们都很坦率，指出共产党所做的哪些不能同意。他们与那些投机的知识分子态度不同，他们很坦率，但是周恩来听着这些反对的意见、批评的意见，总是心平气和，耐心地给他们解释，解释了还不相信，也只是说你们将来慢慢或者可以了解的。由所谈到的

　　　　　　　　　　　　　　　　无惭尺布裹头归·交往集

一点，便亦可以见出周恩来对他们也是相当坦率的。他们提出"回国服务"，周恩来说这桩事情两方面都要有准备，你们要有准备，政府方面也要有准备，大概在五年后，可以欢迎你们回国服务。在外面的年轻学人是国家很大的资本，国家一定珍惜这些资本，不过现在还有困难，等五年以后吧！可见，周恩来和他们谈话，也是很坦率的，对不同的意见，有很包容说服的态度。

这些年轻朋友跟我讲，以后发动的批林批孔运动相信是周恩来始料不及的。据周恩来所讲的话的意思，林彪下去以后会有安定的局面，所以五年后，海外的学人可以回国来。这么崇高地位的人，和他们那么亲切，对他们不同的意见采取涵容说服的态度，很亲切，并且很坦率，国内某些做得不够的地方，也给他们透露，讲出来。这几位年轻朋友，尤其里面有两位对共产党的思想很反感的，但对周恩来这个人却佩服得五体投地。

至于我个人，虽然与周恩来认识，但不能说有感情。开始认识时，我们的基础是建立在幻想上。抗战刚发生时，大家对共产党都有幻想，因为他们是前进的象征，我们应当接受共产党许多前进的方法、前进的观念，那么我就是其中之一。在这种幻想的基础上面，见过周恩来，我大概在抗战发生后不久，在石家庄见过他，其后在太原也见过他，有很特别亲切的感觉。但以后在延安与他接触时，是在对立的情形下与他接触的。不过，发现与周恩来谈判什么问题时，比较与其他共产党人容易谈。在延安，我曾接触不少共产党人；譬如朱德先生朱总司令，他有很忠厚的态度，对我们很好，但是谈问题，还是和周恩来谈比较能互相了解。仅仅就这点过去的情形，未够使我对周恩来发生什么深厚的情感。

一月九号早上，我去买报，只看见那标题——"周总理逝世"，还未看下去，眼泪就流出来。在淌着眼泪中，写了篇悼念的文章，送到《华侨日报》，之后的的确确淌了好半天眼泪。这以后我反省，是为什么原因呢？我知道得清清楚楚的，没有一点糊涂，一旦落在周恩来手上，他们一样会整我。那么，为什么呢？反省后，明白到我们虽然身在海外，虽然反对共产党，但是我们非常爱我们自己的国家，非常希望共产党做得好。我们的国家，现在不错是站起来了。这个站起来，在我们脑子里面，当然第一个功劳，是毛泽东。没有他的气魄，没有他的号召力，没有他组织的能力，那是不可能的。第二是刘少奇，毛泽东大跃进的路线失败以后，刘少奇帮他弥缝，等于苏联的新经济政策一样。所以从建国的大的功业上说，我在周恩来身上并没有这一番感情。我的看法是从文化大革命，以至现在，毛泽东许多做法，脱离现实，口里说是为人民，实际上江青那些人不过把人民当作工具；在这种情形下，我心里担忧，江青这些人不知把国家送到一条什么路上去，不知会出什么样的岔子；而我们从周恩来的性格，从他的地位，他在动乱中，总是想办法弥缝，把它平服，把太过的地方转向平实；换句话说，毛泽东在领导方面有什么不合理的地方，他就设法补救。我们不知不觉地把一切希望都寄托在周恩来身上。大家自觉也好，不自觉也好，都把国家前途寄托在周恩来身上。我在中共开第十次代表大会以后，发觉情形不大妥当，就写了两篇文章批评。有些朋友觉得我为什么这么严厉批评，我说我的批评主要是支持周恩来先生，当然我这种支持不会发生影响，不会发生一点力量。但是国家怎样才可以稳当，所犯的危险怎样才能减轻，我们把我们的想法寄托在周恩来先生身上，希望国家可以走上轨道。现在，一下子他死了，感觉到多年来的希望，一下子破灭了，一下子受到打击。所以我反省淌眼泪的原因，我很坦白说，我之爱护周恩来先生，主要是就我对国家的希望，为自己国家的前途着想。

＊　　＊　　＊

我也有这个感觉。（原编者按：这是回应赵聪说"老百姓可能认为周总理太委屈了"。）

在国际上，余子先生刚才说，举世哀悼是中国热的一个基本表现，我认为是正确的。另外要补充一点，对共产党的内政方面，我有许多批评，但是外交政策，我觉得相当合理。最初中共在国际上起来，大家非常疑虑，觉得是一个谜。但是，外国人和周恩来接触当中，这种疑虑慢慢减少，对中国及共产党渐渐有了信心。这除了因为周恩来有外交上的才华外，我总括地说一句：那些非共国际人士，在周恩来身上发现有一种不是共产党员，而是一般人的意味在里面，使大家可以亲近，容易信任。所以周恩来死了之后，中共怎样巩固国际上的信用，是个很大的问题。在国际上周恩来有这种信用，可以信赖，由对他的信赖慢慢建立对中共的信赖，所以周恩来死了，大家觉得是个大损失。觉得是个大损失中间，是含有对江青集团不信任的因素在内。

＊　　＊　　＊

关于周恩来之哭，我听一位朋友讲，外间说周恩来以哭来感动了马歇尔，其实是不确的。马歇尔之所以信任周恩来，因为和谈陷于僵局，马歇尔就提议和谈代表由国民党、共产党、美国三方面参加之外，再加一个苏联代表组成小组来解决中国内部战争的问题。周恩来却劝马歇尔说："你把苏联请进来容易，要把他请出去就很困难。"所以马歇尔觉得周恩来并不是完全与苏联勾结，便对中共比较放心。并不是周恩来向马歇尔哭，令他感动。那位朋友说，若果周恩来是向马歇尔以哭来邀同情，那是把周恩来看得太小了。

至于梁漱溟之事，那位友人在电话里告诉我，是这个样子的：在和谈时间，在南京交通银行同国民党谈判，梁漱溟代表共产党，答应了国民党很多条件，都是未得共产党所同意的。周恩来乃当面骂梁漱溟真小人、伪君子，而且掉眼泪，为一位朋友丧失了基本立场而痛惜。

他还说到周恩来之另一次哭，是为王若飞之死。那是王若飞他们自重庆回延安时坠机丧生，在重庆国泰戏院开追悼会，周恩来大哭。

他又说到有次廖承志的汽车从浮图关那边过来，被开枪打了，打中了一个姓李的秘书，外传目的是行刺毛泽东，周恩来为此大怒，指责国民党破坏了和谈的气氛……

＊　　＊　　＊

去年十月，基辛格到北京，受到乔冠华及邓小平很大的压力，这个压力引起了（这是我的观察）基辛格相当强烈的反应。若不是中共受到苏联压力太厉害，那么毛泽东——究竟还是他掌舵嘛——便不会逼得在福特到北京后，亲自接见长谈，把这局面挽回来。对这种情形我有个感想，假如周恩来很健康，去年基辛格到北京是由周恩来亲自处理，与基辛格会谈，便可以完全不刺激基辛格的感情，而可以达成很大的收获。不过，这当然是我的推测。我曾在一篇文章内透露这意思，从这个地方说明了甚么呢？同样的政策，由甚么人来执行，执行时的态度及技巧，对政策的成败关系很大。乔冠华或邓小平当然都有才干，但是这才干还未达到周恩来智慧的程度，他们不了解现在是威压不了美国的。所谓不能威压美国，因为美国所处的地位比中共有利得太多，而同时中共目前在各方面的技术、武器发展，到底到甚么程度，老实讲，美国和日本人都知道得清清楚楚。据日文报纸，两年以来，国际上对中共科学成就的估计比两年前要低，因为他们知道得比较清楚，所以在这种情形下，对美国和西欧国家，不能用霸王硬上弓的办法来办外交，这在周恩来是优为之的。

*　　*　　*

还有一层，同样的话，说的人给人的评价不同，效果便不同。刘邦打到咸阳，住在宫殿里，樊哙说不行，应该搬到外面去住，刘邦不接受，张良一讲，刘邦马上接受。刘敬劝刘邦洛阳不能建都，应该到长安，刘邦没有接受，张良一讲就接受。所以，不能说人的因素不大。同是一句话，从邓小平口中说出来，给人的分量，和从周恩来口中说出来的分量，我看就不一样。

周恩来最大的吸引力，就是你说他假的也是好的，他在人与人之间有真正的人情味，他个人生活相当严肃。在政治中有真正的人情味，这是很少很少的。他不单对共产党里的同志有人情味，与非共产党的人接触时也表现一种人情味，我想这是很难得的。以周恩来的地位，他那种才气，能使人感到一种真正的人情味，这是他最大的吸引力。

＊　　＊　　＊

他（原编者按：指毛泽东）骄嘛！那种骄横，在历史上是少见的。我曾经见过一个左派的电话工人，他说假如毛先死，周后死，那么中国就好了；若是周先死，毛后死，就不得了；刘少奇比周恩来好些，周恩来比毛泽东又好些。他属于左派工会啊，曾经回国，到过广东，我就不知他这个观点从甚么地方来，奇怪了！

＊　　＊　　＊

最完满的共产党员（原编者按：指周恩来）。他守着他共产党的立场，但做人方面，很完满、圆熟。

＊　　＊　　＊

站在共产党阶级的立场，通常会把无产阶级以外的人不当作是人，只看作是阶级敌人，但周恩来有两点是与其他的共产党员不同。第一点就是你刚才提到他的家庭，他的家庭是个很官僚封建的家庭，但在他年轻时的生活体验中，不能不感到封建官僚家庭当中也有一点人的意味。另外还有很大的关系是，他以后主要是在白区工作，在白区工作时与不是共产党的人接触机会很多。

周恩来、刘少奇、彭真他们也是一样。与非共产党的人接触得多，了解便比较深，不知不觉地把非无产阶级不是人这个观念修正。如刘少奇一样，周恩来在这方面有了修正，周恩来曾住在重庆和上海，与许许多多的人接触，在他们阶级斗争的观念中，不知不觉地还保存一点共同的人的意味。

＊　　＊　　＊

我看现在世界上的共产党情形是这样的，虽然中共骂苏联是修正主义，我们反对苏联不是因为苏联修正，而是苏联对外的侵略，是帝国主义。它的修正，站在一般人来看，还觉得修正得不够。今日西方国际上，是意大利和法国的共产党的势力最大。意大利共产党的口号叫"历史的妥协"，"历史的妥协"一方面是表示要和天主教妥协，另一方面要承认言论、信仰、思想的自由，大大地比苏联修正得多。法国的共产党早已修正，最近，他们提出"无产阶级专政"的口号是个教条，已经过时，要放弃无产阶级专政。西班牙共产党很有可能取得西班牙的政权，力量不断在增强，但西班牙的共产党也和意大利、法国的共产党一样，有了大大的修正。日本的共产党，比中共参加抗战合作的时候，还要修正得厉害。所以我常说，修正主义是今日的大势，只在江青集团才是目前最极端的，文革时，中共在共产党世界中势力大大缩小；周恩来死了之后，我希望毛泽东的智慧能够看得见周恩来死后各方面的反应，放弃扶植江青这些极端分子，走上稳健的路线；这才是中共之福，国家之福。若非这样，将来就很危险了。苏联压迫得那么厉害，中共备战是真的备战噢，不是假的宣传。压迫得这么厉害，中共定要团结安定；

要团结安定，只有在稳健派当权下才能做得到；极左派做人做事都那么极端，凡是跟他们不同的，都要斗倒，要人家投降，这样子怎能团结？怎能安定？这是第一个问题。

第二个问题是，欧、美基本上是反对共产党的，尤其反对过激烈的共产党。假如江青这些极左派得势，国际上尤其是西方国家，对共产世界及中共的信赖，便会一天比一天减少。这也说明了国际上的危机。

还有第三点，这一点有些人觉得我说得太过分。假如中共内部两派的斗争，斗得有一派向苏联投降，我想一定是极左派，因为极左派完全没有国家的观念，完全没有历史传统的观念，崇洋媚外最厉害。大家想想，因为毛泽东喜欢平剧，我曾和他当面聊过这问题，所以把平剧保留，但平剧的唱法、步法及音乐，经过一百多年来民间的努力，已融成为一体，现在却把平剧原来的胡琴、鼓板都去掉，来以钢琴为主。摆在目前，平剧里面的摇板、倒板，钢琴都配不上，在唱摇板、倒板的时候，只好把音乐停了。中国的锣鼓和胡琴有什么见不得人的地方，为什么一定要把它去掉？譬如最近来港的上海音乐团，倒是有一点点的中国传统音乐，保存了一点点传统音乐。但是整个来说，中国民间的传统的音乐都保存了什么？完全西化！江青这些人太没有国家民族的观念，没有民族意识、文化意识，只是拿着一个教条的口号向前冲；冲到碰上钉子时，最先投降的，我想是江青这一派。假如毛先生对周死后这种反应，没有一种感觉，而培植江青来接他的位置，依我的看法，这不单对国家不好，对共产党本身也不好。这不是和江青所提拔出来的第三代有没有中国传统的人情味的问题，而是关系到中国的大利大害问题。

　　　　　　　　　　　　　　　无惭尺布裹头归·交往集

　　　　　*　　*　　*

　　你看，邓小平在军事方面的力量大，还是江青一派大呢？（原编者按：当时赵聪答："是邓小平大。不过江青也有一点呀！"）邓小平接周恩来的棒子，绝无疑问。毛泽东的教育路线的斗争，也不是一朝一夕的，半年以前，已经有要求教育路线修正的偏向。这个修正教育路线的偏差，在我看来，是周恩来还问事的时候已经定下来，可见修正教育路线的偏差，早已经开始，不过周恩来这一病，大家知道不可救药的了，江青赶快起来，而毛泽东支持。

　　本座谈会由《明报月刊》主办。举办时间是一九七六年一月十五日下午三时半至六时十五分，其他出席者是余子、赵聪、胡菊人，纪录者是刘逍。本文只节录徐先生发言部分，余皆略去。

一九七六年二月《明报月刊》第十一卷第二期

悼蓝孟博（文征）先生

一月二十七日《中央日报》刊出了"蓝文征病逝"的消息。大家都老了，这类消息，都在意料之中。但因他的品格、风仪、学问，对他的这一消息，总难免引起一番伤感。

避难来台，我住在台中市向上路，蓝先生和许多立法委员住在五廊巷。其中来往密切而又同属东北的，一是霍战一先生，另一便是蓝先生。他两位的性格并不相同。霍先生豪迈，而蓝先生沉寂。和霍先生见面时，多慷慨激昂地谈政治；和蓝先生见面时，则常低声细气地谈学问，尤其是谈他专门名家的史学。霍先生有时约集诗画名家于一堂，兴高采烈地请客人赋诗作画，吃东北的酸菜火锅；我则一无所能地，东看看，西看看，等着白吃。蓝先生也有时由年龄较蓝先生为长，而身体则异常结实的夫人，亲自下厨，弄七八样家常小菜，约五六位喜欢读点书的朋友，娓娓清言，除学问外，多及于学府中的掌故。两种不同的气氛，使我领略到两种不同，而都可使精神得到暂时解放的人生境界。他两人都是立法委员，但凡可以沾油水、占便宜的，即都与他两人邈若山河，身上没有一点油腻气，使人乐于亲近，这是两公所同的。

霍先生在十四五年以前，即以癌病逝世。而我与蓝先生的交谊，则有更进一步的发展；因为都到私立东海大学教书，他在史学系，我在中文系。当时东海大学的史学系，有两位深为学生所敬爱的老师：一位是祁乐同先生，一位即是蓝孟博先生。两位先生，有许多相同的地方：一是治学缜密，而不务声华；二是教书认真，而不与他人较短长；三是立身严正，而不向世俗立崖岸。我们相接之际，两位先生从无遽词厉色，也无急步促趋；使我内心常感到自己涵养工夫的欠缺，而幸皆为两位先生所容。大概蓝先生身体早就不太强健，所以特别注重生活上的养生之道，并反复地教给我。他的一饮一食，一起一居，都是经过用心安排而渐养成习惯的。我是一个老粗，怎能学到他那样细致呢？

蓝先生表面看，与人无争；但不仅立身严正，且在涉世中常流露有一股刚方之气；凡他认为应当做的，他便挺身去做，无所畏怖。我曾问他，为什么当起西北大学的训导长来？因为专心做学问的人，大都不愿揽上这类的职务；而蓝先生是专心做学问，且有成就、有著作的人。他笑笑地告诉我，因为看不惯当时受利用的左倾学生的嚣张，及当局者的张皇失措，为了保持西北大学不致沉沦为政治斗争之场所，所以他便决然接受此一职务。并把他如何把学校从岌岌不可终日的险境中，挽救、稳定下来的经过，详细地告诉了我，可惜我不能记忆清楚。

大概是一九六一年春季（记得不太清楚），台北有朋友发动以胡适之先生为首，联名保释雷儆寰先生的运动；台北有位朋友到东海大学要请张佛泉、徐道邻两位先生及我签名，我和佛泉都签了，但道邻不肯签，由台北来的朋友有些失望。我提议，和蓝先生谈谈何如？台北的朋友向蓝先生的话未谈完，他的名已经签好了。

齐铁生先生想把重庆时代有声有色的《时与潮》在台湾复刊，但他从党中削籍不久，不便当发行人，问及蓝先生，蓝先生慨然承诺。其实，蓝先生文章的风格，与《时与潮》相去颇远，《时与潮》上，大概从来没有他一篇文章。他之所以如此，据他告诉我，"是为了朋友担负一份责任"。

他和我所谈的学府故事中，有两个故事，给我很深的印象。他是清华大学国学研究所毕业的，所以是梁任公先生的学生。他说：当任公先生因病入院，自知不起时，每当朋友或学生去看他，总是深切痛悔，一生没有好好地做学问，以致没有一两篇可以传世的文章，常因此躺在病床上流泪。他的老友林宰平先生为了安慰他，特别作了一番准备后，向他郑重指出，他哪些文章，哪一部书，在学术哪一方面有贡献，必能传世无疑；任公先生听后，心地比较平静下来，也可以说，是在比较平静中死去。此一故事，我曾经告诉过殷海光先生，也曾经告诉过李敖先生，劝他两位把学问放在第一位。

另一件事是，他在复旦大学教书时，与顾颉刚同事。他们晚饭后，常常一起在北碚街上溜街，或在茶馆里饮茶，在闲聊中，聊到顾颉刚赖以成名的许多"疑古"新说，顾都承认自己是错了。但问他："既已知道是错了，为什么不自己写文章加以澄清，以致影响许多青年摸错了路？"顾总是笑而不答，不仅不在文章中承认错误，连在公开谈到历史问题时，也不承认错误。这证明了中国这一代的学者们，把个人的声誉，视为比学术之真，更为重要。这大概不止顾颉刚一人如此。

在上述的回忆中，蓝先生真纯的品格，及从容的意态，如在目前；但事实上，已是人天永隔了。

一九七六年一月廿八日

一九七六年三月《中华杂志》第十四卷第三期

感　逝

一

在半年之内，台湾死了四位学人，这即是方东美、沈刚伯、罗刚、于景让四位先生。这四位先生的风格及治学方向，各有不同；但在卓然有以自立、自见，及和我私人有深浅不同的关系上，则都是相同的。"徐陈应刘，一时俱逝"，宇天广阔，人海荒凉，我岂能无所感。

我站在孔子的立场，写了《孔子与〈论语〉》的文章，批评了方先生；但站在私人的立场，则他在学问上的成就，决非像我这种半路出家的人所能企及。在他的遗像后面，影印有他手书的一首诗。假使从诗中可以看出一个人的胸襟气象，则把他的诗拿来和胡适之、冯友兰两位先生的诗相比较，真可谓"阅乔岳以形培塿，酌沧波以喻畎浍"。现把这首诗抄在下面，以与世之知言者共证。

> 殊语传深意，终然是夏声。
> 八纮申一指，万类趣全生。
> 大德新新运，危心局局平。

艰难存懿迹，激浊为扬清。

马一浮先生的诗，意味深纯；方先生的诗，规模阔大。哲学性的诗能写得这样成功，在诗史中可谓另开新局。

我的《中国人性论史·先秦篇》印出时，曾赠送方先生一册，他来信说了几句好话；但同时向他的学生批评我"第七章阴阳观念的介入——《易传》的性命思想"，认为对《易传》不应当这样看法。友人牟宗三先生也不喜欢这一章。方先生和熊十力先生，彼此间都存有意见，但在中国哲学上同样走的是以《易传》为根据的一条路。我是治思想史的人，喜欢穷究历史中的源流，喜欢把问题从天上拉到地下来看，在这一点上，彼此之间，是始终无法契合的。

我写过一本《中国艺术精神》，台湾的画学会，要赠送我一个"金爵奖"，并说方先生愿意来发表推荐的讲演，这当然是一桩不容易的事情，我只好到台北去参加；但临时方先生以发高热为理由没有来，改由马寿华先生致词。我推测，这或者因为我到台北时没有去看他；或者他开始很欣赏我这部书，临时又看出了他不能同意的地方。可惜以后没有再向他请教的机会。

二

抗战胜利后，复原到南京，才知道沈刚伯先生的大名。他是以西洋史盛名众的，晚年又研究中国思想。当时我办《学原》，曾找他写文章。有人告诉我，他和方东美先生，都是中央大学四大金刚（有的又称为"四凶"）的人物，而他两人又是最好的朋友。

不过当时沈先生已暂时离开了中大。到台湾后，沈先生当台大的文学院长，方先生当哲学系主任，两人的关系弄得很坏，方先生便把系主任辞掉了。有人说是因为方先生要请朱光潜，沈先生在时间上搞错过了。今年九月我在台湾时，又有人告诉我主要是因为沈先生倒向胡适的门墙，方先生很瞧不起。这种私人间的感情，永远难搞清楚。

到台湾后，我办《民主评论》，又找沈先生写文章。他是湖北宜昌人，中国人的同乡观念总是有的，所以和他来往比较多。我到东海大学教书，便是由他向曾约农先生的推荐，这对我的晚年是一件大事。因为当时台中的农学院还没有改为中兴大学，我在那里只能教大一国文。东海大学有中文系，在授课和研究上当然比较方便。于景让先生曾经向他说"你不把徐复观请进台大，却推荐到东海，这是一个损失"。所以他有一次向我说："没有请徐先生到台大教书，真是抱歉。"其实，假使我到台大，除了能接触些程度好的学生外，在私人研究和写书上，决不如东海。我的朋友多，而又喜欢热闹，住在台北，会浪费许多时间和精力的。

沈先生才气高华，而处事精密。他不仅作学术讲演时不先准备大纲，连上课时也不带片纸只字，都可以旁征博引，滔滔不绝。中年不愿写文章，晚年倒很有心著作，但时间已经来不及了。当我和毛子水先生们讨论治学的态度和方法时，他实际是赞成我的意见。在谈天中，他曾向我说："西方的史学也在变，可是他们不知道。"但他决不公开说出自己的看法。殷海光先生进台大哲学系教书，是我拿着熊十力先生的推荐信（此时熊先生住在广州附近黄良庸先生家中，推荐信是我写信去要来的）交到沈先生手上的。

殷先生升级迟了，他曾特别向我解释。当殷先生保留薪职，但不让他开课的事情发生后，沈先生曾向我说过下面的一段话：有一位退役军人常常到殷先生家里发牢骚，两人谈得很合胃口。那位退役军人主张武装暴动，并问："对老头子怎么办？"殷先生说："把他宰掉。"同时用手作宰掉状。接着这位退役军人向警总告了密，于是由警总派位少将，会同台大的校长、训导长、文学院长（沈先生自己）在钱校长公馆里请殷先生查讯，问他曾否说过这句话；殷先生答谓，"在感情冲动时可能说过"，所以学校只好不让他开课。沈先生向我说这段话，依然是向我解释。一九六九年七月，我由东海大学被强迫退休，移居台北市，台大哲学系主任洪耀勋先生请我兼三小时的课，给沈先生反对掉了，所以我才来香港。台湾四大势力，都与我无缘，还有的因为是"结下了梁子"，则沈先生的反对，乃势不得已，所以我从不曾因此而减少对他推荐我进东海的一番感激心情。

三

罗刚先生是研究三民主义及近代史的；他是忠实的国民党员。我曾看过他以近代社会思想作背景所写的一本三民主义的理论研究（忘掉了书名），很有学术性。所以到台湾后，他便在台大教三民主义。罗先生性情慷慨，对人热情坦率。他常到台中讲演，来后，总找我聊天，两人成了好朋友。有一次接到他一封信，说他参加了××学术团体，对其负责人大大吹嘘一番。我回信说："××乃佞人妄人也，岂可和这种人谈学问。"他立即来信大骂我一顿。过了一年多，看到我时，第一句话便是"你老兄真有眼光，过去我错怪了你"，接着很气忿地向我讲了许多情形。我说："这也是时代的产物。"

有一次，我在台风过后，到他景美镇的住宅去看他，谁知他住的是隔着街道相当远的一栋独立房子，并必须通过稻田埂，水淹到膝盖，他的房子也等于被水包围了，实在有些恐怖。可是他依然笑哈哈地，要我看他满屋书架上的藏书，以及近代史资料；并把他现在正在写以及预备写的情形、计划，热情地告诉我。不过我在余悸犹存中劝告他，还是搬到市内去住比较方便。大概他因经过这次风灾水患后不久便搬进市内厦门街居住了。

一九六九年我离开东海大学移居台北，发现平日许多很亲热的朋友，见面时脸上的表情自然冷淡下来，过去要我为他写文章或教书、讲演的也都绝口不提了；我于是了解司马迁为什么发出"且缓急，人之所时有也"的深重叹息之声，奋笔写出了《游侠列传》。我当时曾作了"涉世每思千日酒，闭门犹著十年书"的联语，托程沧波先生写副对联，托名画家萧立声先生为我画幅横轴，以纪念一时的感慨。但罗先生则恰恰相反。有位教会大学的校长，要请我教书，但有点又爱又怕的神气。罗先生自告奋勇要力促其成，我知道后立刻加以阻止，并函告某校长，决不会到该校教书的。他又把教育高级机关的安全室主任某君（与罗先生是同乡）四处打电话，千万不可找徐某教书的情形告诉我，认为这是太胡闹了。还有某某部的姓陈主任秘书，在酒会时心花怒放地向人说"这回算把徐某整下来了"。诸如此项，都为罗先生所咬牙切齿。他的夫人会弄菜，过去我吃过不少；他这次，偏偏在教育部里面借一间豪华的房间请一次豪华的客招待我。罗先生今年九月以癌病去世，我相信他必有重要的著作留下来。他对我在学术上的成就，每推许太过，使我感到惭愧。幸而我尚勉强实践"闭门犹著十年书"的诺言，聊以报答他对我的深厚友谊。

四

台湾大学植物系资格最老的教授于景让先生，于十月十四日逝世。当我从报上看到这一消息时，心里难过了几天。到台湾的头几年，台北衡阳路有家"大陆书店"，有不少的旧日文书出售，我每次到台北，总会去逛逛。有一次摊上陈有谈生物学对现代思想的影响这样的有似抽印本的书，我伸手去拿，另外也有一只手伸去拿；我的手快一点，便拿到手买下来了。另伸一只手的人，体型粗壮，面貌严肃，瞪着眼看我；问讯之下，我才知道他就是于景让，他才知道我就是徐复观。因他在刊物上常常发表些考证中国古典上所记的植物的文章，而我当时在报刊上的政论文章，也正引起许多人的注意，所以彼此的姓名都早已知道，由此次抢购而渐成为好朋友。

他的考证植物的文章内容和文字，都非常结实，由此知道他不仅富有科学知识，并富有旧学根柢。最近看到《大陆杂志》上王梓良先生所写——《悼于景让先生》的文章，知道果然他少年因得母教"尽读其家中藏书，即工具书之《说文解字》，亦至滚瓜烂熟之境"。我有次到台大去看他，他正在忙于整编一部植物辞典。向我笑笑地说："我的真正工作是培养、实验，写的那些闲文章，只是为了稿费贴补生活。"不错，有天台湾报纸上几乎用一整页的篇幅报导稻种改良的情形，指导研究的便是于先生。他的身体结实得像一条牛，他的夜以继日的工作情形也像一条牛。

王梓良先生说他是"著作等身",真可当之无愧。

傅斯年先生到台大当校长,是由于先生首先向陈兼善先生(当时是总务长)提出,约同陈先生去找文学院长沈刚伯先生,得沈先生的赞成,电当时教育部长朱家骅先生促成的。但因他性格的刚正不阿,在台大始终是处于被排斥的地位。但他从来不把这类事情放在眼内。

有一次,他坚约我到他家中吃饭,他住的日式房子相当宽大,但给书塞得满满的。他听到我称道卡西勒的《原人》时,他即起身把日译的卡氏的《语言学》送给我,我是舍不得送书给人的。他还笑着说:"我佩服你抢书的手真快!"一九七一年我返台时曾去看他,他反复问我大陆的情况怎样。窥他的用心,虽然反对中共,但总希望中共能做得好。可是,当时正是江青们倒行逆施的高峰,我实在没有什么好的消息安慰他,最后共同叹一口气说:"中国人真没有出息。"

一九七七年十二月廿日及廿三日《华侨日报》

悼鲁实先教授

一

当我写成《感逝》一文后，以为一九七七年向下低沉的感情弧线，已可告一结束，谁知过了不久，从台湾报纸上，又得到师范大学中文系鲁实先教授，于去岁十二月十九日，以脑溢血逝世于台大医院的消息。

去岁八月二十三日我由美返港，经过台湾时，住了三个星期。他和黄彰健先生打伙请我吃饭。席中他的天真、狂气，丝毫未改；谈到他在继续著作的古文字学时，几次向我说：“徐公！这真是前无古人啦！”说完后哈哈大笑。他生得短小瘦弱，精神旺盛。但这次我发觉他的眼圈乌黑，健康有问题，便问他“你现在几岁”，他说“六十五了”。当时使我心里一惊，在我心目中，以为他还是五十多岁。

几年来，我写的学术文章，初稿刊出后，很诚恳请朋友指教的，只有伦敦大学的刘殿爵教授，因为他性情笃至，不讲虚伪的应酬话，而我两人研究的范围大部分是相同的。他对有关的几部古典，下了很精密的工夫。我的胆大，有勇气把自己知道的一点写出来。他的心细，不轻易把自己研究的成果写出。我请他看我的文章，是想以他的心细，补救我胆大的疏失。这是在学问上揩他的油。他每次不仅把我错误的以及不同意的都告诉我，并且常把他没有写成文章的研究成果，也一无保留地交给我，这种大公无私的友谊令人感动。前年和去年，却有两篇长文，我诚恳地向鲁先生请教。一是《原史》。我不是治文字学的，但在《原史》这篇文章中，首先指出从许慎的《说文解字》，一直到王国维的《释史》，都把"史"字认错了。我敢于这样说，是在甲骨文和金文中，作了一次相当完密的调查。而这类的书籍多是鲁先生指导台北一家书店所影印，并于一九七一年夏送给我的。没有他送的这一批书，我便不能写这篇文字；他又是这方面的权威；所以在人情和事实上，我应向他请教。经过三次或四次的通信讨论后，他接受了我的看法。另一是当我《论〈史记〉》的长文，由《大陆杂志》刊出一半时，因为他又是这方面的权威，所以我感到应向他请教。但请教的信寄出后，并未得到回信，原来他以病以死，永远得不到他的回信了。

二

鲁先生与北伐时的第二军军长，后来又当浙江省主席的鲁涤平将军是一家。鲁先生的尊大人，当团长、旅长很久，家境相当不错。大概因他年少才高气傲，连中学也不肯进，一直闭门自修。他文章的典雅，到现在为止，可推为现代中国第一人而无愧。仅凭这一点，他不靠学历，很早便曾赢得声誉。新式的北平图书馆成立后，他曾在那里专心研读了一段时间。日人泷川资言氏的《史记会注考证》一书问世，压倒了中国过去有关这一方面的著作，到现在还受到学术界的推重。鲁先生当时还是廿六七岁的青年，却写了一篇泼辣的批评长文，寄给当时已负大名的杨树达先生看，杨先生大为惊叹，推介到复旦大学当教授，这可以说是异数。以后他每开《史记》的课，也和他开古文字学的课一样，听讲的总是一两百人，迄他的死前不衰。鲁先生治文字学，由《说文》而上溯金文、甲骨文，更由甲骨文、金文而下考《说文》，头脑精锐，创获特多。他又能治传统的历学，作精密的推算。于是《史记》、文字学、历算学，成为他的"三绝"。中央研究院历史语言研究所有两张王牌，一是李济之先生的田野报告，一是董作宾先生的甲骨文，这都是得到国际承认的。董先生最得意的是《殷历谱》，等于是史语所的大半块招牌。但鲁先生写了《殷历谱纠谬》，把董氏驳得体无完肤。复旦大学中文系主任陈子展先生仿韩昌黎的《石鼓歌》写了一首掷地有声的古诗加以宣扬，使当时（抗战时）大后方的学术界为之震动。这当然引起史语所傅斯年先生的愤怒，痛加丑诋。但奇怪的是，对鲁先生所纠之谬，史语所始终没有作针锋相对的答复。

三

在南京时，我向故总统蒋公要了一笔钱，与商务印书馆合作办了一个纯学术性月刊《学原》。大概因商务发行网的关系，很快便在全国各大学得到反应。当时从湖南寄来的稿件，特别引起注意的，一是周名煇先生讲古文字学的文章，据说也是自学成功的。周先生在民国三十八年后不知下落。一是鲁先生批评郑鹤声先生有关年历谱这方面的著作。我们开始有书札来往。三十八年，我在香港筹办《民主评论》，忽然接到在大崩溃前夕鲁先生寄来的一封使我非常感动的信；过了不久，他便来到香港转赴台湾。和我一样，因为没有读过大学，在学术界中没有师友之助，不能加入到任何帮派，所以他只好到一家中学教书。我找到一位先生出钱，把他的《殷历谱纠谬》重印，以免埋没。后来林一民先生当省立农学院长，和他是复旦大学的老同事，便请他到农学院当教授，以后我请他到东海大学。他因为天资太高，少年成名太骤，中晚年又受到抑压，所以狂性不改，口头上不断得罪人，遂不能为东海大学所容，转到国立师范大学，成为台北第一有吸引力的名教授。在古文字的考证上，旁人有几个字的成就，便可互相标榜，鲁先生的精确考证，则以千百计，前无古人，他是可以当之无愧的。他的钱，肯用在买书及奉养年近九旬的老父身上，自奉却非常刻苦。加以妻子阻隔，生活缺乏照料，营养不良，情绪抑郁，这便丢掉他正在勇猛精进中的大业而一朝死去。他在台湾二十多年的遭遇是一个在学术界中"孤寒特出"之士的奋斗的典型，只有我才真正体认得到。

一九七八年一月十七日《华侨日报》

悼念萧一山、彭醇士两先生

一

台、港两地报纸，刊出了监察委员萧一山先生，以七十七岁的高龄，病逝于板桥中英医院的消息，引起我一阵复杂的感情，同时更引起我对于彭醇士先生的歉疚。

萧先生二十多岁，便印出了《清代通史》上下两巨册，给当时学术界以莫大的惊异。到台湾后，他将此书扩充为五大册，在商务印书馆出版，这是到现在为止，由我国学人所写的最具规模系统的一部清史。报上称他为"清史权威"，实可当之无愧。

他是监察委员，但凡是"中央民意代表"的特点，在他身上丝毫嗅不出来。到台湾后，我们来往相当亲密，他有时为《民主评论》写点文章。但因为我不通人情世故的一件事，后来彼此的关系反而疏阔了。他和他的夫人所弄的菜，是非常有名的。有一次，他特别托彭先生告诉我，等我由台中到台北时，他要好好地请一次客。彭先生并问明我到台北的日期，转告诉了萧先生。结果在萧先生请客的晚上，我因为怕耽搁次早东海大学的课，居然临时打一个电话辞谢了，我并不知道这是很不礼貌的行为。有段时间俞大纲先生同我论学论文，来往也非常亲切。有次他特意请我到他家里吃饭，我也是莫名其妙地为了赶回东海上课而没有去，从此便等于和我绝了交。我一生因这类幼稚的行为而得罪了我根本不愿得罪的朋友，真是不可一二数。

与萧先生行迹疏阔后，有两个印象，一直很深刻地保留在我的脑筋里面。一次是大家在一块儿谈考证史迹的真伪问题，萧先生感慨地说："历史中的小事，有真有伪，但历史中的大事却必然是真的。学历史的人，应先把握住历史中的大事，再由大事以权衡比较小的事。现时风气，一开始便纠缠在小事的真伪之争里面，这如何能把握到历史。"萧先生讲这几句话时铿锵的声调、深湛的智慧、朗澈的气象使我怎样也不能忘掉。

另一次，与萧先生在大学中同事很久的史学名家蓝文征先生曾和我说，萧先生在河南大学及东北大学当文学院长时，文学院的同事们，从没有闹过人事纠纷。他两次离开文学院长职位时，文学院的同事们，都不约而同地随着他共进退。我惊讶地问："这是为什么？"蓝先生说："这是大家情绪上的自然要求，说不出为什么。"由此可知萧先生待人以"至德"，使我常常感到，应当多受到他的熏陶，但始终没有这种机会。

二

彭醇士先生大概是去年五月左右逝世的。他和我的关系，因为都住在台中，所以比萧先生深得多。很奇怪的是，他死后我没有发现纪念他的文字。我看到过他自写的诗稿。并且有一次，他把自己所收存的几十张画给我看，都是精品，与他寻常应酬之作，大不相同。许多人推他的诗为台湾第一，实际他的画，在当代画家中，也必然应居于第一流的地位。我心里想，他不仅是名符其实的诗、书、画"三绝"，再加上古文，而是名符其实的"四绝"。我几次劝他把这四绝付印，他总是笑笑拖延下来。现在他死了，他的遗稿竟渺无消息，这是作为他的朋友之一的我所经常感到不安的。今年三月，我想到萧先生与彭先生的交谊甚厚，我几次听到彭夫人称萧先生为"大哥"，所以我便写一信与萧先生，请他负起搜集彭先生遗稿付印的责任，我当然愿意出一分力量。不久得到萧先生回信，说楼桐荪先生与彭先生是儿女亲家，丧事是楼先生一手料理的，对印遗稿事，楼先生已意兴阑珊；只好等彭夫人从美返台后，把和她商量的情形告诉我。前几天，老友张佛千先生来港，问我在台湾有没有事托他办；我便把搜印彭先生遗稿的心愿告诉他，请他尽番力，并要他先去看萧先生。因为他是热情而又富有活力的一位朋友。谁知萧先生竟也一瞑不视了。

三

一到台湾，我和彭先生都住在台中。他得名很早，多少有些名士气。但在辞受取与之间，一直保持孤高的品格。二十年间，一安于陋巷陋室，没有换过房子。这在立法委员中是很少见的。他在文化上，不满于胡适一派，所以每看到我写的批评文字，辄推服不已。他的书法出自《兰亭序》，清醇秀润，当代无双。我曾告诉他："醇老的字写得这样好，你给我的书札，我要保留起来。"他听后很高兴，自后来信常用名笺名墨，益见精彩，迄今我真保留了几十封。丙午（一九六六年）旧历正月，他送了我一首诗：

圜方异度力兼周，学问输君一百筹。

鸿鹄高飞观四海，松筠阴蔚护层楼。

求田懒作营身计，献玉羞蒙刖足酬。

饮尽平生驰诉意，衰年同驾艺术游。

　　黄山谷与友人唱和的诗，常能推见友人的心境。彭先生得诗法于陈散原，陈是走宋诗这一路的同光体的巨擘。彭先生送我的这首诗，也有山谷的意度。所以我便和了一首："方圆同画古难周，艰苦何曾获一筹。岂意微阳动寒谷，顿教寸木托岑楼。衰年尚许传经愿，国论从来按剑酬。且喜卜居同洛下，学诗谈艺与公游。"

　　此诗日本汉学名家安冈正笃先生及老友傅光海先生有和作。彭先生得古文法于吴北江，工夫深到。我和他曾合作过三次，当台湾第一爱国诗人林幼春先生的《南强诗集》印行时，我和戴君仁先生作序，彭先生作传。其次是大家谈到陈立夫先生在美国养鸡自食其力时，彭先生便提议，由我送陈一篇寿序，由他书写，而他并不属于二陈派。另一次是有位当过甘肃、新疆两省民政厅长，颇有政绩的邓翔海先生逝世后，他的令弟，名立法委员邓翔宇先生要我写志墓之文，由彭先生书丹上石。当我把文稿送交他时，他皱着眉头向我说，"你老哥应知道在方格里写楷书，是很辛苦的，可不可以把大文改短一点"。当然我只有笑了笑照改。我偶然作首打油诗，送请他修改，他总是极力鼓励，可惜我没有时间认真地向他学下去。彭先生晚年兼静宜女子文理学院中文系的系主任，我恳切希望他的朋友和学生中，有人出来担当搜印遗稿的责任。

一九七八年七月十八日《华侨日报》

悼念萧一山、彭醇士两先生

悼念叶荣钟先生

一

老友洪炎秋先生十一月六日来信说："告兄一个坏消息，叶荣钟君于半年前（应当是一年前）患食道癌，在荣总割治，经过十分顺利，方庆死里逃生，不意近又查出肝脏有些异状……终于十一月一日下午与世长辞。"我读完信后，突然觉得，在我这快将结束的一生中，感情上好像对台中市有所亏欠，对叶先生有所亏欠。这不仅因为我在台中市住了二十年零三个月，较自己的出生地，住得还要久，也是因为我穷毕生之力，于人海茫茫中能在这里交上几位永远难以忘怀的朋友；正因为有这样几位朋友才使我亲切领略到，台中市的社会，倒真像一个"人的社会"。而叶先生，正是这样几位朋友中之一。

和台中朋友的交谊，开始是由蔡培火先生介绍我认识庄垂胜先生，再由庄先生把他的朋友，介绍为我的朋友。古语说："不知其人，视其友。"庄先生淡于名利，重行谊，尚节概，热爱自己的民族，热爱自己的文化。他的朋友，多属于此类型，而在性格上，叶先生较庄先生似乎更多一份热情豪气。庄先生在十多年前死去，叶先生的同声气相同的朋友十一二人组成一个月餐会，每月集会一次，聚谈大嚼，极一时之快，直到我离开东海大学，便自然消解了。

前天读叶先生的《斗癌记》，追算起来，我去年由美返港，路经台湾入院检查身体时，正是叶先生在荣总动完大手术，回家休养的时候。但这种情形，我当时一点也不知道，当时因精神过于疲惫，又怕多惹是非，便偷懒未赴台中一行；谁知这一懒，便与叶先生生死永隔了。

二

叶先生，字少奇，鹿港人；幼年贫苦，年九岁，始入私塾。因天资特达，十八九岁时，受知于林献堂先生，资助赴日留学。因他在留学期间，参加了"设置台湾议会请愿运动"，这是台湾民族运动的形式之一，所以民国十年夏天返台后，连林本源制糖会社溪州糖厂里的一名小职员，也因操实权日人的嗾使而被逐，遂转任林献堂先生的通译兼秘书。献堂先生是台湾民族运动的领导人物，于是民国十年以后，台湾多次的曲折艰难的民族运动，叶先生都参预了策划推行之设。因为叶先生与献堂先生有这样深的关系，所以献堂先生死后，由叶先生所写的年谱，是一部很详备的年谱。民国二十四年，叶先生进台湾《新民报》担任通信部长兼论说委员，这是由台湾人士自己办的唯一的报纸。叶先生每星期要写一篇日文的社论，常运用以日人之矛攻日人之盾的方法，揭露日人在美丽招牌下的黑货。他有首诗说出此时写社论的心境是"文章价贱感难禁，其奈嗜痂癖已深。铁笔有时挥硬论，纵无人读亦开心"。凡是有写时论经验的中国人都会感到，自己手上的笔，很难使其成为"铁笔"；自己写出的论文，又如何可称之为"硬论"，何况在最野蛮的日本帝国主义统治之下。民国二十六年七七事变发生，十二月十三日南京陷落，翌十四日伪华北临时政府成立，台湾有的人想办法钻进伪府，成为新贵；叶先生感慨万端，成《索居漫兴》诗十首，一时和作的人很多，对激励人心，发生了很大的作用。第二首是"张王李赵尽殊荣，京国人人识姓名。解得人间羞耻事，宁从穷巷了残生"。

抗战期间，台胞的处境日益困难，叶先生的感愤也日益郁勃。二十七年九月，叶先生在《生涯》诗中的句，有的是可容人痛哭，有时须忍泪欢呼。叶先生和台湾志节之士，当时处境之艰、秉性之烈，都由这表达了出来，因而可永垂天壤。假定允许我稍为一点，未尝不可使用《史记·屈原列传》中"虽与日月争光可也"的一句话来形容这一联诗的光芒万丈。

叶先生以"半壁"名他的书斋，他的散文，即称为"半壁书斋随笔"。固然是因为在日人统治之下，生活清苦，走廊上的书房，只有东西是砖墙，而这砖墙又只有半截，"半壁"的名称，是当时生活的写实。其实据叶先生一段暴风雨时期的生活记录，他取此名的由来还出于抗战时期，对民族的悲怆。四十多年前，他从《国朝名人诗抄》（按当系《近代名人诗选》叶先生一记）上读到过中山先生《汉口吊刘道一》的七律，生"一种悲壮的共鸣"；此诗的前四句是"半壁江东三楚雄，刘郎死去霸图空，尚余遗策艰难甚，谁与斯人感慨同"。南京沦陷后，祖国只余西南半壁，所以便借用中山先生诗中"半壁"两字，以寓他悲壮的感情。

三

台湾光复后，在日人残酷统治下所坚持的民族意识，至此已失掉了对象，所以在民族运动中不少艰苦卓绝之士，随光复而亦归于落寞；光复后在政经两界，飞黄腾达的，另是一班英雄豪杰。但叶先生在落寞的生活中，依然有他不朽的贡献，这即是除了出版三部散文集外，更写了一部《台湾民族运动史》的五十万字的巨著。

《台湾民族运动史》的著者，共标有蔡培火、陈逢源、林柏寿、吴三连、叶荣钟五位先生。但不仅如序中所说"委由叶君荣钟执笔初稿"，实际是由叶先生始终其事，"初稿"即系"定稿"。据序，他们五位先生于"一九六七年四月间，集会讨论，研拟资料整理及编辑方针等事宜"，可知叶先生在写此书时，曾得到其他四位先生的帮助，但常情上也可能受到筑室道谋的困难。叶先生写林献堂先生年谱时，在体例上曾和我谈过，我并借几部年谱给他作参考。但写此书时，从未和我谈及，我只从侧面了解，若不是叶先生一本少年时求学的勤勉精神，及在日人压迫下从事民族运动的毅力，便不会很顺利写成的。台湾民族运动这段曲折艰辛的历程，及许多先生们在此运动中，凭中国文化精神的导引，万转千回，卒坚持以祖国为终极的坚贞大节，得叶先生此著而可精光四射，共国族以无穷。

台湾的民族运动，可分为两个阶段。由割弃台湾所开始的前踣后继，垂二十年之久的武力抗拒，这是第一阶段，这是顺承清廷统治余势所产生的民族运动。叶先生大著中所叙述的则为第二阶段。第二阶段的特征，实以祖国历史文化为其动力，运用各种合法半合法的弹性方式，使日人的应付，倍感困难。假定第一阶段的武力反抗，被日人完全扑灭后，没有第二阶段方式的出现，则台湾同胞的身体与灵魂，将完全被日本帝国主义者所征服，光复之初，岂能出现有如游子归宗的感情，及由这种感情而来的国家民族的自然团结。此书第一章第一节，叙梁任公先生于民前一年游台的情形，以作为第二阶段民族运动的导引，这表现出蔡培火等五位先生的"历史良心"与"历史智慧"。任公先生游台，在台北欢迎会上赋七律诗四首，这是继黍离麦秀之歌后的具有"历史感动力"、"民族感动力"的巨制。台湾人士蕴藏在内心的民族之爱、亡国之哀，随着任公此诗的鼓荡，而一齐生长了出来。由此可以了解，一个民族的文化，经过真切深厚的感情歌唱了出来，其影响力该是如何的巨大。这和跑到台湾来高唱东方文化没有灵性的先生们相比较，令贤不肖，竟相去有这样的远。

台湾从事文艺工作的青年朋友谈到前辈作家，而不提及叶先生，我感到有些意外。叶先生在光复前是以日文写作的，他自己谦虚，说早年读中国典籍不多。光复后，他才开始以中文写作，所以他的《半壁斋随笔》第一辑，即题为"半路出家集"。但他用中文所写的散文不仅没有夹杂着"日文臭"的不调和气味，并且在简朴中表现绵密，在平淡中表现生动，不装腔作势，不涂脂抹粉，观察入微，常能"小中见大"，这实际是一种大方而高雅的散文。和叶先生在一起的这些朋友，都是"不务正业"之士，所以易为人所忽，但他散文中所涵的精光终不会被埋没的。我写此文时，面对叶先生由"铁笔"所写出的散文，实有局促不安之感。不过聊借此以表达我在感情上对台中市的亏欠与悼念！

一九七八年十二月十一日《中国时报》

悼念戴君仁教授

我们这一代的人，有如移植到海外的一株老树上的树叶。季节进入到冬天，便自然会纷纷零落，或迟或早，也不过争一天两天的时间。所以我今天（十二月廿一日）接到戴君仁先生于十二月九日逝世的讣文时，除了增加一番感怆外，并不觉得意外。东海大学开办时，戴先生由台湾大学中文系教授，借重为东海大学中文系主任两年。以后我担任系主任，又曾向学校建议，在戴先生台大休假一年时，聘到东大担任客座教授。所以在这三年间，我们是朝夕相见的。以后我每到台北，总会去看望他，谈些往事和近事。去岁八月间经台返港，前往看望他时，他的身体已经历了两三次险境，赖现代医术进步，带着外科特别装置，维持日常生活。但见面后，他的精神还很好，兴趣也很高，问东问西，谈这谈那，希望我多坐一会儿，叮嘱我再去看他。

戴先生是外圆内方，温厚中带有刚毅之气的人。博学多通，在大学中开文字学、经学、诗选等课。他在杭州高中教书时，曾出入于熊十力、马一浮两大师之门，得闻宋明义理之学。台大中文系、历史系及中央研究院历史语言研究所，是"胡适学派"耕耘之地，他们自认为是承乾嘉汉学的衣钵，视宋明理学为大禁。但戴先生二十年来，其所述作，率皆采汉宋折衷的态度。他曾笑笑地对我说，"我写文章，不能像你样地穷追到底，只把问题点出来就算了"。因为他做人、治学，率归平实，以为"至当"不必就要"归一"。这种态度，对初学而言是启发多而流弊较少的。听说他晚年在台大开宋明儒学案，乃是出于他心之所安，未尝太顾虑他周遭的学风、环境。由此可以了解他虽未尝崖岸自高，而义理有得于心，自然高人一等，真可当"老师宿儒"四字无愧。

但我以为戴先生最高的成就是他的诗，同时很难有人可与之并驾。他诗集中有《四人咏》。所谓四人，是指诗人、美女、志士、壮夫四种人。第一首："诗人侔造化，得心之同然。体物无遁遗，如我所欲言。"又："契妙忘年义，缘情通后先。群生虽殊分，于此征一源。"可见他心目中的诗人，是圣贤的感情化，感情的圣贤化。所以假使我称他是位出色的诗人，也绝不会使他的"学人"的地位减色，后悔我不曾当面向他说出这一看法，问他是否印可。十多年前，我也偶然作一首两首诗。有一次他向我说，"你的诗，比自称为诗人们所作的诗还出色"。我当下听了，又惊喜，又惭愧。可惜理智的思索，践踏了情感的灵芽；终于成为只能为他人算命，而不能为自己吟唱道情的朽蠹之人，这是非常可悲的。

首先我注意到戴先生的诗，是由他《岁首六绝句》中的一首绝句引起的。这首绝句是"繁樱蒸出草山霞，流水争驰紫陌车。老子羞随尘后去，闭门自看杜鹃花"。他潮州街一九〇号寓所的方丈小园里，的确有几株高约一丈的杜鹃花，他的《梅园诗存》中有好几首咏到它，由此可以想见戴先生平日从容中的慨叹，慨叹而依然不失其从容的生活情调。他的思想和他的性格，有些和陶渊明相近。陶渊明是以儒家思想立根基，而以道家思想为作用的。陶渊明的性格，是"悠然见南山"的襟怀，"提剑出燕京"的筋骨。不仅《梅园诗存》中的和陶诗，极有陶诗的情味，其他篇什，朴厚温润，使读者挹之不尽，殆一如其人，一如其字，这是从性情生活中流出的诗。陶渊明的诗正是如此。他有《咏宋诗》绝句十二首，未尝咏及黄山谷，和我对宋诗的看法不同，大概戴先生不喜山谷用意太过，有失自然之旨。我尝请他将自作诗写一条幅送给我。今日见其字，读其诗，固宛然一戴先生站在眼前，不觉已由云天远隔而人天永隔了。戴先生诗存稿不多，但真正的诗，是不能多，是不必多的。兹当感怆不能自已之余，聊述戴先生之诗，以俟世之真能知诗者。

一九七九年一月十七日《中国时报》

《三友集》序

洪炎秋先生来信谓：将把他自己未结集的杂文二十四五篇、苏芗雨先生的《我的一生》，和叶少奇（荣钟）先生的杂文十五篇，合编为《三友集》。并谓"三友集"的名称是受到"松竹梅岁寒三友"的启示而定下来的。要我写篇序，因为我们的友谊深厚，不敢因自己文字的伧俗而遽加推辞。

宋初杨大年、钱希圣、刘子仪三氏，挹李义山的芳润，"更迭唱和"，以华丽的诗格，领导诗坛约四十年。大年把唱和的篇什，编为《西昆酬唱集》，流传至今。集中虽收有"属而和者又十有五人"，但始终其事的固为杨、钱、刘三氏，则虽称为三友集，殆亦无不当，此观于杨氏的自序，即可明了。然杨、钱、刘三氏之所以为集者，以其共同的诗格，而少奇、炎秋、芗雨三君子，则以其平生之志业与际遇，亟有不谋而合，不比而亲；其所以为集者，不仅以其文，而且以其人；人格上的声应气求，不尤贵于诗格上的风同气类吗？

少奇于去岁以七十九岁高龄谢世，炎秋、芗雨亦年逾八十，是三子者的年岁皆相近。就性格说，少奇郁勃，炎秋嶔奇，芗雨豪迈，而文亦多如其人；则三子者的人品文格，既各有其特性，又得互济其美。三子于成年时，各抱孤臣孽子之心，赴日本留学。

学成后，少奇履虎尾于故乡，炎秋、芎雨，则返回祖国怀抱，各在大学教坛上负重望。抗战军兴，少奇持铁笔"以抒硬论"，撑持台湾民族正气于不坠。炎秋奉命留北平，履险如夷，延续文教命脉于故都沦陷之后。芎雨则随学府支离漂泊于西南天地间，与青年学子共甘苦，以厚殖抗战之力，砥砺抗战之气，则三子者与国家共犯难而不恤身家之艰苦，又无不相同。台湾光复后，少奇扼于市侩，生活清苦，然其气益厉，其志益坚，发为文章，光芒万丈，视彼腰缠千万之市侩，真可谓"蔑如也"。炎秋折翼于台中师范学校校长后，转任台湾大学中文系教授，兼《国语日报》社长；钦奇之文，日出而不穷，声教且被于台湾之穷乡僻壤。芎雨担任台湾大学心理学系主任兼图书馆长，凡二十余年之久；成才成德的弟子，蔚为一时之盛。则炎秋、芎雨返台后的处境固较少奇为优，但随光复而来的膏胰，皆一无沾染，一无忮求，则三子之所以自处者又未常或异。我们可由《三友集》而得略窥台湾人文之盛，台湾人士志节之高，胸怀之洁且大；其启发沾溉于来叶，会永久而不敝的。

我很侥幸与三君子皆得为莫逆交，这要算是平生的一种际遇。苏东坡赞文与可所画梅竹石谓"梅寒而香，竹瘦而寿，石丑而文，是为三益之友"（《鹤林玉露》卷一）。我想以第一句比拟少奇，第二句比拟炎秋，第三句比拟芎雨，或者稍可增益岁寒三友的意义。芎雨和我一样，矮胖而不能算丑，在比拟上未免吃了一点亏，好在我们一生都是吃得起亏的人。

　　　　　　　一九七九年二月二十五日徐复观谨序于九龙寓所

　　　　　　　　　　一九七九年六月《三友集》（台中：中央书局）

《三友集》序

感　旧

在逼仄的小生活圈里，也常发生若干值得惊异的小事。有的只是愕然一下地就过去了，有的却难免引起一番怅惘之情。今天（七月二十三日）发生的，则由怅惘而引起许多对过去的怀念了。

今天邮局送来一个改装过的大信封，寄出的地址写着"南京市"，这已引起我的惊异了。拆开一看，没有信，只有在一张宣纸小横幅上写着两首七律。因毛泽东作了诗词，所以大陆上至今还有不少人写旧体诗，包括三十年代的作家在内。假定还有剩下的老友，知道我在香港，寄来两首诗以道无相忘之意，倒也是人情之常。但我看了四句便断定这不是住在大陆的朋友写的，因为在诗中把自己对时代真正的感触，像这样沉痛地表达出来，大陆上的诗人，还会有顾虑。我把两首诗读完，再看后面所题的歌，原来是老友傅光海兄于民国三十七年九月，把他的近作两首写出赠送给我的。光海一家现住在台中市，我立刻怀疑是把信封上寄出的地址看错了，重看一次，一点也没有看错。光海在三十一年前写给我的诗轴，三十一年后，却由住在南京市的一位不太熟悉的朋友，默无一言地寄给我，由此一惊异所引起的对老友的怀念，简直无法抑制下去。我们十年以上，连信也没通过。

光海和我，是湖北省立第一师范的同期同学。我们当时的年龄都很小，光海大概比我还小一点。当时师范其他功课的水准不高，但国文的水准，却比今日大学中文系的水准还要高。光海的才华，已得到师友的共同称赞。有的同学非常用功，几乎每年都有因用功过度而中途夭折的，校长刘凤章先生总会声泪俱下地为夭折的同学开追悼会，每次追悼会上都有光海自撰自书的出色挽联，有时还不止一幅。

台湾的诗人相当多，但很少人知道光海的诗，实可列入现代诗的上品。他一生除对女性颇有热情外，对名利非常恬淡，不喜标榜，不务声华，所以了解他的朋友很少。诗之所以为诗，是作者能把自己压抑不下的感情，通过韵律而把它唱叹了出来。一个灵性未泯的人，自己的感情，自然与自己所遭遇的时代绾结在一起。于是诗人所唱叹的是自己，同时也必然是时代。除非作品写的是中国字，便不知作者究系生于何国，除用上几个摩登词句，便不知作者究系处于何代，要我恭维这是诗人的诗，真是太难了。光海写给我的两首诗，都是民国三十七年九月作的。妻现在还有时提到，那时候我常在半夜叫醒她说，"共产党会随时过江的"，这是我当时忧重如山、愁深似海的自然流露。光海的两首诗正反映出了这种局势。兹录如下：

不寐
无端绕室思回环，缺月窥窗静掩关。
去日难留今夜永，万方多难一身闲。
抚膺深愧无奇策，照影微惊失旧颜。
王屋太行当世路，空将心力付移山。

与佛观兄鸡鸣寺茗饮，遂登台城眺远

京华冠盖动成群，落落相逢我与君。

古寺偶然同对茗，荒城犹得共看云。

六朝兴废都陈迹，千里河山满夕曛。

不用苍茫思往事。回头东海又扬尘。

  大概在两个月前吧，有位小同乡突来一信，信中谈些政治问题，我回信教训他一顿，并向他说："如再来信，只可谈故乡风物，不可谈政治问题。"这位小同乡年纪大约比我小二十岁，所以我可"倚老卖老"。他再来信除表示歉意外，抄了闻惕生先生的一首诗及我自己年轻忘记了的几首诗，我很感谢他这番念旧的情谊。

  我们浠水县下巴河的闻、陈两家，历数世都是人文鼎盛。陈家子弟我无缘相识，闻家子弟倒认识几位。他们共同的特色是风神秀朗，能诗能文能书，俨然是小型的金陵王谢。民国十二年冬，湖北开办省立国学馆，因不拘学历，投考的有三千多人。第一场我第一，第二场闻百之（聪）第一，第三场闻惕生（惕）第一。两位闻先生后来并没有进国学馆，但我们却得到做朋友的机会。重庆时代，百之在公债筹募委员会当主任秘书，非常喜欢打牌，我深以他糟蹋自己的才华为恨。有一次我在梦中听人说，"闻百之不能打过九十九圈"。我很快把此梦告诉他，劝他从此罢手，他开玩笑地说："打九十九圈而死，死亦可矣。"真的不到一个月，因警察到他打牌的朋友家中调查，他从二楼窗口跳下跌死了。我只记得他一首律诗的尾联是"已共有生俱泯灭，不须惆怅怨如今"，充满了精神没有着落的虚无感。

  惕生后来进了清华大学由王国维、梁任公诸先生创办的国学研究所。毕业后我们只见过几面，他似乎也没有好好地做学问，现在他当然已不在人间了。抄来一首诗是民国十七年作的《过朱佩璜宅》。诗前小序略谓"朱本良家女，能为小诗，风姿艳丽，而举止端方；卜居汉上，善款客，所接多当世文人雅士"。诗是：

> 强携病骨对琼枝，深巷沉沉露点迟。
> 旅思渐销寒月夜，离愁端在笑谈时。
> 帏低烟重人何世，鸟息蛩呻竟可知。
> 忍记伶传十年事，楚江秋老不胜悲。

我大概也随朋友到过朱女士的寓所，当时既穷且土，简直忸怩不敢平视。但依稀记得她的仪态，比今日所谓"古典型"的还要古典。惕生用"艳丽"两字作形容，还嫌肤浅。在时代的狂风巨浪中，多少盘根错节的遒株老干，都随风浪奔腾以去，谁能追问到一朵落花、一枝垂柳的漂流何方呢？

我过去也偶然作一两首诗，但因太粗率，既不留稿，也不复记忆。抄来几首诗中，有的也或许可以留点时代的痕迹。

随黄季宽先生由南京北上，中途折赴石家庄二首（民国二十六年八月）

> 登车慷慨上幽燕，不信金瓯自此残。
> 宫阙九重留帝宅，长城千里剩雄关。
> 覆巢尚有求完卵，击楫宁无共济船。
> 未许新亭空洒涕，如公一柱已擎天。

太行落日乱千峰，也似秦关百二重。

胡马正寻千里牧，将军真欲一九封。^①

徒闻上将矜奇策，又见青磷怨大风。

莫道此行行不易，河山入眼总匆匆。

由巴东坐船至重庆（民国二十七年暮春）

乌栖无复旧楼台，庾信江南事事哀。

万树杂花和泪落，^②满帆春水载腥回。^③

天留一角藏丝管，人共三生见劫灰。

欲写芜城千百赋，望中烟雨又凄迷。

  到重庆住在孔雯掀（庚）先生家中，他和了一首。过几天在饭桌上他念我的诗，念得有腔有调。要我念他的和诗，我一句也不记得；他当时笑笑地说："我记得你的诗，你就不记得我的诗。"我秉性糊涂，因此而辜负了不少的师友，此亦其一例。孔先生一生致力革命，人品学问皆系一流，武汉沦陷时，他因老病未能逃出，被林彪逼得饿死。难说像这样的伟人，便可以听其淹没吗？我心里常感到内疚，因为手上没有保留他的有关材料。

一九七九年十月八日《中国时报》

---

① 山西所筑国防工事，直同儿戏。

② 山野间难民充斥。

③ 船上装满奸商私货。

悼念孙立人将军

一

《八十年代亚洲人》一卷二期，载有"孙立人将军于旧历年前去世"的消息。[①] 感念畴昔相与之殷，及吾侪所遇世变之剧，苍茫冥漠，感慨系之。

大概是民国三十八年秋，他的令侄孙克刚先生来港，到民主评论社看我未值，留下孙将军约我到凤山演讲的一封信，当时他是陆军训练司令，驻节凤山。是年冬，回台中市度岁，依约前往，到了高雄市，听朋友向我谈及他的一两件事，我不以为然，便立即折返台中。一九五〇年二月前后，孙将军又派人来台中市力邀。同时，有朋友告诉我，许多军人对美顾问常是折节相待，只有孙完全按照军中仪节，不稍假借。某顾问曾有一次不依我国规矩先在门外喊"报告"，直接进入他的办公室时，他严词令其退出，先喊"报告"，听到"进来"两字后才进来。自此以后，美国顾问和我国军官都处于纪律下的平等地位。在外国人面前维护国家的体统、尊严，当时不是一件简单的事，我便接受了邀请。

---

① 编者注：孙立人先生的死讯是误报。

讲演的对象有军官班、军士班，还有由高山族召集来的军士班，在这一班讲演时，需要日语翻译，三次讲完后，孙将军笑笑地说："徐先生在这里讲话的态度，和你写文章的态度不同。"我说："写文章是希望政治社会进步。在这里讲话，是要求大家由对最高统帅的信仰，以增加团结，提高士气，尤其是在这种紧张时候。"这是我们认识之始。

铁路局给他一节专车，他沿铁路督促、考察军队训练时，便生活在这一节车上。他对训练非常认真，所以生活在这节车上的时间相当多，一到台中，便抽空来看我。我八口之家，住向上路十八叠半席子的日式房屋，在进门的地方摆宽约一尺的竹条桌，两头各放一张竹椅，这便是客厅，他来便坐在这里。一九五一年端午节前两天，他派随从参谋陈君送一小包东西给我，我问："是甚么？"陈君说："不知道。"我用手拿，沉甸甸的，便问："是书吗？"陈君说："大概是书。"因绳子捆得很紧，我便用手掏小包的包纸，陈君阻止不及，掏了一个洞，原来是一包新台币。陈君才说："这是总司令（此时已升陆军总司令）送给徐先生过节的。"我当即严肃地说："很感谢他，但每一想到军中生活困苦的情形，心里就难过，所以不能接受。"便写封信勉强要陈君带回去。

二

孙将军家住台北，房子相当宏大。但我到台北时，一定去看汤恩伯将军，很少去看他。因为有一次汤将军告诉我，他和周至柔总长及孙将军三人，曾在南京结拜弟兄，"现在他两人都干得不错"。言下很有人世炎凉的感慨，我觉得应给他以友谊上的安慰。

孙和我来往较多，是在他由陆军总司令调总统府参军长之后。从南京末期到迁台初期，比较特出的将领，有约请学术界人士谈政治问题的风气，孙也不例外。但他相信，民主政治，这是军人最不应当谈的，所以我有时感到他的性情近于愚拙，总是把话头转问他过去作战的情形上去。在不断的交往中，他过去作战的情形，和我谈得不少，可惜十之八九，早已忘掉了。

抗战发生，他以税警团团长回到上海参战，这是一共四个团的装备精良的部队。战斗开始不久，他发现左右翼的友军，连招呼也不打，便垮下去了。他独力顶住两天两夜，全团伤亡殆尽。他身受重伤，被送进上海德国医院治疗。伤愈后，他到汉口，被调胡宗南将军麾下当高级参谋，他没有去。宋子文拨款购买武器，继税警团之后，成立一师新军，在贵阳训练。后来编入远征军，开赴缅甸，他独力解英军之围，这是打通滇缅路，巩固大后方的关键战役；国军因此而受到国际友人的重视，孙将军因屡战屡胜，威名也一天高一天。在抗战结束前，他已升新一军军长，这是军容最盛的部队，本拟开到日本，参加盟军对日本的占领，旋因东北紧急，就转调东北。时林彪率佳木斯所练的精锐之师，攻占长春后，乘势南下，他与林军在四平街遭遇，把林军打得溃不成军，乘胜恢复长春，威名更盛，遂把他调回南京，脱离部队，后因魏德迈将军的建议，派他到台湾练兵。（以上如有小错误，应由我的记忆力负责。）孙对军事界颇为傲睨，他认为许多人平日不肯用力练兵，战场上便不能好好打仗，徒以虚言诳语取宠。他与士卒同甘苦，得到部下爱戴，中下级军官因他出事而被淘汰的近千人。听说出事后，曾搜查他的存款，证明他是最干净的将领。

三

他在台练兵之始，大陆形势剧变，蒋公引退溪口。占领日本的盟军统帅麦克阿瑟将军，有一次派他的少将副官乘专机来台，约他同机赴东京商防台大计，他谓须请示蒋公。及得蒋公允许后，麦第二次派机迎接，示意愿给他大力援助，由他负巩固台湾之责。他向麦表示，要抗拒共党，必需蒋公领导，望麦大力支持蒋公。由此开了麦访问台湾，重建中美关系的端绪。蒋公由溪口到高雄，预定在寿山小住，孙往迎接，蒋公下军舰时的第一句话是："我在这里住，没有人讲什么吧？"孙对我说："当时我听了这句话，眼泪就要流下来。立即答复，这是中国领土，我在这里负军事责任，谁敢讲什么？"上述的情形，他不止和我讲一次。

他当参军长后，一到台中，便到我家中坐两三小时，喜欢发牢骚，我极力想话头来安慰。有一次我说："在总统心目中，我不过是一个有点爱别嘴的孩子，算不了什么。但你是一个有能力的孩子，总统还会用你的。"他听了，真的笑得像孩子样。为了使他不发牢骚，不知劝过多少。在他出事的前两三个月，我曾严重地向他说："无谋人之心，而有谋人之迹者，必死。"他听后把这句话念了两三遍。他出事的前四天的晚上，来我家一次；出事的头一天晚上，又来我家一次，坐下来没有话说。我问："为什么又来了呢？""陪总统校阅。""那很好。"他说："例行故事，有什么好不好？"我每想到他的愚拙，不能因应环境，心里常感到难过。听说他出了事，我丝毫不感到应避什么嫌疑，还特赴台北去看他，并找吴礼卿先生，要他劝告当局为国家爱惜人才。我平日常以历史上的道理劝勉他。听说他被幽居后读《资治通鉴》，才叹息说：
"读得太迟了。"

我现正为学生讲《庄子·齐物论》，里面有几句是"其分也，成也；其成也，毁也。凡物无成与毁，复通为一"。谨以旷代巨哲的智慧，慰他在天之灵。

一九八〇年四月一日《华侨日报》

平凡中的伟大

——永忆洪炎秋先生

一

洪炎秋先生于三月十四日病逝于台北台大附属医院，避台后结交到的几位知己，又弱一个了。

去年（一九七九年）接到他二月十三日来信说："少奇（叶荣钟）去世后，曾请其内弟施维尧君搜集遗稿，拟与芎雨（苏芎雨，台大前心理系主任兼图书馆长）的《我的一生》，及弟未结集的杂文二十四五篇，合出一本《三友集》以作纪念。"又说："由弟作序，不如烦兄一序，更能吸引读者，兄肯俯允否？""三友"的文章，都比我写得出色，这样的序，实承担不起。但我和三友，经常玩在一起，百无禁忌，无所不谈，从这一角度说，我又是最有资格写序的人，便壮起胆来，写了篇序寄去。旋接炎秋三月三日来信说："昨接大作《三友集》序，言言切实，句句得体，非相处如兄者不能作也。"不久《三友集》印出，寄赠了我一册。

一九六九年秋，我来香港后，一连三年的暑假，都回台北一次。每次都由炎秋陪我赴台中，看望台中的几位好友。而中文报协在香港开会时，又是炎秋与我聚首欢谈的机会。一九七七年八月底，我由美返港，途经台湾，住在新竹大儿子武军处；和炎秋通电话，他一定要我到他家里吃饺子，并约了芎雨。炎秋在中风后复原，已算是奇迹，但又撞了一次车，此时形容枯槁，动作呆滞。芎雨又早不良于行，彼此见面，和过去加上洪耀勋先生的"三老年游"，有时硬把我拉上又变成"四侠客行"的情形相较，简直凄凉得使我难于忍受。尚喜他和芎雨的头脑并未衰退。他在七八年三月的来信中说"弟目不能视，手不能写，虽未报销，亦已报废"；但实际地还继续工作，且希望中文报协如在香港开会，他还要参加和我见面。不过我心里早知道，在他府上饭后之别，大概便是永诀了。

二

炎秋于民前十年十月六日，生于彰化县鹿港镇。他的尊翁弃生先生，与连雅堂先生为莫逆交，连先生常推弃生先生是"当代台湾第一大文学家"；更是深于国族之爱，身被屈而志未尝稍降的志士。炎秋幼有神童之目。弃生先生督课甚严，十一二岁，读完四书五经，并背诵得许多诗文。他的求知欲非常强，日以继夜地读可以读到的新书，十五岁时思想起了大变化，"决心把线装书扔进茅坑三十年"。追随当时新人物喊打倒孔家店。他偷了父亲的六百银元到日本留学。民国十一年夏，随父亲游历祖国，他留在北京，于十二年七月，在数千名考生中被录取在北京大学两百名新生之内，此后一直到光复台湾时，他都在北平做事、教书（北平沦陷时，他与裴文中们奉命留平保护大学财产），和自己的祖国紧密连在一起。

　　他未到日本以前，已受到日语的严格训练，到日本后，又增加英文的阅读能力。在台湾时已非常喜爱注音符号，所以初踏上祖国，便能讲标准国语。因为他的语文条件，可以满足他的求知欲，所以他学识的广博，在我们这一辈中，很少有人能与他相比。他在台大中文系教书时出版的《文学概论》，是在中国这类著作中最好的一部。他写了一百多万字的杂文，触机而发，无不以他的广博学识为背景。他广博的学识，都落实在现实中来思考，所以他投身于五四运动之中，终能超拔于五四运动之上。他谈到孔子时，认为"陈（陈独秀）、吴（吴虞）诸人并没有分清真假，所高呼打倒的其实是汪麻子开设的剪刀店，并不是王麻子的老铺。他们所看到的是汉武帝以来，大家假借孔子的名义而开设的孔子政治店，并没有看到孔子所手创的那家孔子学店……这是任谁都打不倒的"。他中年以后，对儒家的服膺，证明他在人生、学问上的大进步。

　　他不仅对中国传统诗文，"大都能够欣赏"；对西洋文学，也着实下过一番功夫。他在《也来论诗》的一篇文章中的结尾时说："我相信我们的儿子、孙子，甚或曾孙、玄孙，总会有读到音韵铿锵、格律完美的白话新体杰作的一天。"一针见血，意味深长。

　　炎秋的散文受了周作人的影响。他对周作人的功过是非，都剖判得铢两相称。他说周氏的小品是"用平淡的语言，包藏着深刻的意味；有时很像笨拙，其实却是滑稽"。我不喜欢周的小品文，却喜欢炎秋的散文，化严肃的意味于平淡乃至幽默之中，在平淡中有波澜，在幽默中有眼泪，这是周氏所不能有的。他在自传中开玩笑地说，"遵守徐复观教授'自由人不跟官吏打交道'的圣训，不愿出入公门"。由"圣训"两字，反映出了他对出入公门的深刻感受。

三

他认为贫富都可以分清浊两类。他甘心自己的"清贫"，但决不反对他人追求"清富"。他唾弃社会的"浊富"，但也决不同情许多人的"浊贫"。这是他在现实生活上的中庸情态。

他的一生可用他自己说的"努力做事，认真读书"八个字加以概括。萨孟武先生曾给他一信中说"吾兄以本省之人，提倡国语，公而无私，谋中华民国之统一……真正是一种社会事业"，这简单说明了他当《国语日报》近三十年社长的贡献。他自述其性格是："表面一看，是个拘谨迂腐的乡愿。相处久了，就知道我乃是个脱略形骸，玩世不恭的放浪不羁的家伙。"实际，他有锐敏的洞察力，又有不挠不屈的狂狷各半的心灵。所以他的散文，在寻常的题目、寻常的文字中，一定流露出深刻的批评意味。北大台大，都是中国第一流的学府，他都躬逢其盛。他把两大学加以比较后，认为设备及教授阵容，当年的北大都不及今日的台大。但台大对社会的影响力及成就的人才，何以不及当年的北大呢？他的解释是"北大的好处，在于他的包罗万象的气概，和独立自主的精神"。而台大则"既不能要笔杆，也不能发议论；既没有钱，又没有势，以致招来伧夫俗子的轻视，被迫得不能不自暴自弃……北大的学生……藐视群小，怀着澄清天下的大志。大家又有读书的自由，不受外界所干扰……（买书时）绝对不必受到睁眼瞎子的检查人员的腌臜气"。"现在的台湾大学，虽然万事具备，却欠了这样的一阵东风。"他的平淡而带幽默性的文章风格，大体上是吐透这类的内容。我说他是"平凡中的伟大"，不应算是"阿其所好"吧。

一九八○年四月十日《华侨日报》

悼念司马长风先生

一

当我知道司马长风先生在纽约机场昏倒的消息时，心里便感到歉疚。及本月（六月）二十六日接到胡菊人先生说他已于二十五日逝世的电话，更引起一番复杂的联想。长风先生的一生，也未尝不反映出这一代知识分子由独立奋斗而来的悲剧。

大概是在一九四九年或一九五〇年，我和他曾在港匆匆一面。他当时的姓名是"胡越"，一九六九年来港后，他的姓名是"胡欣平"。他用许多笔名在许多报刊上发表文章，以"司马长风"的笔名用得最多，也最为社会所称道。

我的歉疚，是来自我们本应成为亲密的朋友，却因两个小原因，彼此之间，一直感到不愉快。这种不愉快，虽没有见之于言语，更不曾形之于文字，可是彼此都是心照不宣的。

第一个小原因，是我们都反对文化大革命，但他在文革发展到高潮时，认为中共的实权都落在周恩来手上，毛泽东不过是周的傀儡。他在这种观点上发表了许多文章，提出了许多论证。有一次，他为了筹办刊物，要我写文章，约在太子道咖啡屋吃咖啡聊天。我当时向他说，中共的力量，是在抗战中发展起来的。抗战期间，周恩来主要担任对外联系及统战，没有参与党政军民的实际工作，所以他自己并无实力，只得跟毛走，才有他的地位。但以他的通达，许多倒行逆施的事情，未必是他赞成的。在目前，大家不必伤害到周。他当时听了并没有表示甚么。但过了一个多月，在参加一位年轻朋友婚礼的场面相遇时，他遽辞厉色地向我说，他是由研究许多文件所得的结论，而责备我只不过是主观地观察。在我心目中，对中共问题，没有任何人可称为权威，所以大家可以说出自己的观点，但不必过于认真，我不喜欢他这种过于认真的态度。一九七七年，他以"高节"的笔名在台湾《中国时报》发表专文，认为叶剑英和华国锋抵抗邓小平，我和叶剑英有一面之缘，不以为会这样不识大体，所以也不以他的观点为然。但到了去年，他的观点证明是完全正确的。我因他的太认真而感到不愉快，这证明我也是同样的太认真；而他的识见，有时是高出于我之上，这不能不引起我的歉疚。

二

长风先生天资很高，能说能写；并且这些年来，他的文章，经常开辟新领域，尤其是在新文学方面写了不少的东西，这是值得佩服的。但他下笔太快，自信太强，便难免犯些可以避免的错误。我曾冒昧地劝他，写文章和看书的时间应保持均衡。我的话在他听来，可能误会是一种讽刺。这也不能不引起我的歉疚。但滔滔天下，能有几人像他这样地努力；而且在十多年中，他实在也写了不少东西。听说，他本有更大的写作计划，真是死得太突然了。

在我的记忆中，他似乎曾主编过友联社的《祖国周刊》，并曾几次写信向我要文章；有一次，以热情洋溢的口气，希望我能担当起梁任公的角色。在通信中，用的都是"胡越"的名字。有的朋友，不了解我"任天而动"、"素无大志"的基本性格，常常把我估错了，以为我会有甚么作为，结果没有不使朋友特别失望的。我想，长风先生也正是其中之一。

三

　　谈到长风先生，不能不想到友联社，虽然他早已脱离了。我在友联社中有几位朋友，可是对它的情形一点也不了解。但从五○年代的大势看，香港当时的第三势力运动，可以说是在历史中应当出现的运动。我之所以不参加，是出于了解自己没有这种能力。友联社的兴起，可能是若干年轻的朋友们，以较年长一辈的知识分子更为落实的方法，结合在一起，以实现第三势力的理想。这在民主有了基础，乃至有了若干常识的地区，是很正常的现象。但在中国，知识分子不能和买办阶级结合在一起，也难与中小市民阶级结合在一起，所以由知识分子所倡导的政治运动，在社会上生不了根；尤其香港乃殖民地的社会，想在国共两党之外，为国家探索新路的人，必然受到两方面的仇视、打击。在这种情形之下，有志之士，自然想得到外力的支持；国共两党在未取得政权以前，乃至在取得政权以后，都作这一方面的努力。但当国共以外的知识分子，作同样的尝试时，各种谣言、秽语，便有计划地使用出来了，甚至说这是"叛国"。而外国支持的先决条件，是他们当时的国策。国策一改，即弃之如遗。所以香港当年的第三势力运动，必然地是悲剧的收场，友联社也不能例外。但若把曾加入到友联社的人士们计算在一起，则人才之盛，远超过其他团体。假定像这种性质的团体，出现于保有最低民主的本乡本土，他们在政治上会有成就，司马长风先生在政治上也会有成就的。由政治的闷棍转而能以卖文求生，这是最好的下场，也是最难得的下场。何况更进一步去敲学术之门呢？是否可由此一角度去了解司马长风先生以及其他类似的朋友？

我从胡菊人先生的文章中，才知道他是国大代表，却因政治信仰，弃之不顾。仅从这一点说，他所用的"高节"的笔名，真可当之无愧。可惜我以前一点也不知道。我们同住在美孚新村，每次相遇时看到他矫健轩昂的气象，总使我暗中羡慕，谁能想到他早有不少的疾病，特凭意志力加以压伏呢？小市民在香港害病，只有像长风先生这样地认命了。

一九八〇年七月一日《华侨日报》

张佛千先生文集序

张佛千先生把他这些年来发表的诗词联文，编为六种。我们相交且四十年，爰就我所了解于他的，写一点出来，以为之序。

二十年前，我和朋友往游雾社及庐山温泉，途经一条宽约三十余丈的溪水；溪水的另一头，悬岩壁立，陡绝险峻；有几株松树及其他长青树，从岩隙中盘折而出，瘦硬劲秀，与铺着古铜色苍苔的岩石，互相映发，恍如南宋马远、夏珪们所画的一幅山水画，因停车徘徊良久才离开。此事直到现在还记得，倒不一定是因为它的特出风景，而系当时由这一特出风景所引出的另一感想。松树们的种子，偶然被风吹堕到岩石的缝隙中，因被岩石所逼，不容许它们直挺挺地伸长出来。但种子中的生命力，并未曾因此罢休；不能直挺着伸长，便曲折地伸长；不能成为撑天蔽日的形态，却成为钩铜曲铁的形态。伸长的途径不同，成就的形态亦异，要其终能突破岩石的压力而能有所成，以无负于一粒种子所含蕴的价值则一。我常因此而赞叹宇宙间生命力的伟大。佛千在十一月九日给我的长信中，一开始便说："少日负澄清之志，雕虫小技，又何足道？"以佛千的才智，是很可以屹立庙堂，建功立业，而且并不是没有这种机会的。坏就坏在他真正抱有澄清之志，便使这粒种子，不知如何飘入到岩石缝隙之中；而他所自谦的雕虫小技，在我眼中，又展开了二十年前溪头的一幅风景，这到底是佛千的幸或不幸，我与佛千都是无从断定的。但他是一位岩石压抑不死的"有种"之人，我却可以隔面断定。

以伟大文学家的心灵，写出一部震古铄今的历史，只能推司马迁的《史记》。他表现出伟大文学家心灵之一，也是使他的《史记》成为不朽著作的原因之一，在于他对历史的问题，能"具见其表里"（《封禅书》赞里的一句话）。封禅是皇帝亲自到泰山去祭天地的大典。在实行这一大典之前、之际、之后，该是多么煊赫庄严，使参与者诚惶诚恐，连呼吸也要压得低低的。但我们今日读他所写的《封禅书》，只看到汉武帝的愚呆幼稚，几乎使人发笑、恶心；这正是司马迁要透过煊赫庄严的"表"，以把握愚呆幼稚的"里"的典型之作。必如此，而后能把握到历史的真实。历史的真实，即是人类所遭遇的问题的真实。一部《史记》，便是在"具见其表里"中写出来的。每一个人，由心理到私生活，由私生活到社会生活，都有表层，及藏在表层下面的里层。表里一致的是真。里层与表层发生距离时，里层是真，表层就渗了假。一般的现象，政治社会的地位愈高，表里的距离就越大，以致社会不能看到里层的真，而只能看到表层的假。在上的人，以假相加；在下的人，以假相应；整个局势，成为假戏，而装扮作真唱的场面。但在假戏后面，却有一股见不得人的暗流，也即是里层的真，在决定历史的命运。此时，只有智慧很高、心灵特敏的人，才能"具见其表里"，以照出历史的真相与问题。这是大文学家、大史学家所必须具备的基本条件，也是真正抱有澄清之志的人所必须具备的基本条件。

凡是与佛千有交往的人，无不被他的"谈笑"所倾倒。我们在南京相遇时，也被他的谈笑所倾倒。他在谈笑中，从来不义形于色地批评任何人，而只是谈若干小故事，尤其是谈大阔人的小故事，他又有能力、有机会，与若干大阔人相处。他谈的小故事，并不是存心由表到里，特意发掘，而只是信手拈来，随意点出，不加油加醋，便把神权中的愚拙、庄严中的猥琐、威武中的卑怯，活龙活现地点了出来，以供一时的笑乐。及到了某人物作总结时，稍一回忆，仿佛早在佛千的谈笑中指点过了，于是他的谈笑又似乎是一种预言。这种在日常生活中能具见其表里的智慧，这种能把严肃而带有悲剧性的问题化为轻松谈笑之资的智慧，我感到有与史公相通之处，也有与东方朔相通之处。可惜到台湾后，便很少听到他这类的谈笑了。但由此可以理解他这些年来所刊出的小品文，多半是他所追求的"意在而辞不达"的珠玑之外。

佛千近年来于诗词，于楹联，特为用心，自成一格，能令读者既惊且喜。他对文学，亦有其独特的见解。就诗词言，他认为有各体的诗词，但必须具备规律。所谓规律，"一必有结构，二必有韵脚，二者皆吟咏时音节之所寄"。"若谓规律是一种束缚，但可任由作者自创。若无自创规律之能，则不足与言文学。"他尝"集现代散文为词"，亦能自成其规律。所作嵌名联，尤非博学巧思者便不能措手。岩隙中的一粒种子，竟能开出繁花，结成美果，我不能不再一次地赞叹宇宙间生命力的伟大。若要我说出稍有不足之处，可能是为人的用意太多，自为的用意稍嫌不足。我希望佛千鼓其余勇，今后集中精力于为满足自己而写作，发挥南京相见时自由谈笑的光辉，则这粒种子中所蕴有的生命力，会得到更大的伸长。

一九八〇年十二月四日徐复观写于九龙病中

一九八〇年十二月九日《华侨日报》

忆念刘凤章先生

一

我是一个任天而动的人，许多亲身经历过的人与事，当时并不能领会他（它）存在的意义，直到境过情迁，才在追忆中涌起万千惆怅。近五十多年来常常想到我住湖北省立第一师范学校时的校长刘凤章先生，总感到真正以宋明儒讲学精神办学校的，民国以来仅有他一人。这在教育史上、在儒林传中，都应占非常重要的地位。但他生时，被一时浮薄的风气所掩，死后又因"树人不善为名"而声名渐渐湮灭，使我心里有说不出的歉疚。

宋明儒讲学的精神，或者可以三端来加以概括：第一，他们讲学的动机是来自继往开来的真实责任感。第二，他们所追求的是要能证验之于身心、证验之于社会的"真知灼见"。第三，他们要培养出的是在人格上能担负得起人类命运的考验。刘先生所处时代不同，但用心未尝不是一致的。

刘先生以民国四年担任省立第一师范学校校长一直到民国十年。这中间因坚决反对袁世凯称帝而一度辞职，因不愿卷入新旧之争而又一度辞职；两次辞职不久，皆被学生热烈欢迎返校；但终因厌恶新旧之争，实际是厌恶饭碗之争，而于民国十年一去不复返。我是民国七年秋季考入一师，于民国十二年上季毕业的。他当我的校长只有三年，也只有这三年读点书；以后两年，便在我完全不能了解的学潮中断送了。

刘先生笃信王阳明致良知、知行合一之教，生活清严，言笑不苟；但对人周到恳笃，来往总是步行，极少坐人力车；冬天只穿棉袍，我曾看到背上脱了缝，绝不穿皮袄。大家称他为刘阳明。排挤他的人，说他是"作伪"。他在上修身课时曾向我们说：读书人要能站得起来，不走上升官发财的老路，首先必从生活俭约上立根基。生活一任意，便易流于放侈；生活放侈，行为不能不随之邪僻。我们只要相信是对的便去做，不怕人骂为作伪；守之终生不改，不就是真的吗？

我们一进学校，便由学校发给两套灰布制服，经常要穿得整整齐齐。衣服都是自己洗。他校的学生，称我们为"杠子队"。因武汉当时驻扎的都是北洋军队，军队中有专搬运东西的"长夫"，出街时常成队地背着一条粗长的竹竿，我们的制服，和他们非常相像，较之正式士兵穿的要差一等。因此，当时的女学生有两句流行的话："文华文而雅，一师穷而鄙。"文华书院是教会办给有钱人子弟住的，穿的是青白两色的哔叽呢制服，和我们比起来自然文而雅了。但我们当时并不觉得自己是穷是鄙。

二

在食堂里，六人一桌，四菜一汤，要坐得整整齐齐地吃。早上老是吃稀饭，所以有人开玩笑，把"师范生"称为"稀饭生"。学生只有星期三的晚饭后，才可出街，九时以前一定要返校。只有星期天下午一时才放假，八时以前一定要返校。上自习，下自习，都有一定时间，不仅由校监常来巡视，校长也常来巡视。以后因为有的学生太用功，自习下得太迟，早上起得太早，以致健康发生问题，所以巡视的目的，不仅在警告不用功的学生，同时也劝告太用功的学生。一连两年，死了两三位考第一的同学，在开追悼会上，刘先生都是声泪俱下。

我们那一次共收了三班，三班中特以一班为英文班，给有志、有力升学的以升学的便利。其余的特别重视国文、历史、地理、修身等课；修身由刘先生自己担任，编有讲义；他上课时常是把书上的道理和时下的情形，两相对照，痛下针砭。他卑躬折节地去请好老师。我们班上是安陆一位对古文甚有研究的陈先生（忘其名）讲授国文，讲到重要的地方，把书一掩，手在案上轻轻一拍，以赞叹的口气，拉长了腔调说："你们看啊！看古人的文章怎样的写法啊！"由一位对周秦诸子很有研究，但一说话脸便红的李希如先生改作文，他常出富有启发性的大题目。我们班上的周德本同学，大家称他为"周大头"，一篇文章总是两三千字，老是第一，但我们当时并看不懂。可惜他毕业后早死了。沔阳的一位傅先生讲历史，大家称他为傅聋子，他非常佩服章太炎，讲堂上常向我们提起。这都是一时之选。后来也聘请了黄季刚及刘伯平两位先生教文字、声韵的课，他两位似乎不太瞧得起讲文字学的鲁润九先生，但鲁先生实在讲得有声有色，能引起学生兴趣，我们私下称他为鲁瞎子。也重视习字，有一定的要求。总的说起来，我们的功课都很扎实。

星期天上午由十时起，在大礼堂由刘先生自己讲程伊川《易传》，还常请在英文班教课的李立夫先生讲演。李先生是一位异人，到过很多地方，家庭一切事情都夫妻两人自己做。他把在各地收集的小物品，例如他在桐柏县一株古柏上拿到的几片树皮，和他自己做的布鞋给我们看。以后又请些新人物来讲演，有如李汉俊向我们讲要建设必先破坏等。这都是自由听讲。

但是刘先生还非常重视"体操"。除一般的体操外，一定要练"兵操"；学校有百几十枝旧步枪，还有用木做的步枪。所以"驼枪"、"枪放下"、"瞄准"，是每个星期都有的。他又提倡拳术，由一位早期毕业的湖南赵先生教；每天教拳的时间，总是天蒙蒙亮开始，到早晨时收功。练拳的同学固然起得很早，不练拳的也一大早起来跑步或用功。

刘先生深感于"儒者必先治生"，及提倡工业应由个人做起的主张，所以鼓励同学们由课室的手工业，扩充到带有市场性的手工业；有部分同学做得很热心，成立了什么社、什么会，小规模做牙粉、粉笔、油墨等类的东西，由学校率先采用，再推之社会。他希望以师范学校兼具备职业学校的功能。

三

当时学校图书馆的线装书有二十多万册，到图书馆借书看书的风气很盛。我们班上的国文程度，现时没有哪一个大学的中文系能赶得上。我在前两年，作文成绩总是倒第几名，到了第三年才爬到前三名。学校的气氛，谐和而充实。

但新的风气，吹到了武汉，新人物要破旧立新，把刘先生当作旧的大目标，由校外的攻击，渗入到校内。首先说刘先生排斥新知之士，其次是说对学生管得太紧，妨碍了自由发展，刘先生在这种压力之下，也一次聘请了几位北大、武高毕业的当教员，但被学生瞧不起。攘扰渐次代替了和谐，刘先生愤而辞职，被大多数学生热烈欢迎回来。但不到半年，攻击之声更盛，学生中一向佩服刘先生的也渐冷淡下来，刘先生便从此离开了学校。

刘先生字文卿，晚更号耘心、岱樵，湖北黄陂县人。生于咸丰九年（一八五九年）二月十五日，卒于民国二十四年（一九三五年）。他在当一师校长以前，曾以举人任教两湖经心书院、文普通学堂及方言学堂，并曾任中华大学"学长"，陈启天、余家菊两先生皆其弟子，亦皆有所记述，尤以陈先生《寄园回忆录》中记述得有意义。黎元洪聘他为总统府咨议，月致薪三百元，他没有接受，把邮汇来的钱存在黄陂实业银行。辞一师校长后，因同人之劝，以此存款在南楼办私立蒙正小学。他常住在这里，不问世务。后因以疾返乡，平日以孝友为乡人所敬重。他在省立国学馆讲授《周易》时，将数十年研究积累所得，写成《周易集注》一书，于民国甲戌岁由一师的几位同学印行，我曾有一部，在丧乱中遗失；年来辗转寻觅，最近知周谦冲先生之夫人刘敦勤女士，为刘先生侄女，有一影印本，寄陈修平（启天）先生设法印行，我非常希望此书能早日问世，以作先生学重的纪念。

一九八一年六月一日《华侨日报》

悼念唐乃建兄

一

从《中央日报》上，知道唐乃建兄于十月廿六日在台北台大医院病逝了。我们自从民国三十二年七、八月间在重庆相识，到现在已经过了四十八年多的岁月，这其间，除了在侍从室一年多的同事外，彼此的性格不同，趋向各别，升沉异数，但友谊却始终如一。当我最倒楣的时候，他没有减少对老友的敬意，当我最被误解的时候，也没感到老友在什么地方值得怀疑。我们之间，从来没有特别热烈过，也从来没有特别冷淡过，而只是别后彼此有些怀念，见时彼此感到欣慰；在政治圈中，像这样的朋友，我一生中，只有乃建兄一人，而今日他毕竟先我而去了，真是天地苍茫，孤怀欲绝。

去年八月我到台北参加汉学会议，一到青年会就打电话给他，知道他赴美治病未返，当时非常怅惘。我在台大医院割治胃癌，三周后出院休养，他从美国回来了，带两罐"补体素粉"来看我；他说他的气管炎，西医无法医治，所以回来方便些。过几天又来看一次，当时我还不能站稳，但已感到他可能比我死在先。今年九月二日由美返港经台北小住时，一连几次电话，都说他不在家，我有点奇怪，八日便亲自去一趟，才知道他已住进宏恩医院的加护病房。我赶到医院时，唐太太和他的令郎雪冬告诉我："已不能讲话了。"我说："只见一面，不讲话。"到病榻前，我摇手示意请他不要讲话，他微微点头，过了一下，他突然说："你是复观？"我说："是的。"他非常兴奋，向我叙述他的病情；唐太太再三阻止，他笑笑地用手按住他太太的手说："今天怎能不讲话呢？"我认为他严重的肺炎，确已到不应讲话的程度，便以永别的心情，托辞走了。九日上午雪冬来电话说他父亲希望我再去一趟，我于下午三时左右前往，他说："因为我最后有几句话和你说，所以要你来。"于是断断续续地向我说了十分钟左右，有的我听不十分清楚，大意是"秦始皇使用各种手段扩充自己的权力，死后他又得到什么呢？毛泽东和其他的人也是一样。所以在权力斗争中的失败者固然可悲，即使是成功的，到头来也算不得什么。这种道理，几年来我早已想透了、看穿了"。我离开病院后不断地想，他在死前为什么要特别向我讲这种最后的遗言呢？可能是对一位老友表明，他虽长期生活于政治圈子之中，但他的心灵却是干净的。

二

民国三十二年八月左右，在《经纬月刊》座谈会上，由朋友介绍与乃建兄相识。他是表情淡漠而内心温厚的人，天资不高，却追求知识，热心研究问题。我们聊过几次天，过了不久，他着人送来一张委员长调我到侍从室第六组办公的手令，我当时没有接受，到何敬之先生的总长办公室去了。

三十三年何先生调陆军总司令，程潜继任参谋总长，我发现他自满自大、精神僵化的情形，便向乃建说：我现在可以到你那里办公了。六组是一切情报及建议的集中之地，分析情报呈给委员长看。当然是重要工作之一。但我认为这无关大局，一心一意地，想推动国民党的改革，并关联着解决土地问题、农民问题，而当时蒋公似亦有意于此，于是我不断提出意见；同时我喜欢把问题、处理问题的原则及所要达到的目的和实现的步骤及责任的担当与配合等，事先想透彻，按照日本军人作战计划的形式，提要勾画地写了出来，使大家能一目了然，以避免瞎抓、胡混、委过、争权之弊。当时有位同事先生讥笑我是"计划专家"，乃建兄也不大赞成我的构想。因为他是谨慎平实、"思不出其位"的性格。有一次他接受了我思出其位的意见，即是共军王政（或王震）突然从鄂东偷渡长江，争夺鄂南的控制权，我说，这应采取"巧迟不如拙速"的战术，不如由我们直接指挥王陵基来应付，不让王站住脚，他报告蒋公后，遂由六组以蒋公名义发号施令，又把共军逐回鄂东去了；这本是军令部或侍从室第一处作战组的工作，我们拿来做了。平心而论，第六组系最高统帅耳目所寄，只有像乃建这种负责而绝不越权、揽权的作风，才可长期保持信任而不致弄出纰漏。所以当时我们对工作的着眼点虽不同，但因他对人平恕、对事谨严，所以在一年多的时间中，我们依然能合作无间。唐太太常常忙得水流汗泻地弄菜给我们吃，他们养了两头或三头猪，那算是一个储积，乃建常指给我们看，引以自豪。

三

日本投降，侍从室准备结束，蒋公要我到中央党部重组联秘处，先要乃建任秘书长，乃建不肯接受，乃改派他任内政部政务次长兼新设的督察总署署长，这是很有权力的机构。有一次我和他同坐一辆汽车，他认真地向我说："我不想兼任署长，你觉得怎样？"我问为什么，他说："今后总会走向民主，我不愿再沾情报治安工作的边。"我笑了一笑："你要便是退出现实政治，否则几十年内，情报治安工作，还会占重要地位。况且这种工作由你负责，可以少摩擦、不害人。"他听后想了一下，点点头。

三十八年蒋公退隐溪口，三月间他把职务交卸后也到溪口来了。当时人心瓦解，乘机贪污卷款之风极盛，有的高级军官，抱着大量发军饷的金条逃到南北美洲去。有一天，我们在宁波一个花园里散步，他问我，听没听到有人讲他操守上的闲话，我说："李叶当你的总务处长，不等你安排就绪他便离职先走，可见你们之间相处得并不太愉快。我在上海遇见他时，他极力称道你公私分明，操守严谨，由此可知，还有什么人会讲你的闲话呢！"他听后非常高兴。到台湾他开始担任总统府资料室（国家安全局前身）主任，找李叶当他的副手，可能和这次谈话有点关系。我在溪口时，经国先生若向蒋公提出重要人事安排意见，常把名单先给我看，有一次，他提出由我参加整理两情报机关的名单，我恳切告诉他，两机关内部情形，我一点不了解，而我的性格，又决不适于这种工作；请他把我的名字剔掉，劝他还是找郑介民、唐乃建比较好。经国先生接受了我的意见。

到台湾后，我完全退出政治圈，乃建干得有声有色。但有一次在他家里吃午饭，他认真向我说："我也想和你一样，不要在政治圈子里混了。"我当时极力安慰他，他说："我常常这样想。"我说："大家流亡在外，一定要有份职业。你做生意没有本钱，教书没有资历。离开了政治干什么呢？况且许多事情，由你干比他人干好得多。"他闷闷不响地我们一同出门。

他在当台湾省政府秘书长时，常常带些水果点心之类的东西来看我。我于是把手头上一部厚棉纸特大字的线装《四书集注》送给他，一共十二厚册，我曾问过屈万里先生，他说这是早期朝鲜印本，所以印得这样讲究。我发现上面的朱注，有许多地方和通行本不同。我几次劝他读读《论语》，但一直到一九七二年暑假，他还认为应当追求点新知识，不应读这种古书。一九七七年夏末，我由美返港，在台北经过，到他家里吃饭，他谈到国策顾问是没有待遇的。因为上面知道他的生活有问题，所以给了他的待遇，并由他的二女婿供给他一部汽车使用等琐事。在分手时他突然向我说："我现在才知道《论语》的意义，是多么深长。你再到我家来一次，好好地讨论一下对《论语》的见解。"可惜我们竟没有这种机会了。

乃建兄！你对国党的贡献，他们在修史时应公平地为你写出，我这里零星的记录，只想证明一点：你的心灵始终是很干净的。

一九八一年十一月三日、四日《华侨日报》

我与梁漱溟先生的片面关连

一九八二年一月一日出版的《百姓》半月刊，刊出了梁漱溟先生破三十年来未向外写文章之例，特为《百姓》写的一篇评毛泽东的文章，读后极感快慰。

我第一个感想是，凡白手起家的人，都有些"能人之所不能"的本领。陆大声、胡菊人两位先生在香港文化界，可以说是白手起家。《百姓》能刊出五十年代以来全中国第一次梁先生亲手写出的文章，这就是能人之所不能的例证。

其次是因此引起我与梁先生若干关连的回忆。因为梁先生并不知道有徐复观其人，所以这种关连，完全是片面的。

民国七年，我进湖北省立第一师范，正是"五四运动"前夕。当时求知欲很强，抢着看了五四前后出的几部新书，其中一部即是梁先生的《东西文化及其哲学》，以后又看了梁先生谈佛学及回忆录性质的文章，因年轻，学问无根柢，都不能把握其中的要义，只感到他是一位性情真挚而严肃的特出学者。

大概是民国二十七年年底（时间我记得不太清楚），我由战地当政委员会李济琛先生派赴冀察战区校阅游击队，曾进入到太行山八路军的根据地。二十八年二、三月间返到重庆，偶然遇见章伯钧先生，我把所闻所见告诉了他。他劝我和黄炎培先生谈谈；由他介绍，和黄炎培先生谈得很投机，黄先生并把他所闻的苏北情形告诉我，互相印证。他（黄先生）要我去看梁先生。一天下午，我到梁先生的住所，向他报告了大约一点多钟，他只是静静地听，始终不发一言，连反问也不曾有过。后来我把这种情形告诉熊十力先生，熊先生说："他的性情便是如此。"梁先生可能以为我是为国民党当说客的，实则此时我与国民党尚无任何关系。

民国三十八年五月，我避地住台中，陈果夫先生也在此养病，我去看他，并向他说："我想向总裁建议，拿出一个团的经费，成立中国文化研究所，赶快派人到大陆请熊十力、马一浮、梁漱溟、柳诒徵、吕秋逸五位先生来主持。"问果夫先生赞不赞成，果夫先生一面咳嗽，一面连连说："我完全赞成。"并说："你赶快写一报告给总裁，由他批准后，我即拨款给你。要快，迟了，我手上保管的党基金便要交出去了。"我当时还不知道已经有人向蒋公说我与桂系有勾结，更不知道梁先生与蒋公政治上的恩怨。过了不久，我在高雄寿山见到蒋公，提出我的构想，他老人家只是笑笑，不置一辞。

一九五〇年初，我在香港办《民主评论》，有位胡兰成来看我，自称是梁先生的学生，说是梁先生和张东荪先生要他到外面来看看，可能时，两位先生也会出来。我认为两位先生其时没有出来的可能，当即告诉胡君，为了两位先生的安全，你和我说的话，不可再向他人提起。胡君能言善道，我真以为他是梁先生的学生，便照顾他的生活。不久他要求我帮助他偷渡去日本的旅费，我帮助了。这年五月间，我也去日本，和他住在一起，才知道他与梁、张两先生全不相识，因为他知道我敬重这两位先生，在没有办法中，便编出一段假话来骗我。我在日本时，他极力劝我搞第三势力，我拒绝了。回到台湾后，他居然写几封信给与我有关系的党方人士，说我在日本搞第三势力。后来唐君毅、卜少夫两先生及台湾当权派中的某某，都对胡某很倾倒。但我的经验，凡是大节有亏（当汉奸）的人，便会无所不为的。

大概是一九五〇年，我从胡应汉先生手中得到梁先生著的《中国文化要义》的油印本，拿到台湾，托人在台湾出版。原来我手上有一册，以后被朋友拿走，反而书架上只保存了一册《漱溟卅后文录》。

《百姓》刊出的梁先生的文章，除了极少数的照例客套话外，都说得很客观深刻。但毛不仅是十年浩劫的大破坏，而是把整个国家，整个共产党，害到万牛（不是"年"字）难挽的地步；因之，对国家前途，梁先生是谨慎的乐观，而我则是沉痛的悲观了。

一九八二年一月十六日《百姓》第十六期

附：梁漱溟先生小横轴手迹 *

编辑先生：

《百姓》上刊出梁漱溟先生的短文，有人由字迹的直觉判断，怀疑是假的。去岁友人收到梁先生寄来的小横轴，与《百姓》所

---

* 编者注：此附文系本文收入《徐复观杂文补编·思想文化卷（下）》（黎汉基、李明辉编）时所加。

刊出之梁先生字迹，完全相同。谨影印一份寄上。如能刊出，可
释群疑。敬祝
春禧

徐复观上　八二年一月廿三日

一九八二年二月十六日《百姓》第十八期

我与梁漱溟先生的片面关连 293

佛观先生书札

杨　牧　整理

　　徐复观先生去世的消息传到西雅图后，我徘徊斗室，曾坐下将他生前给我的信又读了一遍，重温老师对我的关怀，再次体会他影响我至深的智慧，和他对传统文化的态度、治学的方法，以及他对一般社会问题的诠释。今年春天均琴来信说，师母希望同学们分别将徐先生的书札整理出来，以便合帙出版，我请我的学生郭懿言就我手头所有加以誊抄，得四十余封，这里发表的是其中三十六封。

　　三十六封以外的若干封，由于多种不同的因素，此处暂时不录，假以岁月应该还是可以面世的。另外徐先生生前曾在报刊杂志写了三封"公开信"给我，都已收入他自己编纂的文录集中，所以我不再重复。我整理这三十六封信时，曾作了少许删节，目的是避免涉及当代某些人物时引起太敏感的反应。这是不得已的措施。幸好原札虽多发黄，还妥善保存在我的资料柜里，将来若须增补，也不会有任何困难。

　　书札每封都以"靖献"两个字称呼我，末尾都写有"此祝近好"一类的字样，然后署名"复观"或"复观启"，并系年月日。这些我除日期外，都已略去。我将三十六封信按时代排比，大致肯定无误，则前后属笔时间达十七年之久。我视其必要，在若干封信后附写小注，是想趁现在记忆犹新，留下一些来龙去脉；中年以后杂思纷沓，今天不记，将来恐怕就要淡忘了。

杨牧谨识　一九八三年十一月二三日于台大外文系第六研究室

第一封

十一月十八日来信收到。你初去功课太忙，写信不容易，不必拘于常套。我的大女孩子今年赴美后，也是非常想家，我和师母也是想念得不得了。在中秋这一天，我便寄了一首诗给她："年年佳节共呢喃，明月今宵汝独看。闻道隔洋昏晓异，可能天上不同圆。"东大的师生们看到我这首打油诗，都认为很好；其实，这只是信口说出自己当下的感情，不会是好诗，你以为如何？

你选课和先完成学位的计划，我认为很好，很对。学文学不可一下子便拘限在现代流行的风气中去，最重要的是要养成从上面向下面俯视的能力。混在人群中去挤，不如向挤的人群发口令。凡是真正有思想的人，一定会向群众发口令，而不去迎合。这种能力的养成，总是从根源地方去研究，顺着根源的地方探索下来……做学问不可存急功近利之心。全生很不错，你另外还应和郭大夏（他比较开朗）、萧欣义他们联系（还有杜维明、梅广、陈清池、陈必照，这都是较好的）。同学之间，应以学问相切磋，相勉励，万不可走上人事小圈子之路……洪铭水的情形怎样？不知你和他有无联络，他应当有成就。……你始终要记住这一点：拿中国的东西骗美国人容易；但真正把握住中国的东西，却非下十年左右的工夫不可；所以你应当时时以谨慎学习研究的态度来看中国的东西，不可走……耍把戏的一条路，因为到头来总会落空的。

有空的时候，望介绍美国比较健康一点的文学情形寄回来。师母的身体还好。我时有老的感觉。

六四、十一、二四

注：这应是我赴美后，徐先生寄给我的第一封信。信中提到的名字都是东海前期的同学，如今大抵皆卓然有成；萧、陈必照为东海一九五九年班，刘、梅及陈清池属六〇年班，郭、杜、洪则属六一年班。

第二封

前接到你十二月二十六日来信，想立即回一信；因太忙，所以便压下来。今天接到元月十一日来信和一篇文章，非常高兴，先简单复你一信。

研究中国艺术，和你们目前所弄的现代文艺，完全是两个不同的意境。也许正因为如此，更有研究的价值。李成的《山水诀》是假的，是杂凑起来的。《山水纯全集》是真的，但抄录的多，创见很少。《林泉高致》是真而又好的，值得研究。最重要的还是唐张彦远的《历代名画记》，这是被人称为中国画史中的"史记"。他有深切了解，又保存了若干古人画论的残篇精简。你应从这部书下手。再接着是宋郭若虚的《图画见闻志》，再下来便是南宋邓椿的《画继》。这三部书可以成一画论系集。另有《黄公望资料》，在海外当然可以买到。此外董其昌、恽南田、王原祁的东西，都是研究的重点。石涛的画论有创见，但最重要的部分今人都不能了解。再总说一句，不能彻底了解庄子，便无法真正了解中国的艺术，近百年来能了解的更是绝无，而连"仅有"两字也不能说了。画论很多，转相抄袭的多……

元月十八日

我希望你多留心点广范围的西方文化问题。

第三封

来信收到。现时风气太坏，你能在这种坏风气中时时自己警惕自己，已经是难能可贵了。去年十月间，日本三大报之一《读卖新闻》，举行每年一次的国文测验赏，评阅者都是日本第一流的文学家和教育学家。这次的总评大意是日本中学生的心灵，已比前一年晴朗而健康多了，很少受意识流这一类的影响。我当时很感叹，人类在有希望时，一定不会停滞在潜意识里。我手上一本日译的哥伦比亚大学由两人合著的文学理论，可算是一部巨著；内容也只是"发展"，而不是"突变"。你认为意识流这类的东西便是健康的，除此以外，无所谓健康；并且把艾略特与现代的意识流作家等类齐观，这是从何说起呢？一个人的进步，是表现在不为局部的现象所压倒，经常是把各种现象放在思想的解剖台上，加以思想的解剖。并且把昨日之我，同样地放在反省的明镜下，不断地加以扬弃。并非一到美国，什么都飞跃了。你上次的文章，在内容和态度上，一无可取，所以我不帮你发表。艾略特死后，台湾出现了两篇文章，一是翻译的，一是根据若干材料写的，前面的一篇更好。能挨得起老师的骂，才算真有老师，才可受老师的一点好处，当你研究中国艺术时，如有什么问题提出，我当然可以帮助你。《学艺周刊》即停刊，原因不必去分析它。

今日还没有培植出大家可以平心静气地谈学术的环境。胡闹容易，正正派派地谈学问困难。师母昨晚不慎，把脊骨中的一块软骨突出来了，所以睡在床上不能起来，晚上大家吃半生不熟的饭菜。小女均琴第一学期四门课都得到 A（生物、化学），她的理解力强，所以到美国后进步快。

六五、二月一日即农历除夕

第四封

四月十四日来信今天收到……我正作中国艺术方面的研究，在考证与思想方面，皆有所得。印出时，当随时寄给你参考。你目前治学的方向和态度，我相信必能成功的。好的同学，应在精神上彼此合作。

六五、四、二一

在目前环境之下，只能"尽一己之所当为"，而"安于无可奈何之命运"。你们目前所当为的便是学问。学问学成了，大局也可能有转机，望转告各同学，不必灰心也。

第五封

接七月廿二日来信，借此知道你上学期念书的情形，及旅游状况，深以为慰。加大陈世骧教授日前来台湾，曾见一面，我们比较谈得来，可说是朋友，你得空，不妨去看看他。他在文学方面很有研究。梅贻宝先生也见过两面，六月已回爱荷华去了。全生早应完成他在本分以内的学位，望你代我转告诉他，精力必须集中；在科学知识战线上，与军事作战在火线上的情形完全相同，松一点劲，有一个小缺口不能补上，便会垮下来。我去年赴美念生物化学的女儿，念的成绩很不错。暑假中要我寄本中文字典给她，我不寄；和我讨论我书中的问题（她很有头脑），概不答复。因怕她分心之故。

我近月来的身体不很好。为了赶着印书而赶未写完的文章，更加疲惫。九月赴台北检查身体。你下年度的奖学金还有没有？这是我最关心的事。

七月廿八日

第六封

通过硕士考评后的信，迄未收到。顷得三月五日信，深以为慰。所译罗尔卡诗，以能在台湾早日印行为快。前三日得陈世骧先生来信，彼于三月底将经台赴日讲学三月；你的奖学金，在他动身前可以安排好，今后便可在加大安心念博士学位。陈先生对你期望很殷。

我的《中国艺术精神》已印出。此书出而对中国艺术之讨论，始能有所根据。对重要的大陆及日人著作，皆偶有所批评。《中国文学论集》亦日内可以印出，预定寄《中国艺术精神》一册（送给你的），《中国文学论集》三册给你。《文学论集》二册烦你转分送给梅贻宝、聂华苓两先生。东大图书馆已寄《中国艺术精神》一册予梅先生，想他不久可以收到。我寄出的书，大概要五月初才可收到了。

六六、三月十三日

选课不必太多，求进不必太猛。

注：据逯耀东先生回忆徐先生文，《中国艺术精神》是徐先生自认必可传世之作。

第七封

七月六日来信收到。你已换了一个较理想的环境，甚以为慰。上次的信，也早收到了。对西方所谓自然的领悟，非常有意思。对若干基本概念，在史的探索中，穷其根源，极其演变，而不为模糊影响之谈，这是做学问的重要方法。

在我的回忆中，我国的大自然环境太伟大了。不知你们这一代，将来能否亲自回去瞻仰抚慰一番？我只有在万斛的乡愁中死去……我想开始一个新的研究工作，但实在是老了，感到走不动了。陈先生夫妇性情纯厚，别后使人怀念不置。他俩回来时，代我恳切问候。全生们亦代我问好。

六六、七、十二、夜

注：这是我转学柏克莱以后收到徐先生的第一封信，"较理想的环境"指加州大学。徐先生想开始的新的研究工作，指两汉思想史。

第八封

中国的史诗是保存在《诗经》里的《商颂》（有两种说法，然以传自商代之说法为可信）和《大雅》里面。《商颂》中的《玄鸟》、《烈祖》等，《大雅》中的《文王》、《大明》、《绵》、《思齐》、《生民》，另外还有几篇有关周公的史诗等，都是道道地地的史诗（详细要看原典，我记不清楚）。汉赋实际也是史诗（我早有此想法，因无时间专究，故未正式发表，不久前见清末有人提到）。不过表面上是以都邑为主。"述祖德"这类的更是史诗。因中国古代的史学较西方为发达，所以大家只注意到抒情的作品。或者可以这样说：西方的史诗发展而为小说，中国则由孔子作《春秋》而发展向史学。《尚书》与史诗大概没有关系（能读古典最重要。把《尚书》相当读懂了，读古典便无问题）。我谈中国文学中气的问题等文，可细看。

六六、八、廿二

第九封

谢谢你为我打好了通信地址，真可解除我许多困难，可惜我的书桌恰是"书似青山常乱叠"，一下子，又把你的信迷失了，大概要过十天半月才可以再发现，只好先回你这封信。我另由水运寄《公孙龙子讲疏》两册给你；一册是送给你的，另一册烦你为我转送给陈世骧先生。

研究《诗经》，可概略分为三个方面：一是训诂问题。二是从文学史的观点来加以评价的问题，这最好有世界文学史的知识作背景。三是站在文学欣赏的立场来加以欣赏。后两者你都有优越的条件。前者要能细心，并且要有耐心，这是读古典必须通过的一道关口。

我大约在下月底或二月初赴香港在中文大学研究所教半年书，即返台湾。开的课是荀子和两汉思想史，都是我不愿开的课；所以我迟疑了好久，不想去。但唐君毅先生病了，只好勉强走一趟。

六六、十二、二六

第十封

很高兴接到你八月九日的信。我在香港，未曾收到你的诗集文集，不知如何遗失？我是七月初返台中，一直还没有正式开始工作；现正写石涛《画语录》一文，这是近来很多人写，但越写越远的题目。自本年度起，可以少开两门课，把时间多用在研究方面。在名师门下修希腊文，是一大幸事。我对《山海经》没有下过手，郝氏《笺疏》，实甚简陋。过去因其中有长沙、桂林等名称而引起成书年代的争论；但先有鸡笼、基隆港，而后有基隆市；《山海经》上之"桂林"，绝非后来之"桂林郡"，其余我未曾详考。近人考证不多可信。我希望你把自己所得的结论简单告诉我。

中国史诗之未发展，我觉得应从另一角度去考察。一、《诗经·大雅》、《周颂》、《商颂》中带史诗性格的诗，都和祭神有关系，大抵是出于祝、史之手。我不知道希腊的史诗，和宗教有无关系。二、因古代人文精神的成长，史渐与祝分离，亦即与宗教的关系渐渐稀薄，由祝神为主，变而为以纪事为主，于是中国很早便出现了"百国春秋"；史官正式开始了史的工作，自然会放弃了"史诗"的工作。三、孔子作《春秋》的影响太大（参阅《史记·十二诸侯年表》叙），更使史学得到非常的发展，所以有《左传》、《国语》、《国策》、《世表》等许多伟大著作的出现，最后出现了为希腊文化系统中所不能产生出来的一部《史记》（吉朋的《罗马史》尚非其比），更无史诗产生的余地。四、两汉的《两都赋》等都邑大赋，是另一形式的史诗（此点已有人说过）。赋本为诗之一体。上面的看法，是过去的人没有摸索到的。所以史诗的问题，应与史学的问题连在一起……

六七、八、十六

第十一封

得十二月十五日来信，甚以为慰。你以前的信，我记得回复过了，岂中途亦有浮沉之事？维明曾来信，也说到《学术与政治之间》。（此书名若译成英文名称，应如何译法？）其实这类的文章，还有数十篇，未曾汇印。此种文章的意义，只在传达一点时代的感受而已。你们能同情这种感受，乃说明大家在人生的途程上都到成熟的阶段了。通过博士考试后能返台写论文，极有意义。

看到陈先生和陈夫人时代我恳切问候。我不寄贺年片了。

六七、十二、二十

第十二封

一九六八年二月一日来信，昨日收到。

你对中国诗的感受已有进步，由质朴向修饰，乃发展之自然趋向，然魏晋以后，已尽修饰之能事，其中鲍、陶乃特出。陈子昂、李太白，即以反对六朝修饰太过而特起。然诗之好坏，决定于所感之真伪及深浅，故各代均有好诗，唐代尤为丰富，未可一口加以抹杀也。

大文当找《现代文学》一阅，如有意见即当奉告。前在《征信新闻》副刊上看到你所译的卡谬日记，译笔甚精炼，惟内容我不能完全看懂……西方哲学者之哲学思想，常与其生活态度是不相干的。黑格尔的哲学殿堂，辉煌伟大；而其人则虚伪不堪，亦一例也。思想与生活相干者，常为文学家与艺术家。望你能拔地特起，人生之把握，随学识而俱进，是幸。

六八、二月十一

注：我发表于《现代文学》的文章，指《〈诗经〉国风的草木》，其后徐先生并无指示。《征信新闻》即《中国时报》之前身。卡谬者，Albert Camus 也。

第十三封

来信收到。你对《明诗》篇所引的一段，似乎解释错了。"兼善则子建、仲宣"，不是指兼善四言五言而言。上面"故平子得其雅，叔夜含其润"，不专指四言；因为张平子留下的三首诗，只有《怨篇》八句是四言，其余两首，皆非四言（内有最重要的《四愁诗》）。嵇康有四首重要的诗是四言，但也有四首重要的诗是五言，另有十首六言。曹植、王粲，皆以五言为主，其四言诗并不像你所说的坏。更重要的是，"若夫四言正体，则雅润为本"，这是刘彦和对理想的四言诗的看法、要求，但并非雅润即不可用之于五言。因此，"故平子得其雅"的四句，是就各人整个的诗而言，并非上两句仅指四言，下两句仅指五言。茂先依然有四言诗。子建、仲宣的兼善，乃兼善雅润与清丽。在他两人的五言诗中，既有清丽，亦有雅润（因为五言是新起的体制）。此乃如后人称杜甫，能具备众体（style）之意。此外，则仅能各偏一体而已。

又"五言流调（当时流行之调，有如今日之所谓'现代诗'），则清丽居宗"，此句与上句相对称，但此句乃彦和概括他当时五言的大势而言，与上句的表示一种理想者微有不同。因四言的黄金时代在当时已成过去，且早经过去。彦和在文学的主张上是带有"原始返本"的意味的人，所以依然认定它是"正体"。

这封信写得很乱，望细心看。不以为然的，再来信告诉我（再把《明诗》篇原文细看）。凡能帮助你的，我都乐于做。

二月二十七日

子建、仲宣们的作四言，是重视四言由古典而来的庄严性（有如写白话诗的人，偶而也写律诗），他们都有模拟古典的意图；嵇康则非如此，所以不及嵇康，但里面也有抒写自如的好诗，不可轻易一笔抹杀。

注：《明诗》篇出自刘勰《文心雕龙》。

第十四封

三月五日来信收到。纪昀的评语，乃指未探"温柔敦厚"的本原（见《礼记·经解》），而只以雅润清丽为诗的极则，不是说彦和没有把《诗经》放在心上。彦和一面承汉儒的传统，把《诗》视之为经，不与辞赋同列（尊之也）。另一面在《明诗》篇中特说"四始彪炳，六义环深"，他之推重《诗经》，可谓至矣。彦和以雅、丽为诗的艺术性的极则，肯定了当时的评准（丽），但也超出了当时的评准（雅）。任何人都会受时代的限制，纪评失之于苛。

"五言流调"的"流"字，可作四种解释：一是流变，二是流品（上二者皆不能用在此处），三是流变，四是流行（或称流布）。我初讲《文心雕龙》时，对流变、流行二义，很为徘徊，而侧重于流变之一义。但后来为什么侧重在流行的意义上？①他在《明诗》篇中，已说明五言诗在《诗经》中已有其萌芽，起源甚早；他虽然有清楚的演变的观念，但他不一定以为五言是从四言演变出来的（这是对的），（出自民歌、乐府），否则他不会特别强调"则五言久矣"。②彦和提演变的意义时，则直接用一个"变"字，此不仅见于一处。《明诗》篇即有"情变之数可监"的话，没有以流为变的。③他在《明诗》篇中说"暨建安之初，五言腾踊"，这是说大大流行的意思，而不是说起源的意思。"五言流调，则清丽为宗"，这所说的是彦和当时的五言诗，而不是说的建安以前的五言诗及建安时的五言诗。他对古诗真有的评价是"直而不野"，这即是"雅润"；对建安诗的批评是"慷慨以任气，磊落以使才"，这即是钟嵘《诗品》所说的"骨气奇高"（这是欣赏建安诗的基准），这也不是"清丽居宗"。综上三端，我对"流调"便不采用流变之义，因为采流变之义，便是扣紧在五言的起源上讲的。不过"流行"的后面也隐含着流变的意义；非流变，何以用得上"流行"？只看侧重在哪一方面。又：陈世骧先生在这一方面的研究，比我的工夫深，工夫用得细密。假定我的解释有与他不同时，你应尊重陈先生的意见。

三月十一日

注：徐先生进一步对"流"字的解释，乃是因为我对于他上封信触及"五言流调"并举"今日之所谓'现代诗'"的疑问而来。徐先生初讲《文心雕龙》，在东海中文系，其时我尚未入学，故无笔记。

第十五封

我不知道你为什么许久没有信给我。研究工作进行得很顺利吧。假定我可以帮得上忙，你便应不客气地随时向我提出。二十二日晚，在台北李铸晋先生寓所晚餐，他也提到你。李先生粹然儒者，对画史很有研究。陈世骧先生最近好否？小女均琴下月订婚，乞便中转告陈先生及陈师母。她到何炳棣先生府上去吃过一餐饭。

六九、三、廿七

第十六封

读六月十日来信，应即向你致深切的贺意。由这两次考试，我希望你真能体认到学问的甘苦。同时，我从陈世骧先生的来信中，感到他对你爱护的深挚，实为今日所少见。你应终生感恩不忘，并为我代向致指导成功的祝贺。你过去在信上所提的论文题目，我有些怀疑。现时陈先生指定的题目，我以为非常有意义。并可由此而解答出过去许多人对《诗经》所未能解答的问题。我是阅读 R. G. Moulton 的 *Modern Study of Literature* 的日译本而引起与你和陈先生现时完全相同的观点。但我因语言及时间的限制，不能做进一步的研究工作。我希望你在陈先生指导下认真追索一番。

六九、六、十四

注：我六月十日便向徐先生报告博士口试已经通过，有资格撰写论文。陈先生为我"指定的题目"不久还是放弃了，乃又恢复到我原提的题目。

第十七封

谢谢你的来信……决定我的存在意义的是我的人格和我的著作。当我因教书教得筋疲力尽的时候，也即我没有能力写作的时候。我能因此而专心著作，能写三年五年，或者有更多的意义。尤其是我移家台北后，精神健朗得多。师母的健康也有进步。不过香港中文大学要我去当短期客座教授，我因走动便无法著作，所以我不愿意去，但许多朋友都希望我去，最近已开始办手续。假定办手续遇到困难，便借雨留台，闭门写作。希望你把我近来的心境转告陈世骧先生，请其勿以为念。

六九、九、十三、晚

以后通信，仍写到台北的新地址；即赴香港，师母也会转到。

殷海光先生，这几年对文化的态度，有很大的转升。每和我谈天时，流露出很高的智慧。但最近胃癌复发，昨晚送进医院，我今天去看他时，已经不能讲话。在这以前，医生告诉他不应当多讲话，但每看到我一次，总是讲个不休。不能执笔，还口述由学生笔记，写一封信给我。假定他能多活十年，在学问上会有更大的成就。他快死了，真是万分值得痛惜的。

注：这是徐先生自东海大学退休，移家台北后写给我的第一封信。他相信他之必须离开东海的教职，还是掺有严重的政治因素的，但徐先生从未公开揭发这个内幕。

一九七六年八月十一日

第十八封

因签证关系，我十九日才到港，收到你九月十三日来信。你的情形，世骧先生和我谈得很多。对你非常地好，他并以有你这样的学生为荣。当然，我更引以为慰。

为我自己打算，实不应再教书，以免浪费时间。我以为香港来不了，正着手写《中国姓氏之演变与社会形式之形成》的文章，刚写了三四千字，因来港便把它搁下了。我在这里开中国哲学史、中国艺术哲学、中国文学批评史三门课。文学批评史选课的有五十多人，这在新亚是破纪录的，因为这里学生少。这样一来，把我弄得很苦。预定明年七月返台，再不教书。但若身体不好，也可能早走。

注：这封信无付邮年月日，但推测当写于一九六九年九月下旬，刚到香港的时候。

第十九封

十月十九日来信收到。你对我的热情，完全出自你心灵的纯洁。拙文译成英文，不会有预期的反应，但也不会有什么坏处。中国人的真话，也应让美人能听到。我希望把影印的寄一份给均琴。她在我的孩子中，是比较有点文学心灵，有点志气……我接到杨诚来信。他很有天分，人也坦白。但对治学做人的艰苦，一概不知，我对他未能当陈先生的学生，非常失望，他写信给我，地址只写"香港中文大学"，他不是不知道更详细的地址，但粗率成了习惯。你有机会和他见面时，把我的话转告诉他。

六九、十、廿三

一九五〇年，国民党发表一篇要党员人人阅读的文件，说大陆之亡，是亡在农村农民的习性上面。这是我写《谁赋豳风七月篇》一文的原因，乃是对这种说法的人的一种抗辩。

注：信中提到的"拙文"，指徐先生自己离开东海后所撰的一篇感怀文章，以历史典故的教诲细说他和东海的渊源及恩怨；此文经我翻译成英文，主动寄赠在纽约的基督教在华教育联合董事会，但也如石沉大海。杨诚是徐先生在东海中文系的晚期弟子。

第二十封

十一月廿六日来信收到。论文纲要我觉得写得很好。我有一篇《封建制度之崩溃及典型专制政治之成立》一长文，在《新亚学术年刊》上刊出后，被这里的史学家们评价得很高。只有五十份抽印本，但其中大部分装订掉了十多页。我寄了一份给你，由均琴转交。是由水路寄的，大概很迟才会收到。收到后望你细阅读一遍，可以解答许多问题。并望转杨诚一阅。

《无惭》译稿收回，仍寄均琴一份，留作纪念。

我在这里住不惯，希望能回去过旧历年。

六九、十二、一

你到美国后，学问进步得很快。

注：《无惭》译稿即前信所及感怀东海经验之文章的译稿。"这里"是香港，徐先生想回台湾过旧历年。

第二十一封

十二月四日来信收到，崔述的《考信录》，我在十年以前看过。

他的态度与观点，甚多可取之处。但各种结论，则很少能成立的。这一点，与东汉的王充有些相像。写论文时，凡非主题所在的各附带问题，若非某一新说确实可信，即以用正统的说法，较为可靠。新说可以在附注中提到。我现手头无崔氏之书，你最好把《史记》的说法，和雷学淇的《竹书纪年义证》上的说法，参照使用，便已很完密。因为雷学淇的《竹书纪年义证》是一部很好的书，把它抬出来，有常识的人不能加以抹杀。"观兵"即今日之所谓"大检阅"或称"阅兵"，有整饬军容、振作士气及向敌示威的意思。但主要在前者。在这种地方，不要被孟子"以至仁伐至不仁"的话唬吓住了。军事行动就是军事行动。

我来此后，作了三次公开讲演。前两次讲的是中国哲学方面的。十二月五日的一次，讲"中国文学修养与儒道两家思想之关系"，听的学生固然不能完全了解，但听的教授们都哄动了，可以说是收到意外的成功，讲后有许多人向我道贺。一口气讲两个钟头，有声有色，可见我还没有老。

六九、十二、九

注：这是徐先生在接到我问《丰镐考信录》信后的回示，从香港寄出。三次公开演讲当是为新亚研究所作的演讲。

第二十二封

十月一日来信收到。《老子》"谷神不死"，我讲的时候大概是说老子的本意只不过是形容道的创造的情形；但到了东汉，便有人傅会这是说养生以至长生不老的，他们傅会的方法，把"谷"

字当作"穀"字，又根据《诗经》的"我独不穀"，解作善字，于是"谷神"成为"善保养自己的精神"。这当然是胡说。可能是你的笔记记得不完全，幸而你提出来问我。《老子》书上的"谷"字，都指的是山谷，以作为道的"虚"的象征。与下面的玄牝没有关系，玄牝是象征道的创生作用。至于《诗经》中所用的"谷"字，似不可轻易推断为女人阴物的象征。因为第一，《葛覃》之"施于中谷"，及《王风》之"中谷有蓷"，乃是指葛和蓷这两种植物，本是生长于谷中。此乃因其实而指之，以引起其他意境。至于两"习习谷风"，《毛传》释为"东风"（有根据）。如不满意此种解释，则在黄河平原，由山谷而来之微风（习习），易为人感受，此外不能作其他解释。第二，凡立一新说，必须周延。《诗经》上言女人之事者甚多，何以仅此数诗言及谷？且若以谷为女人阴物之象征，则把《诗》的意象压得太逼窄了。（我对《诗》比兴的解释，是突破前人的，望细看。）又《小雅》之《谷风》，恐系朋友相怨之诗。

有什么问题，望随时函告。

七〇、十、七

第二十三封

十月十二日的来信，提出了两个很有意味的问题，一是说西洋学者总把《道德经》派在诗的范畴的问题。假定他们是因为《道德经》许多是有韵而作这种说法，是没有意义的。因为亚里士多德在《诗学》中已说明有韵无韵不是历史与诗的分别，也可推论不是诗与哲学的分别。但在另一点上则可以说是通向于艺术的，即是他（老子）把形上的东西，有时不用抽象的概念去陈述，而赋予以具体的形象，使人通过形象去了悟（想象）它的真实内容，如谷、水、多日涉大川等等。但老子主要是用抽象思维的。到了庄子，则将道与人生的理想境界，皆加以"具象化"；即此一端，也不难窥见他所得的道，实际乃是艺术精神。另提出的意象自由与独创的问题。我觉得关系到两点。一、诗歌由"吟游诗人"而进入到文字写定，是发展上的一大关键。在吟游诗人口中唱出的诗，一方面是很自由而带流动性；另一方面又是常在一个架格之下，稍加变化，变出许多不同的诗。国风的诗里面，还受有吟游诗人时代的影响，故有些诗的架格是相同的。而我所特要说明的是"意"与"象"的关系。大概所谓"比"的诗，意与象的关系较切。"兴"则常在"有"与"无"之间。但好的诗，诗人即使是偶然取的"象"，也和他的"意"（实际是感情）沾惹上，并且能给"象"以自己的"意"。对于意与象的关系，在《史记·屈原列传》中首先把它说明了，但一般人没有注意到。

我上面的看法，不知能否成立？有空，坦白地告诉我。

七〇、五、十九

第二十四封

很高兴收到你六月八日来信及你的散文集。首先使我惊异的是你的文字的精洁，一时无两，内容方面，深入而疏朗；讨论问题时，分寸把握得很稳。你文学的气质，因学力的增进而渐渐显露出来了，大为快慰。但最紧要的是，"如不时时反省突破，则（进步）更是迟缓"（你的自序中的）的两句话。能反省，便能否定自己。能否定自己一次，便向前踏进了一步。

我已移家来港，余年大概无再赴台湾的机会，虽然我常眷念三数老友及若干青年（曹永洋便是我怀念之一人。你到台时望能去看他）。离台时已届退休年龄。现时在中文大学中国文化研究所有一研究员名义，每周一至五，做自己研究工作；周六至星期天，为此间《华侨日报》写一篇时论文章，因为这是我的生活依靠（中大只是短期的）。我对中国传统文学，有相当了解，但因年来钻研考证与思想方面的东西，以致性灵汩没，常以为恨。

七四、六、二三

注：散文集指我该年初版的《传统的与现代的》。

第二十五封

一月二十六日来信收到，甚慰。增订本中几篇谈《文心雕龙》的文章，希望对你能有点帮助。老实说，一般人没有我这样弄清楚。三年前，周策纵先生从香港经过，说有位英国人写的文章中，曾引用到我的话，我当时未详细问他。你所说的，大概是同一回事（我未看到这篇文章）。听说《幼狮》月刊全部改组。接董挽华来信，说三月份将有一篇与我有关的文章，大概是你写的。董自三月起，也离开。

我半路出家，兴趣太广，刚刚摸到一点门径，人便老了。在做学问上，太没有你们幸运。你们的成就，必然远超过我。萧欣义怎样了？

七五、一、卅

注：增订本指《中国文学论集》新版。英国人 David E. Pollard 出版一研究周作人文学观之专书，引用徐先生的文学理论，即 *A Chinese Look at Literature*（一九七三年出版）。

第二十六封

很高兴接到你九月九日由台湾寄来的信。你对孔庙的一份感情，证明你没有失落自己；对道邻先生遗文的尽责整理，很有点东汉人的风义。我死了以后，很希望有你这样的一位学生尽这样的责任。

序我是根据徐夫人以前给我的目录写的，与你所编的内容不太适合，但我不想改动，在后面补记几句。文句不妥的望你代我修改。

七四、九、十五

此序写成寄给徐夫人后，九月九日得王靖献博士来信，知道他为道邻遗文所搜集的范围，远比徐夫人以前寄给我的目录为广，内容更丰富得多。靖献对道邻所表现的风义，反映出他的一颗纯洁渊厚的文学心灵，真可慰道邻于九泉，慰徐夫人及诸孤于无可奈何中的万一了。

七四、九、十五补志

注：徐道邻先生遗作经我整理，以"中国法制史论集"之书名出版，书前有序文两篇，由先生和端木恺先生执笔。

第二十七封

十月十一日来信，前几天已读到，简直不知怎样答复你。我不仅字写得太不成样子，且四十年来没有用过毛笔，纵然你不嫌我的字写得丑，其奈笔砚俱无何？望你见谅。

七五、十、十九

第二十八封

四月二十二日来信及大文均收到。你来港假定有人为你安排住处更好，否则径来我处。只是房子太小了，不舒服。我的电话是：三－七二三一七〇（在九龙便不须加三字），一到即给我一电话，我预定约几位朋友在一起吃一次饭。因和余光中先生无来往，还是直接联络。

七六、四、二十六

第二十九封

你的文章我已看过了。你从文化背景来解说中国的史诗问题，我觉得这条路摸对了，已超过了前人许多说法。一、二两段，我觉得还可以补充。你提出"战情省略"的这一点，是我过去完全没有想到的。《左传》中有叙述战情的文字，并且叙述得很有趣味，但不曾加以夸张。儒、释、道三支文化，都是反战的。四的一段，也写得很精彩（"飞鸟恶化"，我觉得象征的意义不太明显）。总之，你这篇文章，在问题解决上，应当算是一大贡献。希望继续追下去，写成一部书。来港行期已定时，望先告诉我。梅广说他要请你吃饭。

七六、五、九

《无将大车》一诗，恐不定是反战的。

唐李华有《吊古战场文》（骈文，实际是诗），可参阅。

注：此信与前信（四月二十六日）所提到的我的文章，是发表在《中外文学》上的《论一种英雄主义》（单德兴译）。

第三十封

六月十二日来信及《联合报》上的文章都收到。我和师母，都当下把你的文章看完了。文章写得融浑有力，大条理大方向都把握得很正确。但其中也有小的问题：①《论语》的所谓四科，乃指其各有其特殊成就而言。而所谓"文学"，指的是典籍之学。故汉代所谓文学之士，等于是"读书人"。今日之所谓文学，当时只称"文"或"文章"，六朝时还是如此。我国的"文学院"，也是广义的用法。我有一篇《原人文》的短文，收在三版《中国思想史论集》里，你如没有，可到学生书局去要一本。我们的"人文化成"的"文"，乃指礼而言，是通过礼（包括乐）对人生、社会的教养，以确立显现人的地位。②西方有不少思想家，要发展出一种新人文主义，而"科学的人文主义"也是他们努力的目标，我曾看过这方面的四五种著作，但迂曲而尚无成效。一条简单的路是每一个人都有人文教养，都有人的自觉，在人文教养的基础上运用一切的科学技术。科学技术是分途，人文教养的是会归，是统一。所以你的标题若用"人文教育，是大学教育的共同基础"，似乎更周延一点。不知你的看法如何？到美国后常来信。我年老了，偶然没有回信或回得迟，并不是不期待你的信。最近感冒，精神很委顿。

七六、六、十六

这种讨论，只能在真正师友之间才能出现。所以我不对的，你应不客气地提出。

寄的一册黄祖植诗集，不知收到否？

注：我的文章是《人文教育即大学教育》。徐先生写这封信时，已是我在台湾大学任客座教授之年尾，所以说"到美国后常来信"。

第三十一封

想早已安返西雅图。寄来的《王国维及其〈红楼梦评论〉》，我已看过了，写得平允而有深度。"只有超过他，才能评判他"，你的这篇文章，可为此语作证明，只有二七〇页四行的"槁木"，误印为"树木"，可以改过来。

前些时，接萧欣义来信，很使我高兴了一番。我写成了《原史》一文后，本预定写司马迁的《史记》；正当准备成熟，即当动手时，接到杜维明的邀请信，要我参加明年六月底在加州大学所开的中国十八世纪（乾嘉时代）的学术讨论会。这当然是出自他的一番好意。但我并不是研究这一方面的，为了准备一篇"应景"的文章，只好把原定的写书程序暂时放下。我预定明年五月底来美，先到小女处住一个月，再到加大，希望也有机会来看你及徐师母。

第三十二封

久未得来信，常常想念到你。你性情纯厚而天资夐特，在学问与创作上，愈能知其艰难，则成就愈大，各人有各人之委曲，各人有各人之长短。故必相互间能各任其委曲，而以温厚之情舒之，能各避短资长，而以涵盖之心运之，则在人生途中，少牵累挫折之苦。最近始了解，孔子建立人生规范，皆由社会之观点以加之于个人。如"以德报怨"其义甚高，而为孔子所不取，盖不能通行于社会也。由此可知孔子之所谓仁，在日常生活中，或即系伟大之"共感"耳。

近见《中央日报》副刊有一文批评你"金缕衣"的解释，我认为你的解释是错的。大陆所发现者乃"金缕玉衣"，即以金线缀玉为衣。诗人所言者，乃以金线盘成花纹之衣，亦即是很华贵的衣服。着此衣服跳舞或游春，当然穿一次旧一次，而不免有时因爱惜而舍不得穿。所谓"莫惜金缕衣"者，殆指此而言。任何人在学术上皆犯错误，经人发现或自己发现，即坦然承受，并反省此种错误之所由来，此不仅表示一个人的德量，亦系做学问所不可少的重要态度（更不可因此耿耿于怀）。你以为何如？

我预定明年五月半前后来三藩市，即到德州小儿帅军处。再到加州大学参加会议，随即赴新泽西小女均琴处，即由欧洲返港。

你如能参加会议更好，如不能参加，我很想来看你和萧欣义。日程不知怎样安排才好。有暇望告诉我，以便先作决定。

七六、十二、十五

注："人生途中少牵累挫折之苦"是徐先生对我个人情绪的安慰，当时我正为婚姻问题所困扰。金缕衣云云则针对我前此发表的《惊识杜秋娘》而言。

第三十三封

新亚研究所毕业的翟志成（Chak Chi Shing），他的论文是我指导的，算是在港和我很亲近的学生。他从大陆出来（红卫兵的小头头），非常奋发，天资也很高。前年移民到美国，当电焊工人，收入不错，杜维明很瞧得他起，曾请他讲演过，现申请你的学校念博士学位，望你招呼一下。他的阅读和写作的能力很强（已发表过不少的文章，算是很特出的），一定有成就。

七六、十二、廿七

他去年申请学校，因英文不及格失败。今年英文已及格。

注：翟志成后留在柏克莱攻读博士学位，并和我台大学生华玮结婚。

第三十四封

非常高兴收到你十一月廿一日来信。由你早对《人间词话》的抗议，可见你为学的务实精神。王国维到过日本，受了当时日本文坛的一点影响。他所说的理想主义，即是浪漫主义。当时浪漫主义（以当时的德国为主）与写实主义的名词很流行。但把文学的浪漫主义用上哲学上所使用的理想主义（实际是观念论，但当时日本很流行此一名词），名称是很不对的；我未将其指出，是一种疏忽。

写景与体物及文选上的物色，应当可以适用的。写景是写物之景。《文心雕龙》上的《物色》篇，说得比较详密。《秋兴赋》固然是写秋的景及因景所生之情。《风赋》、《雪赋》、《月赋》，依旧写风、雪、月之景。景是共词，风雪等可视为景中的特定物。不知这样看你觉得对不对。"优美"朱光潜译为"秀美"，"宏壮"则译为"崇高"，台湾不少人沿用。

上次在三藩市，我因感冒及疲劳，且时间仓卒，未能和你从容谈笑，事后想起来，感到是一种遗憾。返经三藩市时，杜维明带我游览了一番，但疲倦尚未恢复。返港（九月十三）后一个多月才恢复过来。你的婚姻问题怎样？《论史记》尚未刊出。

七七、十一、廿九

听说陈世骧先生译过陆机的《文赋》，译得成功。我两次讲到《文赋》，深感过去的注释家，都不曾把《文赋》清理出一个条理出来，因而只是一堆话堆在那里，许多话未曾指出它的确义。可惜陈先生已死了，无法向他请教。我若有时间写一讲疏，你便可以作对照，加以论定了。

返港经三藩市时曾请陈夫人吃过一餐饭。她的身体倒很好。我在台湾住了三周，检查了身体，不知曾否告诉过你。台湾政治社会的风气太坏了。你对乡土文学的争论，有何看法？

注：先生所撰《陆机〈文赋〉疏释》至一九八〇年终于在《中外文学》发表。两年后我也对照陈先生的译文，写完《陆机〈文赋〉校释》，加以比较发挥，惟拙稿尚未付梓。

第三十五封

三月十一日来信收到。我现正写《〈史〉、〈汉〉的比较研究》，因为课忙，写了一万字左右，又放下了，大概要拖到六月才能写成。在这篇文章中，概括地提到以后的史学发展。洪范书店出书的目录，我从报上看到过，都很有创新之意。像我写这种老古董，是否可以混到里面去，望你仔细思考一下。如何决定，乃至用何名称，都由你斟酌。

我不是弄哲学的，根本无意形成自己的哲学系统。我的根本动机和努力的方向，都在中国文化的再认识，想由此以确定中国文化的内容、意义、地位，以帮助中国人生精神上能站起来。但我开始做学问的时间太迟，在这方面的收获太小。我只想在各重要部门开辟一条路出来，让后来的人继续走下去。但因为在学术上没有地位，不可能一下子发生影响。眼看着台湾和大陆的许多人，还自甘封闭在混沌之中，此乃无可奈何之事。欣义下年能来香港见面，对我来说，是一大喜事。但说要研究我的哲学系统，那便错了。

你是一个对文化有责任感的人，这是非常难得的动力。因此，对自己的生活、生命，应特别加以郑重、宝贵。烟好像你已戒掉了，酒也必定要有节制。在我的朋友中，饮酒过度的对身体都没有好结果。在学问的成就上，多活几年和少活几年，关系是很大的。我希望下年你回台湾，先解决婚姻的问题。这是一件大事……祝你愉快。

七八、三、廿三

你如到普林士顿，高友工可以和他多接触。还有新泽西州立大学的涂经诒，和 Temple 大学的傅伟勋先生，都相距不远，也应当见见面。洪铭水在纽约，更应当见面。如要他们的电话，下次我可抄给你。

第三十六封

读到你七月二日来信，非常高兴。我很想到你和欣义的地方住两天，但今年大概不可能了。明年暑假在夏威夷参加一个会议（朱熹讨论会），届时可能再来。

你到大陆走了一趟，我从报上已知道，我认为很有意义。……唐诗中的叙事技巧，归纳出若干结论时，我希望能了解一点。

八月初离这里返休士顿，再转新墨西哥，九月初经台返港。希望以后不失掉联络。

八一、七、八

我写了一篇《西汉经学史》，七万多字，本月半可完成。

注：此信发自新泽西州，当时徐先生健康已大不如前。九月在台北住院医疗，稍愈后返港。第二年春天又来台入院，至四月初在台大医院溘然长逝。

　　　　　一九八四年一月十七至二十一日《中国时报》美洲版

徐复观致胡秋原书信　　　　郭齐勇、介江岭　整理

　　我们最近在胡秋原先生的亲属赠送给敝校（武汉大学）的书籍资料中，找到徐复观先生致胡秋原先生的六通书札，初步整理出来，[1] 以飨读者。徐、胡二先生都是湖北人，都是熊十力先生的学生，他们之间交往密切。这六封信，据我们考订，分别写于一九五六年、一九六八年、一九七五年、一九七五年、一九七五年、一九七七年，均与胡先生的著作及他主编的《中华杂志》有关。整理中难免疏漏，敬请读者指教。

第一封[2]

秋原我兄大鉴：

　　奉手教及尊著，[3] 欣感何似！吾兄勇猛精进，前无古人，近在立院又以其余力打一大胜仗。[4] 如吾兄始真可谓不虚岁月年。惟此等著作有一自序已足，此则不免白璧微瑕，然亦无伤大雅也。　兄

---

① 整理工作在二〇一一至二〇一二年之间。
② 整理者按：此信用蓝色钢笔竖写，纸一张。信笺用私立东海大学笺，信纸已发黄变脆，信笺天头正中用中英文写"私立东海大海"。写信时间似为一九五六年四月十六日。
③ 此著作指胡秋原《古代中国文化与中国知识分子》(香港：亚洲出版社，一九五六年)。
④ 似指胡秋原在立法院就教育部方案向教育部长张其昀提出质询。

对朋友决不失信，计日以待大作，①《民论》②正患稿荒。弟近身体甚差，不知何故。敬请

大安

弟佛观上　四月十六日

第二封③

秋兄：

来示敬悉。弟以为兄此次在美④之目的：（1）休养，（2）了解，（3）解释（也须少作）而不必求能说服，因如此，反多引起误会也。《中华杂志》上之长篇⑤通皆看完（此在弟不易），极好。惜须纸太多。望今后每期以一个专题为单元，写约万字左右之文，而选题方面，望以思想为主。传统之中国书生，先求救政治，⑥不能，则退而求救学术。救学术乃吾辈之责任。昨见许倬云谈周初文化

---

① 一九五六年八月一日《民主评论》第七卷第十五期，刊登有胡秋原的文章《由赫鲁歇夫之"坦白"谈世局国运》（上）；一九五六年八月十六日《民主评论》第七卷第十六期，刊登有胡秋原的文章《由赫鲁歇夫之"坦白"谈世局国运》（下）。

②《民论》，即徐复观创办的《民主评论》。

③ 整理者按：此信暂见复印件。信纸用"东海大学"笺，信头写有杜维明的地址和电话，地址与"东海大学"字有重叠，"Wei-Ming Tu，电话（609）921-940，3Q Hibben Apts. Faculty Rd, Princeton, N. J, 08540"。此信写于一九六八年七月二十八日。

④ "此次在美"指胡秋原于一九六八年六月十一日抵达美国，旅行半年左右。参见连载于《中华杂志》第六卷第七、八、九、十、十一号的《旅美通讯》系列文章，以及第六卷第十二号的《对国事的看法》和《旅途见闻与世局要点》。

⑤ "长篇"指胡秋原的《旅美通讯之一：美国在基本上是健康的》，载一九六八年七月《中华杂志》第六卷第七期，总第六十期。

⑥ "政治"前有"学术"二字，被划掉。

一文，^①真是荒唐幼稚，可谓谬种流传，拟写一文 ^②交《中华杂志》，芸书愿刊用否。

学生中杜维明较开朗，有智慧，望兄与其约谈，并由他介绍其他青年。他的通讯如上。^③他现在普林斯顿教书。敬祝
大安

弟复观上　六八、七、廿八

采禾^④问好。你为什么反对徐伯伯打汉奸？

第三封^⑤

秋兄：

昨天晚上有一桌人在一块儿吃饭，弟与宗三兄提及吾兄及《中华杂志》，大加恭维，尤以宗三恭维得无微不至，认为今日台湾，吾兄一人而已。又问弟：秋原对知日派之看法对不对？弟答以绝对是对的。座中当然有人不以弟与宗三之言为尽然。弟谓，将台

---

① 此文指许倬云的《周人的兴起及周文化的基础》，载《中央研究院历史语言研究所集刊》第三十八本（台北：中研院历史语言研究所，一九六八年一月）。
② 此文指徐复观的《从学术上抢救下一代——以许君倬云周初史实一文为例》，载一九六八年九月《中华杂志》第六卷第九期，总第六十二期。
③ "如上"前划去两三个字，难以辨识。"如上"指信头杜维明的地址和电话。
④ 采禾指胡秋原的女儿胡采禾。
⑤ 整理者按：此信用蓝色圆珠笔竖写，信笺为 11 行信纸，纸两张。信封保留，用航空信封，寄达：台湾台北县新店中央新村第五街十一号胡秋原先生。左上角印刷"香港九龙美孚新村百老汇街 57 座 17 楼 D 座"。右上角贴香港五角邮票一枚，加盖"地址正确可免邮误"，邮票左边盖香港九龙邮戳 4-PM 13JUN 1975，即一九七五年六月十三日下午四时。背面盖台北新店收戳，已模糊。此信写于一九七五年六月十三日。

大文学院与中研院史语所诸公与秋原较，秋原何可及哉。盖座中有"院士"两人也。宗三对兄如此佩服，实属意外。专颂

著安

弟复观上　七五、六、十三

第四封 [①]

秋兄：

寄上"读者投书"，[②] 望在贵刊上刊出，并乞暂不必将弟名说出也。敬颂

大安

弟观上　七五、七、九

夜间入信封时遗之，敬补上。七、十

越共附苏反毛，中共甚感痛苦。

[①] 整理者按：此信前面用蓝色圆珠笔竖写，最后两句用黑色圆珠笔竖写，信笺为裁剪的狭长方格信纸。信封保留，用航空信封，寄达：台湾台北市新店中央新村五街十一号胡秋原先生大启。左上角印刷"香港九龙美孚新村百老汇街 57 座 17楼 D 座"，并手写"徐复观"。右上角贴香港五角邮票两枚，加盖"地址正确可免邮误"，邮票左边盖香港九龙邮戳 10-AM　10JUL 1975，即一九七五年七月十日上午十时。背面盖台北收戳 11.7.75-16，即一九七五年七月十一日十六时；新店收戳 64.7.12-9，即一九七五年七月十二日九时。此信写于一九七五年七月九日、十日。

[②] 整理者按：信封中未见"读者投书"。经查《中华杂志》第十三卷七月号、八月号、九月号，只有八月号"通讯"专栏中刊登一封来自香港中文大学的读者信，未具名，其末尾时间为"七五、七、九"，即一九七五年七月九日，疑为此"读者投书"。

第五封 [1]

秋兄大鉴：

《中华》一四六期之社论，[2] 可谓经世大文。弟前寄上之文，若尚未付排，望不发表，因时过境迁也。有人可以"监修"二十五史，此乃"无所不为"之人。无所不为之人之本质，即是随时可以卖国之本质。其年来迭与汉奸有真契，此乃本质上之真契，决非偶然。台湾潜伏之最大危机在此。谨以此数语，伸本期周同先生《汉奸胡兰成速回日本去》一文之义。[3] 贵刊如愿作通讯刊出，[4] 弟决不反对也。专此敬颂

撰安

弟复观上　七五、九、四

---

① 整理者按：此信用蓝色圆珠笔竖写，信笺为薄 25 行信纸。徐复观于一九七五年九月寄自香港。信封保留，寄达：台湾台北市新店中央新村第五街十一号胡委员秋原大启。用航空信封，左上角"香港九龙美孚新村百老汇街 57 座 17 楼 D 座"。右上角贴香港中秋节五角邮票一枚。背面盖台北收戳 6.9.75-16，即一九七五年九月六日十六时，盖新店收戳 64.9.7-0，即一九七五年九月七日。此信写于一九七五年九月四日。

② 此社论刊于一九七五年九月《中华杂志》第十三卷九月号，总一四六期，页四至二○。此社论有两篇：《政治幼稚病之两种表演》、《论"中国人主义"及中国问题之解决》。

③ 该文刊于一九七五年九月《中华杂志》第十三卷九月号，总一四六期，页四○至四二。该文标题见于此期封面。"周同"为胡秋原发表此文的署名。该文已收入《胡秋原文章类编·文学艺术论集》(台北：学术出版社，一九七九年十一月)。

④ "通讯"是《中华杂志》刊登读者来信的常设栏目，经查《中华杂志》第十三卷之十月号、十一月号、十二月号等，皆未刊出此文。

第六封[①]

秋兄：

　　收到四月份之《中华杂志》，[②]知道您已返台，并拜读了您的三月十七日在圣荷西讲话，[③]非常高兴。您讲话的内容，可谓能见其大，能见其远。您的观点，我十之八九都赞成，但前途还是辽远。恨无见面长谈机会耳。最近我晤见由北京（此是合理的历史名称）及成都出来的两位三十岁左右的青年，文化水准都很高，了解不少实际情形，一切比我们向坏的方面所推测的还要坏。而台湾方面的进步，乃在有一自由的社会，让人民能为自己的生存欲望，把能力发挥出来。大陆则把人民乃至干部的能力完全捆死了，互信与自信，完全消失了，这是根本危机之所在。[④]但台湾政治上的进步，仍是表演性的。无真正的民族观念，便不可能有志气，有志节。无真正的贪污观念，在香港认为贪污的，台湾视为家常便饭。无真正的法律观念，法律经常在有权有钱者玩弄之中，国家尊严、政府尊严，根本建立不起来。无真正的权责观念，大家只

---

① 整理者按：此信用黑色圆珠笔竖写，写满三张。信笺用新亚研究所笺，较厚的白纸，信笺天头正中用中英文写"新亚研究所，香港九龙农圃道六号，电话：三一一零一九二一一"。写信时间应为一九七七年四月十二日。

② 此期《中华杂志》刊有徐复观《黄大痴两山水长卷的真伪问题》自序一文。载于一九七七年四月《中华杂志》第十五卷四月号，总一六五期。

③ "三月十七日在圣荷西讲话"是《谈中国问题与留美学界》一文的副标题，为胡秋原于一九七七年旅美三个月中多次讲演之一。该文刊于一九七七年四月《中华杂志》第十五卷四月号，总一六五期。

④ 天头上加了一段文字："蒙文通在文革时当场斗死。徐中舒在劳改中因周恩来来电报解放，当时喜极而发了神经病。"整理者按：蒙文通在文革中受折磨后，于一九六八年病卒，享年七十四岁。徐中舒于一九九一年病逝，享年九十一岁。

在"阳动"而并未曾实干。一言以蔽之，政治社会上的上层人物大体腐烂了，弟认为这是真正问题之所在，"活菩萨也救不得"。学稼兄完成《日本史》的著作，[1] 乃学术界的一件大事，能否开一小规模之庆祝会？

去岁十月左右，弟接到加州大学开清初学术讨论会的邀请信，并指定弟将乾嘉学派与汉代学术作一比较的讲演。弟当时写信与此会之负责人，应邀请兄参加，不知何以未得到答复。弟因此写了《清代汉学衡论》一文，最近可在《大陆杂志》上刊出；[2] 对近人的幻想、胡说，约略加以澄清。然弟对清代学术未曾用力，只靠临时翻书，故文章写得不好。但要点相信已抓到了。刊出后，兄如得暇，望赐阅一过，指其谬误所在，或竟写一文批评为幸。[3] 日本九州大学名誉教授冈田武彦，正约同数人，译弟之《中国艺术精神》。弟与冈田先生全不相识，不知能否得一结果。此书若能在日本印行，所发生之影响，将较在中国为大。孙智燊先生[4] 曾欲译为英文，并译出一段，后来无疾而终。此类书译英文实非易事。

弟现时预定六月廿四日乘中华航机赴美，八月底返港；虽来

---

① 郑学稼著：《日本史》（五册），台北：黎明文化出版社，一九七七年。

② 该文刊于一九七七年四月《大陆杂志》第五十四卷第四期。后收入徐复观《中国思想史论集续篇》（台北：时报文化出版公司，一九八二年三月）。

③ 天头上加了一句："这是人文研究方面的一大障碍。"整理者按：大约是指，没有严肃的学术批评与评论，为人文研究之一大障碍。

④ 孙智燊：祖籍河北宁晋，一九三五年生于四川遂宁。台大外文学士，尝从曾约农教授习翻译，从方东美教授习哲学，一九七一年获南伊利诺大学哲学博士。毕业后执教美国南阿拉巴马州大学近三十年，曾当选阿拉巴马州哲学会副会长，荣获"美国杰出教育工作者奖"；先后担任台大及中国文化大学哲研所所长，获颁文大"华冈教授"，现退休。

回皆由台北经过，然换机仅一小时，故无缘出机场一晤也。

　　专此敬颂

大安

　　　　　　　　　　　　　　　弟复观上　七七、四、十二

　　与学稼兄见面时乞代候。

徐复观致唐君毅佚书六十六封　　黎汉基　校注

校注说明

　　本文所编注的书信，属于《新儒家研究资料》的第三辑。一九九六年十一月，本人经介绍下亲访唐君毅教授的生前居所，拜候其发妻唐谢廷光及独女唐安仁两位女士，得到热情招待，并承慷慨借阅两批书信，允许加以复印及重新整理出版。这批书信，皆原属唐君毅教授生前所藏，死后由唐谢廷光保留整理。一是徐复观致唐君毅佚书六十六封，一是牟宗三致唐君毅佚书六十七封。新儒家三宗师的学问和地位，如今看来已是不言已喻之事情，但他们之间的亲切交谊，认识的人、了解的程度似乎还嫌不够多。如今透过这两批书信的丰富内容，或可略见若干也未可知也。

　　下文刊载的六十六封徐复观书函，原来信封已全部失掉，而徐先生生前写信，绝大多数都不记年份，这为系年带来麻烦。本人不避浅陋，尝试将书函一一归档，涵盖的时段极广：信件 No.1 始作于一九五一年三月三十一日，信件 No. 66 作于一九七七年七月三日。至于系年的理由，可参照本人在书函中所落的注脚，通过其中补充的背景内容，读者或可理解书函的时代性，从而推敲系年有否漏误。书函原来的标点格式或有疏漏，所以在整理时，易竖排为横排，尝试重新标点。书名、文名加上书名号。凡在原函小注及在天地位的文字，以圆括号（　）表示。稿本原缺或模糊汙漫无法辨认者，以方格□记。遇有错别字，加中括号［　］订正，如肯定有脱字，加大括号｛　｝订正。因特殊原因而有暂时保留必要者，一律以××代替，书信原本有一个字就用一个×。限于学力，此文不当之处一定很多，希冀前辈、专家不吝赐正。

No.1　一九五一年三月三十一日

君毅兄：

三月廿二日来示，今日始收到。兄所启示者，皆甚精当，望将原函稍加充实，在《民论》上发表（来示寄返以便补充发表）。[1] 盖今日实际情形与吾辈所期望者完全背道而驰，较之廿一、二年时尤为下流而逼窄。此种文字出于兄手者较任何人为深厚笃实，冀能挽回于万一。弟未与任何人生闲气，仅欲在此种大分际处不能含糊，丕介兄[2]未了解弟之真意也。至兄不以专收集共党资料为然，弟则不敢苟同。共党为今日人类之最大问题，此一问题不解决，其他一切皆无从谈起。若对此种牵连广泛之现实问题不作切实之研究讨论，此乃避实击虚，不仅表示智识分子之未能落实，亦且能表示智识分子缺乏真正之担当力量（弟意今日之学术，均应落到共产党的问题上面，而共产党问题亦必推到学术上去，精

---

① 唐君毅之来信即《唐君毅全集》卷二十六《书简》（以下简称"书简"）之《致徐复观》一（页六三），《民评》在此年暂停之前，亦未见唐有改写此信之文。

② 张丕介（一九〇五至一九七〇年），当时任职于新亚书院，并兼《民主评论》在香港的主编。

粗打成一片，才是挽回世运的方法）。弟每念及大陆沦陷前一般智识分子对政治问题之糊涂闪避情形，辄心痛者不已，日本岩波书店在十年前所出之《哲学》（盖《哲学全集》之意，十二大厚本），为日本哲学家数十年努力之结晶，其网罗之各部门，皆立于人类思考之正统，非常结实，独在《哲学与政治》一门中，全操在共产党偏颇不通之论。大约学院内之哲学家对政治不肯措意，而在其全集体制中，非备此一种不可，故只好让之于共党之手以充数。由此一端，亦可明了共党披靡一世之决非偶然也。至为某机关收资料事，仅系以私人友谊之立场代其收买报纸杂志，绝无其他政治牵连，弟今日已不当国民党员，岂肯作一部｛分｝人之工具乎？望勿为念。惟在人情上绝不敷衍，则大家之入境证即无从着手办理，由此可见现实中之挣扎，实非易事也。

弟观上　三、卅一

来示由东京胡兰成兄转。

No.2　一九五二年一月二十五日

君毅吾兄：

元月廿三日来示敬悉，兹一一奉复如下：

1.细胞原质的单位，乃日人译名，未附原文，恐非□必多。Libido 在此书上译为"欲动"，译名为リビード。

2.协动，乃协同劳动之意，或改以"合作"一词代之。

3.机具说，亦未附原文。盖机械之工具之意。

4.醉于"权利欲"系"权力欲"之误，兄真细心也。

题目望照兄意改正。

陈伯庄文既发表，亦无所谓。[1] 此公当两路而长时，弟曾吃过他的一餐饭，豪华、高贵，兼而有之。大抵此种人专要向外靠一好的资具，否则委琐无聊。中国文化此种处颇有用。弟尝恨年来社会上不仅少互相阐发之文字，且亦无从正面提出反对意见之文字。伯庄之文，只是不能构成一有理路可备之意见，不在其反不反、敬不敬也。兄谓吾人今日向政治关系讨乞丐生活，此实内心之深悲巨痛，亦为中国文化悲剧之另一面。弟于卅三年曾写《国民党之改造》一文，强调智识分子与农工结合，一以矫向农工学习之诈，一以去虚浮游惰之根。今日吾人处于夹缝中，做小工亦谈何容易。惟有一点，吾人必多向社会花气力，吾人必希望由若干凸起之社会团体以为国家之内容，则无疑也。目前办刊物、办学校，弟精神万分痛苦，盖昔日之德与不德，仅为一二人，而今日则为一团体。此团体既无生人之感情，更无生人之品德，对其权威则尽妄妇之能事，对社会则狠之，皆以奴辱之而后快。而对此辈，真语言道断。在此辈中打转，则所谓志愿之望神性，实一玄想而已。弟去岁不肯继续此一刊物，友辈中每不能相谅。今之继续，实一耻辱之继续也。现台湾又谈中国文化，此种谈，比不谈更坏。弟意极欲有一"中国文化之基本性格及其使命"这类的文章，对两方面写：一面将中国文化之精神加以肯定，同时即加

---

[1] 陈伯庄文题为"脱了儒冠做小工"（载一九五二年一月十六日《民主评论》第三卷第三期，页一四至一五），内容针对徐复观的《儒家政治思想的构造及其转进》（载一九五一年十二月十六日《民主评论》第三卷第一期）。

以限定，使其与人类文化相通感。^①兄谓"中国文化之未来必须多方面地撑开"，此实真正了解中国文化病痛语。而今日之谈此者，乃欲其凝闭而为一现实权力之工具耳。弟学力太差，每欲夺［奋］起执笔，而气馁情虚，恐离初意太远，不知兄有此愿心否耳？

求在台湾办一文化事业，比入地狱更难。惟现有两点较好消息，一为教会欲与台湾地方人士合办一大学。美国已有人来此，弟介绍钱先生与地方之负责人士已见过面。如能成为事实，弟希望一文学院能由钱先生担任。又地方丘家，拟将过去被日人没收之田产二千余甲（一甲为十四亩，故将近有三万亩）收回，办一沧海大学，亦断有端绪。且皆以台中、台北为中心，弟亦设法与之联络，此间地方人士，于旧历正月二日，为钱先生设宴，以示钦仰之意。而钱先生又来信谓须赴其小同乡处过年，游两处风景，届时来否未定。^②弟意此两校如有一成为事实，望兄及丕介兄等能来。盖有社会可资接触，较空悬于香港者为佳。此事一靠机缘，一要钱先生用力顶起。

《民论》三期丕介兄之文，及罗香林先生之文，^③弟皆不甚以为然。罗文空疏，而丕介兄之文，则在论点上站不住，易成为口实。

专此敬请

大安

---

① 结果，徐复观在此年写成《儒家精神之基本性格及其限定与新生》，载一九五二年五月一日《民主评论》第三卷第十期副册，共四十七页。写作过程并参信件 No.3。

② 钱穆为在台设校而在一九五二年初多番奔走，信中所提的地方人士包括蔡培火、庄遂性等人。

③ 分别是张丕介《物质、经济与人生》，一九五二年一月十六日《民主评论》第三卷第三期，页七至一一；及罗香林《教育学家杜威博士与中国》，同期，页一六至一九。

嫂夫人统此

丕介兄统此

弟佛观上　元月廿五日

望兄告丕介兄，如经费真可增加，望能与胡汉君一位置。此乃弟之心愿，胡君亦一志节之士也。

No.3　一九五二年三月二十六日

君毅、丕介两兄：

弟见殷海光骂宗三兄一文，[①] 我即拟写一文，对此版作答。因钱先生住台中，奔走学校事，因循久未执笔。及钱先生返台北，始于本月十三日写成初稿（《儒家精神之基本性格及其限定与新生》），十四日携赴台北，请教宗三兄，承其指正数处，比即稍加誊清，请教钱先生，蒙钱先生又指正数处（上有蓝×者系钱先生所指正，已加修改）。今寄港（另航挂）请两兄仔细改正后，交《民主评论》发表。其稿纸上须记有红点者，乃希望特别注意校正之处，其中关于黑格尔之看法，乃取自日人田边元，宗三兄不甚赞成，然弟取以证成自说而已，故未改动。其中关涉及政治者，则望勿改动，盖此间读者，多望读弟之政论文字。在现情势下，实无可下笔，聊于此等处答若干读者之期待而已。及将第一段写成，已为八千余字。盖许多纠葛不能不与解答，结果，四章共约

---

① 即殷海光（笔名"梅蕴理"）《我所认识之真正的自由人》，一九五二年一月十六日《自由中国》第六卷第二期。

三万二千字，实使丕介兄编排为难。幸钱先生一气看完后，谓并不觉其长，故发表时，若须增加篇幅，其印刷费，由弟私人负责。宗三兄希望于《民论》发表后，印成小册，如两兄同意，即以弟之稿费作小册之印刷费，并望君毅兄能在前面写几句话，以补正未尽未确之意，资留心此一问题之所发。[1]（付排完毕后，望将原稿寄还，以作弟我人纪念，盖从未如此认真也。）弟实无能力写此类文字，并所以发愤写之者，实亦迫于不容自己之心。写成后，虽得钱、牟两先生之鼓励，而内心实惶恐不安。此等大问题，岂宜出自不学如弟者之手乎？君毅兄之稿，现在国民党之理论委员会审查中，今日系张晓峰为政，一切大非南京时可比，真无话可说也。学校事，仍须十日左右，始可决其成否。专此敬颂

大安

弟佛观上　三、廿六日

文收到后，望即回一信。[2]

《民论》年来即在反对者之方面，亦不能不承认系代表一部分人之意见。

又君毅兄前谓索罗肯称近代文化为感性的文化为不足，实则真正代表近代文化之性格者为感性的文化，故英国较之德国更为具备近代的性格，此点言之者已非一人也。

---

[1] 后来，唐君毅果然为徐文写了一篇文章置答，题为"如何了解儒家精神在思想界之地位"，一九五二年五月一日《民主评论》第三卷第十期，页二至一一。

[2] 唐之回信即《书简》之《致徐复观》五，页七一。

No.4 一九五二年四月二十二日

君毅吾兄：

弟昨已返台中。大作甚佩（惟前删改一段），已寄返。至如何发表，听丕介兄自酌，丕介兄之大示，亦同时转到，弟无他意见也。

兄文①有两点，弟不甚赞成，此乃关系于兄之根本治学态度者。一、兄心目中之自由民主，实与戴杜衡诸先生之以虚无主义为民主者实同。戴从此点从而歌颂之，兄从此点而无形中加以贬损之。实则人文之设施，只有在自由民主下才有其可能。而欧洲十八世纪之民主启蒙运动（实系一社会性之理想运动），其底子实亦出于社会人文要求。欧洲近代文化之发展，实与此一点为不可分。而老子实系一虚无主义，仅有其近似民主之一面而已。康德在《什么是启蒙运动》（此文成于《第一批判》书之后）一文中，一面指出启蒙运动即知性运动，一面强调自由解放之重要。故弟决不愿将民主精神与儒家对立，而实亦非对立也。二、兄认为只要树立一理想，爱好此理想，现实即可听命，因而不爱谈现实，此系受西方形而上学之影响，并非儒家精神。儒家是站在现在以通过去未来，从现实中通理想的，所以他本身是一道德实践的性格。今日只有能容许大家谈现实，国家、文化，才有前途，故吾人必争取自由民主。还有，弟所留心者，须使今日一般人在精神上有所依恃，故今日最迫切者为大家生活相关之万人文化，而书斋文化亦须落实下来。儒家本身实系一生活体验之文化，因而实系一万

---

① 指《如何了解儒家精神在思想界之地位》。

人与共之文化。有许多纯理论的东西，有可以落得下来者，亦有落不下来者，即所谓观念的游戏。弟上次在农学院以人禽之辨、义利之辨、华夷之辨讲儒家精神，自教授以至学生，皆发生深刻之影响，彼等可反躬自得故也。钱先生作相当休养后回港，[①] 此外不能讲道理，讲，反而更无意思。

敬请

俪安

弟佛观上　四月廿二日

No.5　一九五二年五月十七日

君毅兄：

来示敬悉。钱先生来台中后，身体已大见进步，夜间睡眠渐复常态，气色且较前时为佳，亦幸事也。弟赴日事，因拿不到出境证，只得作罢（大约仍为胡兰成之信的关系）。尊著前日寄到台中，[②] 弟已读完第一本及第二本之半，印象为序文甚好。第五章以下，均甚精彩。第一章弟不甚以为然，且开始时之文字不甚整齐流畅。如兄之说法，希腊人本身之特色不易见。希腊人在学术上最大之成就为几何，几何虽来自埃及，天文虽来的[自]巴比伦，然必在希腊人手中而始渐具"学"的特色（此非由于单纯之接触而已）。且西方文化于多元之中，仍有其一贯之几条大脉络，此中如有其陶铸之功。兄以缜密湛深之思，为中国文化争学术地位，

---

① 钱穆是在一九五二年四月十六日台北惊声堂屋塌时头部重伤，被逼滞台湾养伤，并一度转到台中休息（参 No.5），八月回港（参《唐君毅日记》上册）。

② 即唐君毅《中国文化之精神价值》（台北：正中书局，一九五三年）。

此诚不世之功。（兄之态度，为兄所爱者皆望中国有，凡中国有者皆可爱。此诚仁人之用心，然社会不易接受。）然以石崇斗富之心，含摄太完备，不能割爱（兄在内容与文字上之毛病，似为不能割爱）。故兄之最紧要的意思，常苦于不能凸出，须待读者之自己体会。今日实少此种读者。且兄本"方以智"是工［功］力，尽量推演，举而加之古人，常不易得疏通之效。要之难离，能有此大者，此即中国文化本身伟大之一大表现。弟日内读完，当即寄台北正中付印。

弟文发表到台后，台大文学院及社会上颇多称道。[1] 沈刚伯诸先生，认为数十年谈中西文化之第一篇文章。此不仅为过情之誉，且亦可以见今日文化水准之不够。有一友人来信中有这样几句话，录在下面，供兄参考。弟尝与宗三兄谈："若我有你和君毅兄那样的学问，我相信可以发生比你和他更大的影响。"惜乎我还在门外徘徊，而兄与宗三兄过去又尝失之一宫墙险峻也。友人信云："你把唐君毅先生写的滞涩的、枯燥的题目，写成了火一样的充满热情的檄文，读了以后，的确很使我感动。"即就文字技术而论，兄亦高出弟百倍，弟非不知之。然兄文之所不易为社会了触［解］，盖太求精密而不能割爱，而中国文字之组织本不易表达精密之思考也。专此敬请

大安

弟佛观上　五月十七日

---

① 当指《儒家精神之基本性格及其限定与新生》。

No.6　一九五二年五月二十三日

君毅兄：

你的大著我昨天读完后，寄到台北去了（钱先生因太多不能读）。[①] 你所发掘的深度，可以说是空前的。对自己文化缺点的反省，及百年何以未能吸收西方科学与民主的反省，也都深挚恳切。现代只有你能写这样的一本书，最好我希望有译成外国文的机会。（全文中弟能确断其系错字或多出者，已一一代为改正。）

使我不很满意的，除了东西文化的起源一段，说得太单纯，有点生吞活剥之嫌以外，就是体制还是不够谨严精炼，于是有的地方显得近于纠结。原因是因为义理太熟，写得太快，而又不能割爱。例如"惜物"的一段，"饮食"的一段，乃至婚姻方式等等。几千年历史中，不能件件事都好，尤其是某一事开始时的用意，不能保证到后来也好。惜物是农业社会的俭德，对于劳力的爱惜，对于自然恩惠的感激之情，所自然流露出来的。中国的婚姻制度之一大特色，应从制礼时由男女所发生的社会问题上去看。总之，这种地方，带一两笔，就够了。又你很郑重提出"豪华"两字来渲染一番，我不知有何出处，有何意义？大抵中国文化精神之乐的一方面，只是"和乐且平"（？）四字，在平淡中有人生的喜悦，什么地方安得上豪华二字？王、石斗富，在文化中并无地位。弟所以敢于举出这些不相干的小地方来挑剔，乃所以见不能割爱之例。（此乃受胡兰成之影响而不能割爱。）关于宗教方面，我也觉得说得太多。中国至孔、孟出只能说把原始性的宗教变为人文性

---

① 当指《中国文化之精神价值》。

的宗教。(中国宗教自开始即带人文的意味,把自己的德量推之于天、地,不能说这是宗教,宗教总是启示性的。)此等处,兄之意见,只能说是出于个人的感情。弟意,兄此书,实系一部大著,若能稍加剪裁简炼,其所发生之影响必更大。此乃世俗之见,无关宏旨也。

此间骂中国文化之风大行,说你和钱先生都是冬烘之辈。《民论》十一期胡秋原的文章里说冬烘者,可变共产党,[①] 其意盖有所指。丕介兄喜欢把旁人通的文章改成不通,而于此等地方却全不能领会,真可笑也。敬请

俪安

弟佛观上　五月廿三日

No.7　一九五三年一月三日

君毅兄:

十二月廿七日手教奉悉。兄稿已由君章退回分社,嘱分社即日航挂寄回。兄写之《新年向世界人士敬陈二义》一文太好。[②] 兄坦易无私,为《民论》负责之精神,此乃孔、孟儒家之精神。此精神到宋儒已走样,弟他日当另为文阐发之。兹将《民论》情形简述如下:

一、在未成立社务委员会时,弟推钱先生当社长,钱先生不接受。乃成立社务委员会,彼时萧自诚、陶希圣、李士英诸君都

---

① 即胡秋原《大学者都是反共的——论亚维森纳、文西、雨果、戈果里及其他》,一九五二年五月十六日《民主评论》第三卷第十一期,页七至一一。
② 此文载一九五三年一月一日《民主评论》第四卷第一期。

反对钱先生，弟力打不平。上次在台北，所以我提议扩大社委会，请兄及宗三、丕介、百闵诸兄加入，而推钱先生为召集人，晓峰、昌焕诸先生均同意。《民论》一向欲保持民间之社会事业态度，一向避免衙门之正式公文来往。召集人与社长有何分别？若谓此系出之于弟之口，不能算数，则今日在台湾只有弟对钱先生最热心尊敬，谁人愿多此事，愿出此口呢？若我今日赴台北开社委会（要大家推钱先生当社长），其关键便落在希圣身上，我向他讲好话，假定他来一套官话，将何以收场呢？弟为新亚书院，不知讲过多少话，前岁王雪艇先生特别问我："听说新亚书院学生很少？"我说："为了要撑一块文化招牌，不管学生多少。"王急点头决定。任何人也不曾说我名不正、言不顺，何况钱先生之于《民主评论》。钱先生和百闵先生认为只有徐某走开，才可办《民主评论》，此一心情与态度，弟百思不得其解。

二、关于督印人问题，最先由郑德璋提出最好由金出名，弟不以为然。以后丕介兄又来信，亦提议由金出名，弟不以为然。以后丕介兄又来信亦提议由金出名，并谓每期须由督印人签名，始无麻烦，弟亦不以为然（弟意最好暂时不动）。后在台北接洽今年度经费，稍有头绪，而郑、金两君又再三来信，谓此事非解决不可，故建议分别由两君出名。但信中说明如丕介继续，则主编名可以不动；如不继续而又不将郑君之名提出，则将谓我亲金而疏郑，但再三谓此事最后须决定于钱先生。此时更不知百闵兄愿负编辑之责。弟不积极作此建议，则丕介、维理均走了，《民论》即等于散掉。弟岂以此而示惠营私乎？预算必须由钱先生重新决定，但人手减少，为资鼓励，故建议加郑五十元，加金二十元。此点从未与郑、金两人提过，此特恐钱先生忽略，故从旁提醒。

三、弟一得兄推百闵兄负编辑责任之位后，除复信赞同，并函郑、金两人竭诚帮助百闵兄外，并分函雪艇、晓峰、昌焕、乃建诸先生，极力告以为《民论》得人庆幸。乃建来台中，谓百闵不如德璋，德璋文字不错，百闵在《自由人》之文章，不知所云等等，弟力加辩护。得钱先生十五日来信，告以推百闵兄之信过，并谓"社中事由兄遥领……"弟比复函谓，编辑与社务不可分，必须由钱先生与百闵兄全权负责，万不能由弟遥领，弟仅可在台效奔走之劳。此信兄可向钱先生要来一阅。

弟痛感中国民主政治不立，人文即不能发展。中国不能等工商发达后始行民主政治，必智识分子能在社会上共同作若干社会性之事业，以形成国家之内容与基础。然年来亦深感此事之不易。盖斗争之精神，随处表现为一种排斥性、排他性。弟性情急躁，说话与函件中常措辞失当。然自问稍可自慰者，心地干净，无不可告人之私耳。《民论》事弟再向兄提出三略，烦兄劳神考虑后见示：

一、作照兄第一次信及钱先生十二月十五日之信处理，由百闵兄负责，由钱先生总社务之成。香港社务事，弟概不过问，遇有困难时，再设法解决。

二、如钱、刘两先生一定不愿意，则望兄负责两个月，弟多在台北找文稿寄港。俟重新上轨道，稍有基础，郑德璋已有把握，或可来港，兄再专心著作。

三、暂时关门，以待他日之恢复。

观胆病复发，饮食大减，不能多惹此类问题，望兄谅之。

敬请

俪安

　　　　　　　　　　　　弟佛观上　元、三

望速回一示。

No.8　一九五三年三月十四日

君毅兄：

三月十日来示奉悉。编《民主评论》，任何人负责都是一种牺牲，也都有许多困难，且都不能令人人满意。《民主评论》存在的价值，老实说，主要在钱先生、宗三兄和你三个人。沿着这一条路走，再看如何求配合以扩大社会影响。百闵兄的用意是很好的，过去丕介兄和我，也常作此想法，但结果多半是弄巧反拙。百闵兄继续不继续，弟无意见。弟来港，恐怕弄不好出境证（弟中年失学，急于读书，但不得已时亦可为《民论》而牺牲，惟出境证成问题）。刊物，弟意总是在香港编的好。兄如愿牺牲，望兄能暂负责。内容当然以文化为主，但文章应考虑技术问题（此点最难，我请兆熊兄写《忆鹅湖》，希望在一万字以内，结果写了四万多字，我请他减少一点，他说非这样长不可。此仅一例，实际各人皆有此毛病）。一、不可太长，二、力求显豁，三、问题之接触面较宽。至于国际政治文字，有则用，没有也不必求其期期都有（弟主张多选用译稿）。弟亦可在台湾多负责找文章（找文章便要参加一点意见，因有许多社会关系在里面，不过，你对此当可互谅）。如兄不能牺牲，则丕介兄再负责，弟亦赞成。只要朋友之间能长短相补地合作，而尽量控制私人意气，决无办不好之理。在台湾编究不好，弟亦可向宗三兄征求意见，但总以在香港编为宜。总之，此事弟可来港，但能不能来无把握。故月前仍望兄商同钱先生、丕介、百闵两兄在港决定。钱、刘两先生望兄负责，弟自不待说。

弟性情冲动，然对人从无成见。弟只不赞成陈伯庄先生所谈的哲学，且对他的估计没有他自己的那样高，但并不菲薄他。我并不反对他在《民论》上写文章。弟只求朋友不对我存成见，我亦决不存成见。弟除私事偶与郑、金两君通信外，只要他们听钱先生的话。我想，各人都有特性，弟相信决无不听到钱先生及兄之话之理。果如此，当然可以调动。敬请

大安

弟佛观上　三月十四日

友人徐君写了信□钱先生，不赞成伯庄的文章，弟事前不知道，凡此决非出自弟意。

No.9　一九五三年三月十六日

宾四先生、君毅兄：

昨复君毅兄之信太拉杂，故补陈如次：

一、刊物可加强在台湾之拉稿推销工作，但观意编辑必在香港。

二、观前原拟来港。钱先生亦曾代函托唐乃建代观办出境证，月余无下文，后乃建兄面告，他曾转商晓峰先生及周宏涛先生，未作肯定表示。乃建兄之意，他可以勉强为我办出境证，但出境后恐怕他们留难不让我回来（何以不让我回来，百思不得其解，今日事只好混沌地过，不必得解）。观留台去台，皆无所谓，但若以此使朋友为难，使无知自私之徒侧目，实在可以不必，故观无

意来港。

三、刊物目前只好劳君毅兄负责，但他的工作太繁重，身体吃不消。故观建议两点：1.君毅兄在编《民论》期内，将新亚之教务交出，并将新亚之钟点减少。2.将《民论》之现金账目等项，交由新亚主持者，此项业务者一并主持，使郑、金两君多做编辑工作。如此，则可较节约君毅兄之精力。

三〔四〕、办刊物系对社会负责，故刊物须考虑社会之要求与接受能力，而与之诱导所发。然《民论》早已成一风格，无法以"时论"与人争胜（与《自由中国》相差便远）。况《民论》到台湾与海外，常在半月之后，和报纸上毫无分别之文章，因时间关系，不可能引起社会注意，且使旧有读者失望。百闵兄之认真精神可以佩服，然彼如长期负责，则改变作风，未尝不可。短期负责，而改变作风，徒增社会之迷惘。观主张刊物应该与社会通气，否则何必办？但通气须在文章上及问题之接触面上讲求，不必把原来的风格方向抛弃掉。（前胡适之先生在台北讲学，观觉杜威哲学在整个哲学中之地位，及胡所讲者在杜威整个哲学中之地位，皆有可批判者，故欲宗三兄针对此写一文章。但宗三兄来信，大加教训，大意谓：1.不可赶热闹。2.社会看不懂的地方，应该来问云云。其实，这完全是先生对在教室对学生的态度，不是智识分子对社会负责的态度。以我们关系之深，怎样都可以。但与社会通气则难，观不十分相信百闵兄之通气方法，也不相信宗三兄之看法。然此事说易而做难。二者不可得兼，似仍以守住原来方向为好。）观意，今后不妨更侧重文化方面，并多介绍一点外国的东西。政治方面，也只从思想制度上谈，则君毅兄可无顾虑。

去岁李辰冬来看我，恭维我一大顿。随后送来一篇文章，[1] 观翻阅后，实不敢恭维。尤其是我讨厌对旁人之说法不求了解，而自己以几希之见抹煞一切。故比即将此文寄港，并附加意见，望由港径自退回。后李查此稿下落，观乃自函催退稿，而百闵兄谓此类来稿不易。观比即后复函谓如愿发表更好。现已发表，不知钱先生对李之看法是否赞同？（实则刊物事一切由港决定，观无不赞成之理。）

敬请

大安

佛观上　三月十六日夜

又观对《民主评论》之时论文章，无暇过目。友人偶有提及者，观亦以未看过作答，故观毫无成见。

No.10　一九五三年四月三日

君毅兄：

弟因携小孩来台北住了几天，两示均由台中转到奉悉。《民论》望由丕介兄或糜先生负责，[2] 弟无不赞成之理。烦兄仍与钱先生及丕介兄一商。不得已时，弟只好移住台北，试负数期之责（任何人负责，弟决在台北设法拉稿帮助，台中编不可能。社内经费情形，弟甚隔阂。如必由此发稿，势必弄清楚后重新支配，如经费

① 当指李辰冬《中国文学史分期的一个建议》，一九五三年三月一日《民主评论》第四卷第五期，页一四至一七。

② 疑是糜文开。

支配得来，望在港设专人编辑）。惟此间现无一稿，恐脱期。弟近写《中国之治道》一文，[①]尚未成（弟读《陆宣公集》，悟得"无为"二字）。弟内心实不愿兄负责，因兄生活太苦。敬请

大安

弟佛观上　四月三日

望速回一信寄台中。弟原定今日回台中，现多留一天担稿。

等你的回信最后决定。

万望丕介兄能再出山。过去不会伤了友谊。经费可设法重行支配。糜先生编亦好。万一要在台北编几期，弟先行约定办法如下：

一、钱先生、兄及丕介兄及甚有关系之文章，不必寄台，仅由兄（或郑、金两位）告知题目及字数。

二、留八千字左右之篇幅，由港临时添入共党及临时性之文字（并此间须找一专人助手）。

三、伯庄先生之世界大事分析，[②]如以一般稿费计算，弟觉亦可继续采用，惟防止其中出毛病（万一不留心的毛病，此类文章郑德璋辈可看）。

---

① 即徐复观《中国的治道——读陆宣公传集书后》，一九五三年五月一日《民主评论》第四卷第九期，页二至一〇，一五。

② 一九五三年，陈伯庄在《民主评论》内一连有三次《世界动向分析》登载，分别是第四卷第三期（二月一日，页二至五）、第四卷第五期（三月一日，页二至四，九）及第四卷第七期（四月一日，页六至八），而在第四卷第六期"对史太林死后政局之分析"专号亦有一篇《不可轻视敌人》（三月十六日，页六至八）。

四、黄华表先生之《清代词人别传》，^①弟赞成继续刊登，惟毛以亨先生之文章实不敢恭维。^②

No.11　一九五三年四月十四日

君毅兄：

弟今日已来台北。五月一号（第九期）出版之一期，兄可否写一篇万字以内之文章。^③钱先生关于司马迁之文章，如第八期未付排，望千万赶出，并明示字数，以便作第九期之第一篇。^④又丕介兄有文章否？乞便中问明，以便决定目录。万乞迅回一信为幸。敬请

俪祺

弟佛观上　四月十四日

又陆宣公《翰苑集》，弟早读完。现吴忠信先生借去，俟归还后即寄港。

弟今日在车上读了 Barbara Ward（英国人）之 *Policy for the West* 的日译本，最后一篇《对于自由的信仰》，与兄之基本看法几

---

① 此文在一九五三年刊载连载极久，分别是第四卷第三期（二月一日）、第四卷第五期（三月一日）、第四卷第七期（四月一日）、第四卷第八期（四月十六日）、第四卷第十期（五月十六日）和第四卷第十三期（七月一日），皆是载于封底。

② 在此之前，毛以亨在《民主评论》曾刊登二文，即《三余堂劄记》序（一九五三年一月十六日第四卷第二期，页一五）、《艾森豪就职演说的分析与瞻望》（一九五三年二月一日第四卷第三期，页六至九）。

③ 此事没有下文。

④ 一九五三年四月十六日，钱穆如期在《民主评论》第四卷第八期内刊登（页二至四），题为"中国古代大史学家——司马迁"。

乎完全相同，使我很感动，拟找到原文后托人译出。

弟希望写一篇由欧洲的启蒙运动来衡定五四运动之价值的这类文章。此种疏导性的文章，只有由兄写。宗三兄霸气太重，恐徒增误会。

No.12　一九五三年四月十九日

君毅兄：

弟来台北，整日忙于找稿，然技术上实有许多困难。例如十五日出版者，不知用了哪些稿。请您写之稿，亦不知是否已经有了，而此间发稿又不可太迟，此实一大困难。弟意兄与钱先生仍劝丕介兄负责，请其不必负气。又昨晤吴士选先生，彼仍设法来港，弟比劝谓，如来港，可否负《民论》责？彼亦似可商量。总之，在台北编，系不合理的。只要大家可以互信，我在此间可以帮许多忙。近数月来，凡弟所接触之读者，对宗三兄之文章无不摇头。（在一九五〇年，宗三兄很有一批读者，现在都失掉了。）昨日先后来了四个朋友谈天，有人提到宗三兄的文章，即不约而同地说不敢领教，弟为此所费之口舌，不知凡几，使精神感觉痛苦。致此之由：一为理境，一为习气，一为慢心。今日欲将吾人之理想与社会通气，此中须有一番苦心，须费一番气力。不知兄为何如？弟论中国的治道一文，[①] 乞兄费神详看一次，什么地方是对的，什么地方是错的，什么地方理解得不够，您这样地告诉我，对我才有益处，我要您看我的文章，老实说，不在决定是否可以

---

① 即《中国的治道——读陆宣公传集书后》。

刊出，而是要把我推一步向前，此良师益友之所可贵。胡适之先生曾向我说，老子继殷而主柔（系亡国民族），孔子除继殷外，更吸收了许多东西，所以才有刚义的转变，他举"犯而不校"这一段，说"昔无吾友"之"友"，指的是老子。此系臆说，不足以为证（他之所以这样地向我说，因为我去年在儒家精神上批评了他）。然弟意，饶先生之文，望请钱先生看一次。批评人家的，总要在理论水准（或材料）上站得住脚。我们应提倡良好的批判精神。

《自由人》每月之人事费为一千〇四十元，《民论》似尚未超过此数。六、七月间，弟或有另作安排以资节约，而不致减少人力之机会，目前望能暂维持现状。（资料将来有卖钱的机会时，我可以送一批作《民论》基金。此处不能详谈。）候您的信尚未见到，今晚即须决定五月一日之目录。敬请

俪安

弟佛观上　四月十九日

No.13　一九五三年五月十八日

君毅兄：

来示敬悉，弟□兄写形而上学问题者，盖因此间若干人一提及形而上学，即认为怪诞之谈；而另一方面，则确以杂乱怪诞之谈为形而上学。实则中国历史文化中形而上学并未发达，故弟欲兄针对此种情形写一文，仍为文化观点。惟兄另写一文更好。《民论》于萎缩混乱之后，故弟欲将写稿取稿之范围稍扩大，以增强生命力，尔后再逐渐条理。弟在此收稿看稿后寄港，仍须兄及钱先生指导，郑德璋君逐期安排。十一期有宗三兄一文作第一篇，

十二期有张佛泉先生作第一篇，十三期望兄有一文。^①弟九期一文发表后，此间有种反应，即平日最讨厌线装书之人，看此文后，亦觉线装书也未始不可以一看。请转告丕介兄写文。弟近得一批佛书，大体系天台、华严、禅三宗者。文多明版。

敬请

俪安

弟观上　五月十八、夜

文章长，少安两个题目，弟觉亦无关系。

No.14　一九五三年六月二十日

君毅兄：

六月十二日来示收到，钱先生料事如神，前天看到晓峰，果然对刘博昆一文^②大为不满，认为主要是骂他的，我略加解释后也就算了。处理文稿实难，此文要来后我已勾去了一大段，可是火气依然这样大，不登人家，说《民论》的骨头不硬，登了无其不闯祸者。最近经国先生要和我见面，见面后，我以极坦率诚恳之态度相对，结果总可增加友谊上的谅解。

第十三期有宗三兄一文，十四期便要以兄文作第一篇，兄谓

---

① 在一九五三年的《民主评论》第四卷内，第十一期及第十三期并非如徐复观所设计以牟、唐之文章作第一篇，只有第十二期是以张佛泉的《自由观念之演变》（一九五三年六月十六日，页二至八，二六至二八）为首。

② 即刘博昆《十字街头的立法院》，一九五三年五月十六日《民主评论》第四卷第十期，页一〇至一四。

将对 Dorsey 及 Northrop 加以讨论批评，实属必要。[①] 张佛泉谈
《民论》内部情形，总要兄及钱先生不时去看之自由主义一文，弟
亦拟加以批评，但不知有此气力否。弟无时不以兄之身体为念，
人总要有些散开放下的生活，不能随时凝摄不放。弟为作读《朱
子全集》的准备，最近看了一些禅宗的东西，日人铃木大拙年
八十余，负禅学大名，弟觉其在紧要处弄错了，后读他人之书，
果与弟见相合，清人有《宗范》一书，弟无意间得之，无笼统恍
惚之病，比近代日人之研究，实高出多多也。（此后《民评》在台
可收之稿不多。）

　　敬请
大安
钱先生、丕介兄统此

弟佛观上　六月二十日

No.15　一九五三年八月十一日

君毅兄：

　　来示敬悉。教会大学，恐根本办不好，一因美国教会之成见
太深，不仅要教职员全由信徒担任，且要求学生必须出自教会家
庭。经再三中国人士之争执，始改为五分之一可以容纳教外人士，
此与共产党之阶级观念，有何差异？且后面有九个教会大学作底
子，将来必成你争我夺之局。兄对宗教哲学，特有兴趣，此系由

---

① 牟宗三文即《人文主义的完成》，一九五三年七月一日、十六日《民主评论》第
　　四卷第十三、十四期。唐君毅文即《西方文化之根本问题》，一九五三年七月
　　十六日、八月一日《民主评论》第四卷第十四、十五期。

兄之特有气质而来，即所谓"性之所近"。兄认为宗教为西方文化之核心，亦只是个人兴趣之所专注，遂自然以所专注者为宇宙中心之看法。不如此，便不能深入，但亦因此而常不易客观也。《西方文化的根本问题》，只读到《民论》十四期所发表之一部分，下部尚未看到，寄到时当细读。[①]宗三兄之著作无法发表，一为时代风气问题，一为个人著作之态度问题。古人及近代大哲，一书之成，皆钳锤百炼。宗三兄有关中国历史精神之著作，[②]其中确有精义。然通体看，只能算是初稿。在台北，彼以此稿示相熟之朋友，无一人赞成其为完成之作者，又何怪书店乎？

兄对民主政治之看法，始终隔阂一层。因为你总是要把各种问题，金字塔式堆上去，所以始终安放不平整。例如民主政治，固然一有赖于社会文化之多端发展；但社会文化之多端发展，亦有赖于民主政治之建立（这是互相的关系）。又如民主政治，固须以理性主义、理想主义为基础；然理性主义、理想主义，亦不仅赖民主政治而其可得一发展之保证，且亦可因民主政治而得一发展上之互相制限。民主政治作用之一，在于使政治与学术思想之间有隔离，不使任何思想主义，直线成为政治上之设施，不使任何思想主义直接成为一政治势力，凡直接成为政治势力之某一思想主义，必毒害其他思想主义，而成为理性杀人之事。兄以和平之基础，推至基督教义而至极，然耶苏［稣］不是明明说过"我来不是为了和平而是为了斗争"吗？中世纪之虐待异教徒，在基督教义之本身，岂全无根据？王通说"乾乾"两字可以概括《易》义，程子便认为天下的道理不可执一端而尽量推下去（大意似乎

---

① 即《西方文化之根本问题》。

② 即牟宗三《历史哲学》。

是如此），此意似可深思深念。兄前在《自由人》一文（弟未看耳，只听人说过），甚引起此间若干人之反感，吾人谈问题，以对政治社会不仅须有佛心，而且须有仙手。此今日立说之所以难也，不知兄意以为如何？敬请

双安

弟佛观上　八月十一日

你的天才型的小女儿，长得很好吧。

No.16　一九五三年八月二十二日

君毅兄：

《西方文化之根本问题》已读完，读得很费力。社会上能通过文字以了解兄之真意者已甚少，了解兄之真意而加以接受者将更少。所以这不适于作杂志上的文章。你在《人生》上写的都很好，我希望你以比较轻松的情绪，为《民论》多写几篇浅近而富于启发性的文章，或介绍点西方思想（一篇文章只介绍一个，疏解重于批评）。弟每觉兄近年来在谈到根本问题时，无形中总流露一种感情上的偏执，例如此文说"没有黑格尔之哲学，人类战争仍照样进行，而且是毫无意义的进行。这样的世界，才更是残酷的"，以反映出黑格尔之战争哲学，"正是对感战争之残酷的人之一无尽的安慰"。常识地说，只能在战争之目的上辩白其孰为有价值、孰为无价值，这是中国文化的态度。黑格尔所发现的战争的意义与价值，真就可为人人所承认而与人以安慰吗？未被承认其价值的行为，对其行为即系一种抑制；某一行为而承认其价值，即系对

某一行为加以鼓励。无张竞生之《性史》，人亦有性行为，由张竞生之《性史》而公开宣扬（公开宣扬，即赋与以价值），将藏在人类私处的东西，加以公开化，从某一点说，也是与人一种安慰。但这种安慰，只是鼓励乱交而已。兄既不以战争为然，而如此曲折地为黑格尔作宽解，弟实不敢苟同也。黑格尔之《理性与现实及历史》，以全面的肯定，实际是取消了理性，取消了道德。理性与道德，以在现实中有所对而表现；无对，乃现象以上境界。弟常抱此而怀疑，不知兄以为然否？

《民主评论》缺稿，望兄急写几篇较轻松的东西。在你认为轻松，在社会即认为恰到好处。在《民论》一、二卷时，兄与宗三兄在台拥有不少读者。三卷以后，即减少，此弟所时刻留心考察而得者。

敬请

俪安

弟佛观上　八月廿二日

钱先生身体如何？

No.17　一九五三年八月二十二日

君毅兄：

顷发一信后，现又将你的文章再读一过，最后一段，实在非常确切而精彩。[①]你说东方重在如何用工夫（在中国，禅宗贡献最

---

① "最后一段"者是指《西方文化之根本问题》的第十节"略论西方思想不能致天下太平成人文悠久之故，与东方智慧之方向"。

大），要在根上超化一切非理性、反理性者，这实在抓住东方文化之命脉。因为你的文章思想发掘得太深，纲牵得太大，常不易使人看出你的脉络。你说西方宗教有信而缺瑜珈行与证，这很有意思。基督教不容许人成为上帝，而佛教则要人皆成佛，佛众不二。西方是要把理性在客观中实现，东方则先要在自身中实现。我近来常常想禅宗所追求的到底是什么，在你的文章结论中得到明白的所示。不过站在办刊物的立场看，把论题加以限制，将这样的内容分成几篇写，总比较适合些。敬请

俪安

弟佛观上　八月廿二日夜

No.18　一九五四年一月八日

君毅兄：

久未奉来示，近况想甚佳胜，日本大野信三先生（年约六十岁，其弟现充菲律宾公使），明治大学教授，对经济学、社会思想及佛学均有研究，为人恳笃细密，远出安冈正笃之上。彼看到兄之《中国文化的精神价值》后，甚为佩服，最近来函，创办《新生亚细亚》月刊，欲兄为其撰写一文（自四千字至一万字），特别希望兄将上著写一提要（八千字左右，彼间编〔篇〕幅甚经济），以便特为介绍。兄写成后，望誊录清楚，直寄"东京三鹰下连雀大野先生收"，并望兄与伊一函，彼对中文皆能阅读，如何？敬乞示知。《民论》百期纪念刊，望兄届时安排次序已。旧年时《民论》是否须有节赏，亦乞兄就近决定。

敬请

大安

弟佛观上　元、八

No.19　一九五四年一月二十六日

君毅兄：

元月十四日来示顷转到，大野先生系诚笃之学人，彼等之团体系日本右翼社会党之理论灵魂。《新生亚细亚》新出，弟亦尚未见到，但系一般性刊物，其目的在促进亚洲之团结。兄之第二题目甚好，望写一万字左右（勿太长）寄去。弟近治病，不能写文，闻钱先生身体欠佳，纪念号上如不能写长文，望于前面写一提纲说明性之短文。李济之先生送来一文，态度内容均好（中国古史问题）。弟性情冲动，在《自由人》发表批评吴、胡先生之文章，得罪人太多。敬颂
大安

弟观上　元、廿四

弟廿六日回台中。

No.20　一九五四年五月二日

君毅兄：

四月廿九日手教奉悉。弟在《民论》八期一文，系因读朱子之言所引发。吾人今日谈中西文化，无非出于对当前的国家与人类所发生的迫切之感，而不在于争高论下。弟学力不足，然内心

常有此一受不容自己之情，遂不愿在分门立户上停下脚跟。恳挚如兄，当可相谅。此外，则常落于两面不讨好之中，然今日岂个人讨好之时耶？兄与宗三兄之文，弟虽不能全部了解，但实不时往复于弟之胸臆，从此等处实得力不少。惜年龄日衰，精力渐替，虽终日碌碌，而所获无几，乃真有任重道远之叹耳。上月初，丕介兄曾函郑、金两君，嘱《民论》为钱先生出纪念刊，弟乃知钱先生今届六十。弟得郑、金两君函后，觉能写肯写文章仅此十数人。与其分别出刊，不如合在一起，曾以此意托郑、金两君转商丕介兄（因弟过去曾奉两函，均未得复）。丕介兄未作肯定答复，故正式函贯之及兄与丕介，以便作一决定。旋得贯之兄来函，意谓仍各别办理。兄来函，似谓新亚办理。约人写文事，弟已着手，弟自己拟写有关陆象山之一文。但《民评》是否亦须出纪念号？[①]若出，则文章如何分配？若不出，则弟拟于七月份写一祝寿社论。[②]但无论如何，仍以印少数征文启事（简单者），分寄于有关之友人为佳。而征文之截止日期，最好为九月。前钱先生来信，亦主张截稿不宜太速。牟润孙先生似不能写兄所述之文章。总之，此事仍望兄与丕介兄一商，作最后具体决定后见示也。专此敬请

大安

弟佛观上　五月二日

　　《华侨日报》之文，弟系出以恳切之诚意，惜此间不能见到此文耳。

---

① 结果，在一九五四年十二月一日《民主评论》第五卷第二十三期特设"钱宾四先生还历纪念专号"。

② 此事后来搁置。

皇天不负苦耕人，新亚如能得耶鲁大学之帮助，而与之合作，实钱先生与兄等年来苦心敬谊之所感召，且因此而使美人能有真正了解中国文化之机会，实为对人类之一大贡献。虽有智慧，不如乘势，今日之势固在美国也。

No.21　一九五四年十一月七日

君毅吾兄：

前在《民论》,《我对哲学与宗教之抉择》一文，[1] 不仅见兄学力之深，尤足以见兄宅心之厚。程子所谓"满腔子皆是恻隐"是也。此篇文字亦甚整饬，钦佩何已。弟曾告郑德璋君，多与新亚研究所联络以开辟稿源。惟近见谈斯图噶学派一稿，[2] 弟不甚以为然。做研究工作，似应采"小题大作"之方法，对一问题搜集材料须勤整理，须精密，乃能积日累功，渐有所成。若急于写文章以发抒不完备之见解，不仅文章不易精彩，尤非认真研究之表现。沙上楼台，随成随毁，不知兄以为然否？润孙兄初来港，人地生疏，乞兄多多照应。弟《象山学述》一文，兄阅后，乞先赐一简单之指示。

敬请

俪安

弟佛观上　十一月七日

---

① 即唐君毅《我对哲学与宗教之抉择——〈人文精神之重建〉后序兼答客问》，一九五四年九月一日《民主评论》第五卷第十七期，页二至五，九月十六日《民主评论》第五卷第十八期，页六至一二。
② 此文似被搁置，作者不详，据《书简·致徐复观》，仅知其人姓叶。

No.22 一九五四年十一月九日

君毅我兄：

五日手教敬悉。关于《民评》专刊之文，合并新亚之内一事，弟甚赞成。惟：一、必须全数采用。二、稿费由新亚负责。此事已另复兄及丕介兄一函，由德璋转交，以便兄等迅作决定。

一切事业之成功，首须赖于对事业之诚意。真有诚意，则可将个人之小利害及情绪等压下，而一以事业之客观要求为主。此种诚意，乃由两个通路而来：一为西方近代之产业精神，一为东方之道德精神。若二者无一，则只是满足个人之兴趣，凑一时之热闹耳。"不诚无物"，弟近一两年来始感此言之真切，似可与兄意相印合也。弟意，兄最好摆脱教务，多在授课及学术研究上致力，或更为实际而少纠葛，不知兄意如何耳。

弟以为知识与德性，不从方法上分为两途，则中国文化将始终无确定之地位。本世纪初，西方若干思想家，亦渐觉悟到此。向外开辟，成就知识，不能否认一般之所谓科学方法；因此，我国过去在此一方面者，自属幼稚，无可争辩。向内开辟，直探本源，乃中国佛教及宋明学所走之路；在此一条路上，不关涉到科学方法等问题，亦非科学方法所能检验。中国文化，在此一方面，乃有其坚确之地位，且以此补现在文化之缺，对现代文化注入一新生命。然人的生活，是关涉到两方面，而关涉向外的多，由反省而感到须向内者，实需要更大之自觉。朱子内外兼管，其局格自较象山为大；然向外之追求，对于向内之开辟，只是间接的、支离的。把这一点厘划清楚，然后中国文化不走科学的这条路而能有所建立，乃可以凸显出来。至于陆、王之异同，实由儒释之异同而来，性体圆融，然因入路之不同，结果自有消极与积极之别。阳明的事功来自天才的成分者多。陆系守儒家之真规模，根基结实而少流弊，王则易飘荡而失所守。现台湾大讲王学，弟尤所不喜。以此为弟写《象山学述》之主要动机，乞兄详加指示。敬请

大安

弟佛观上　十一月九日

No.23　一九五四年十一月二十五日

君毅我兄：

手教奉悉。遵即函郑、金两君，望能于下月中出刊。弟《荀子政治思想》一文，[①]为字数所限，言之未能条畅，然对荀子礼的思想，似乎稍稍把它弄清楚了。抽印本曾寄一份给润孙兄，兄有暇时望赐指教。弟年来受兄及宗三兄之所示感发者甚多，尤其是兄之肫挚气象，如常在弟之目前，无形中使弟稍知所敛抑与自励。年境俱促，心愿无穷。头脑中常有不胜许多问题压迫之感。正不知今后尚能寸进否耳。专此敬颂

大安

弟佛观上　十一月廿五日

---

① 即徐复观《荀子政治思想的解析》，《中国政治思想与政治制度论集》（台北，一九五四年十一月）。

No.24　一九五五年八月十九日

君毅兄：

弟为东海大学阅卷来台北。宗三兄因婚事去台中，彼在此一方面之生活，实近于变态。朋友间多讲则反伤感情，但愿此次在台中，可一拍即合，作一正式解决，则对其生活将裨补不少也。

钱先生前数日来信，谓胡小姐即返台，将可以新亚近况见告。彼对新亚内情，似有痛心疾首之意。不知究竟为何？须看其在《民主评论》上《中庸新义》一文[①]将中国文化和根拔掉，由此可知其内心全是漆黑的，其用意大约依然是对弟之继续答复，且反驳宗三兄在《人生》上之讲辞。宗三兄之话未尝无流弊，但此仅语言上之流弊。钱先生则完全是因其个人行为所引起的心理上的反动。此类语如出于他人之口，尚无所为［谓］，因出于钱先生之口，则不可以不辩，但弟因写《西汉政治与董仲舒》一文，[②]尚未完稿，中途又生出许多当搁来（弟此文对我国历史之了解，有澄清之力），所以希望兄就《中庸》之基本意义，很平实地写一文，对钱先生之说法加以纠正（此种处不能太世故）。[③]《中庸》全书之最吃紧处，乃在"是故君子戒慎乎其所不睹，恐惧乎其所不闻，故君子必慎其独也"数句，不知兄以为如何？敬请

大安

弟佛观上　八月十九日早

---

① 即钱穆《中庸新义》，一九五五年八月十六日《民主评论》第六卷第十六期，页二至八。

② 此文刊于一九五五年十月十六日《民主评论》第六卷第二十期，页三至一一，十一月一日《民主评论》第六卷第二十一期，页二至八，十一月十六日《民主评论》第六卷第二十二期，页七至一一。

③ 结果，唐君毅仍没有公开驳斥钱穆。

《民主评论》弟极欲摆脱。

No.25　一九五五年九月十一日

君毅我兄：

手教敬悉。兄不便与钱先生谈学问，借以维系团结，此点极关重要。由此可见兄不仅对书卷有大智慧，即对事务亦富有智慧也。前一周接钱先生来函，问对其《中庸新义》之意见，弟比复一函，提出三点：第一，彼不应将儒家思想融入于一部分的庄子思想之中，作两千年之书案文章。第二，人禽之辨，君子与小人之辨，为中外人文主义之骨干，因此而重视教养。此乃人文主义与自然主义之大分水岭。第三，西方之自然主义，总系由某一自然科学或逻辑命题推出，或扩大艺术上之观照态度，但钱先生之自然主义皆无上述基础（并谓受西方思辨哲学之影响，兄与宗三兄有时推论太过，但方向没有错误）。写上信时，正因精神痛苦，措辞过于率直。昨接钱先生回信，谓"以庄子义说《中庸》，正是拙文着意用心处"，而谓人禽之辨为"门面语"，再三欲弟"再思之"。弟昨晚复一长函，主要说明《中庸》上承《论》、《孟》（弟意后于《孟子》)，下启宋明之地位，同时儒家之道与天，与道家之道与天之不同，二者不可牵合。且儒家在性情上用功夫，乃无间于汉宋之大纲维。其能在世界文化中有一地位者，正在于此。此一大套学问，若不赞成，亦应如保存古迹之方法，保持原有面目，使世界文化史中多一文化之原型。弟此信之意义虽不周衍，但对其诚即存在之解释等，皆已提到。惟以情形推之，对钱先生不会有影响。因彼对其思想甚为欣赏固执，且将写一篇《易传》的文章，以自成系统也。时下之风气，只是不老实，喜欢出小花头。钱先生与胡适、顾颉刚们，皆系一型之人物。此一代不论自任何方面讲，皆无一像样之人才，局势只有一坏到底，决无转机可言，实与此一风气有关，固不能仅责钱先生个人也。专此敬颂大安

弟佛观上　九月十一日

东大明年预定由弟讲"中国思想史"，不知有何资料否？

No.26　一九五五年十二月十一日

君毅吾兄：

久未奉候，积思不已，昨读完《新亚学报》上兄之大著，[1] 将弟向前推进一大步。此文对中国思想之阐述，实表示一新的高峰。今日之东方，仅兄能写此类文章耳。此文中尚有已提到而未专写之二文，望能续写出。关于"事理"一段之分析，能深够密，而不够凸显，一般难了解。望能于出专册时稍加补充，使表达之线条，能稍为粗大一点，便更合理想。此文弟望能印成专册，以求普遍。兄在《祖国》上所发表之有关政治的两文，[2] 弟亦读过，均表现一最言之智慧。惟中国过去谈政治问题，多系站在士大夫之

---

[1] 即唐君毅《论中国哲学思想史中理之六义》，一九五五年八月《新亚学报》第一卷第一期。

[2] 即唐君毅《百年来中国民族之政治意识发展之理则》（《祖国周刊》第十二卷第七期）、《略论与今后建国精神不相应之观念气习》（《祖国周刊》第十二卷第八期）。

立场谈。此一立场，在今日某一方面仍为必要，但最重要的则是站在社会一般人的立场上谈。"民可使由之，不可使知之"，在社会立场上永远会是如此。故在社会立场上谈人权自由，乃最切实际而少流弊者。此点弟曾不断地思量与体认，所得之结论，亦止此而已。

东大开学已月余，其好处便是新，尚无坏习气，而曾校长之人似甚正派。但困难之点亦甚多。一、曾校长有一好的倾向，有许多常识，但实际未学通。独身主义之老人，又流于褊执，与社会之接触又太少。二、经济事务大权，操于一位女会计长（美国人）之手。此人仅中学毕业，在金大由打字员干起，住中国近三十年，未结婚。人是正派的，但专擅而不明大体，结果常在少数无品格而能讲英语者之包围中，不能适应一个大学在事务上的要求。三、重要职员，皆来自外力与教会之支持，多不能教学，而所聘之教员，亦多去理想太远。文、史两系更空虚。四、教徒与非教徒，实际上之界限非常大，随处可以看出。五、董事长与校方并不合作。弟个人所苦者为功课太忙，少自修时间，惟因讲论而可将《朱子语类》细读一遍耳。

钱先生过台时，曾表示愿约弟到新亚，然亦仅随便提提。在弟个人，亦觉此乃一近乎不可能之事（其请宗三兄代课，恐亦非诚意）。盖弟怕惹公私两方面之是非，而出入境亦非易事也。兄如有最近之照片，望能寄弟一张。敬请
大安

弟佛观上　十二月十一日

No.27　一九五五年十二月二十一日

君毅兄：

来示敬悉。读钱先生给程兆熊兄函，谓兄将有台湾之行。弟意台湾有许多朋友，及自由中国政府之所在，兄如能从容来游一次，极好。但如为讲学，则可来可不来，因弟觉机缘尚未成熟。且兄讲演时太出力，实极危险。此次系由何方邀请，盼便示知一二。如定来，则以住民论分社为佳。可以先告行期，以便迎接。临时并托带一衣料来（已另函达凯）。

弟无意到新亚。主要原因，在垂暮之年，不能离开妻子太久。东大要呆，总可以呆下去。然此等学校，呆得太久，则灵性将完全窒息以死，此乃亲身所体验者。弟对时局，不论对任何方面，时皆有一怜悯之念。盖实已至无可奈何之境。此生此世，将不过问政治，此心决之已久，既非愤激，亦非灰心也。中国讲民主自由之智识分子，只讲个人而不承认国家社会，此乃中国智识分子不能站起之明证。然其一部分原因，乃若干人以国家为私产之作法，过于显明与笨拙，实有以激成之。故今日之智识分子，一面不可同流合污，一面又须不因时代逆流的冲激而自己走入另一方面的逆流中去。此乃真正之壁立千仞，所以为不易耳。

专此敬请

大安

弟佛观上　十二月廿一日

兄如有最近较大之照片，望能寄一张送我。

No.28　一九五六年一月二十六日

君毅我兄：

元月廿三日手教顷敬悉。书事前因润孙兄来信，谓已可收回故函，嘱达凯到兄处办理寄台手续，新亚之书既尚未到手，当然以暂时放下为是。

钱先生与胡小姐事，弟过去站在钱先生之利害立场上甚为反对，且曾与钱先生当面谈过。去岁则渐觉在人情上实亦无可奈何（且同情钱先生之生活）。且为避免钱先生对弟之误会亦从不提及。钱先生返港后，台北（社会与政府各方面）谣言盛起，友好间有以函责弟应向钱先生进言者，亦有人来台中与弟研究应如何处置者，并觉得如万不得已，则以正式结婚为较佳。原拟本此意写一信劝钱先生，因恐钱先生误会，信写就后未发。现读兄示，为之叹息。今日人心责人太多，其招致误会，乃必然之事，但愿不致影响到学校之生存发展。如属对事实有补，弟无不勉力以赴。况民论社乃朋友之共同事业，可否即聘请胡小姐为一编辑？但住处无办法，则望兄等差为处理也。敬颂
大安

弟佛观上　元、廿六日

附奉钱先生一函。

No.29　一九五六年二月十二日

君毅我兄：

六日搬家的那一早上，梦见兄在弟之新书房中翻阅架上之书籍，醒后以此告知内人谓恐唐先生害病，及起床时，则知所谓醒后者亦仍在梦中也。中午遂收到兄之来信及玉照，可谓巧合。嫂夫人及侄女身体都极好。兄亦较弟所想象者远为健康，甚以为慰。此间分配之住宅极好，数月结果学生之反映似颇为良好，到新亚事于情于理，弟皆不应推辞。惟此事可顾虑者极多，如政治上之猜疑，尤其是若来新亚，而万一与钱先生不能处好，则对弟系一莫大损失，兆熊兄除其家眷居住问题外，实较弟更适宜，不知兄以为如何？兄在《民论》所刊出之文，已发生深刻之影响。弟读一半多，尚未读完。盖搬家忙乱，情绪尚未安定，日内即当细读矣。此间与社会完全隔绝，有另一种生活趣味也。现正写《中庸的地位问题》一文，[①] 又不知能写成否？敬请
大安

　　　　　　　　　　　　　　　　弟佛观上　二月廿二日

No.30　一九五六年三月三十一日

君毅我兄：

手教奉悉。钱先生之文刊出后，弟曾给彼一信，指出其全系断章取义，说到哪里，乱到哪里，并指出西方无心性之学，心性之学

---

① 此文在一九五六年二月十五日作志，刊于一九五六年三月一日《民主评论》第七卷第五期。

与惟心论中间有一界域，不再为文答辩，以免更伤其感情。将来或写一程、朱论性之文以作间接之答复也。兄函论天道之诚，论天道，与朱元晦之意正合（与钱之意不合）。弟文中亦提出此点，而未加以发挥。兄疑只从内心释天，似不曾承认天德之客观的存在，与《中庸》末段未合。弟意天德必由人德而发现，发现后又成为客观上一最高之以响［向］往而欲与之合德，其关键总在人之自身。弟于此引艺术上之观照以为例。观照乃以客观之态度对客观之自身，然观照之后面，实有一艺术上主动的、创造的精神之跃动，否则亦无真正之观照可言矣。又如"天地位，万物育"一段，天地本无不位，万物本无不育；只因人之感性颠倒，而在各个人心中，始有天地不位、万物不育、怨天尤人之感。个人之性情得其正，创在个人心目中之天地万物，自各得其所。如此，方能有一切实之意义。故《中庸》必由人心向外推，始可得一确实之根据耳。弟义理不熟，此意尚未谈清楚，俟读兄合内外之道后，如有疑问时，再奉正。敬请

大安

弟佛观上　三月卅一日

No.31　一九五六年十二月八日或以后

君毅兄：

本月四日手示敬悉。贱恙靠每日服药维持现状，无进步，亦未恶化。兄谓今日向政府争民主自由之人士，多无可敬之处，[①] 此

---

① 此信乃是唐君毅一九五六年十二月四日函（《书简》页一〇八至一〇九）的回信，唐函云："平心反省在台所见之着重向政府争民主自由之人及此间此类人，仍不能发见其可敬之处。……"此信内容正与之呼应。按当时港台邮递时间大约需要五日，故徐之复此信或在八日或以后。

点弟深知之。惟每一统治集团腐烂以后，一切流于虚伪，一切陷于自私。既无自拔之理，决无超生之望。此时惟有希望能由社会方面发生制衡作用，为国家稍留周旋之余地。否则，结果将一如大陆，依然会和根拔尽也。①

No.32　一九五六年十二月二十七日

君毅我兄：

致宗三兄函已拜读，张函所称他日万一能弄假成真，未始非人类之福，然此乃必无之事也。弟在《民论》八卷一期以"李实"笔名发表反驳毛子水之文，②望兄阅后指示不安之处，自亚方面对《民论》之帮助，闻原则已决定，但迟不实现，不知有方法从旁催促否？

专此敬颂

俪安

弟复观上　十二月廿七日

闻安安学国画，此间近亦请溥心畬教此。

No.33　一九五七年四月十七日

君毅我兄：

奉到三月七日手教后，弟旋赴台北检验身体，故奉复稽迟。

---

① 下缺。
② 即《两篇难懂的文章》，一九五七年一月一日《民主评论》第八卷第一期。

检验后，尚无癌症现象，可以告慰。东大因曾校长向董事会提出期满不再继任之请求，董事会已接受，而学生及政府，均挽留曾公继续留任。曾公现亦应允，但董事会方面情况，现尚不明，此对学校之前途，不无影响。润孙曾随港大参观团来此住宿两晚，彼原有意来此，弟劝其可以不必，现亦作罢。彼对钱先生及丕介均不满。今日知识分子欲求一相忘相安之地，似不复可能矣。弟因去岁祝寿之文，已被开除党籍，在弟甚感心安理得。今后能做一徐氏之子姓，中国之国民，于愿足矣。

一民族的历史文化，乃此民族内各个人精神之所依恃，同时即塑造各个人之生活态度。我国自满清一代以来，读书人多不肯向文化根源处着想，于是中国人早已忘记其本来面目，根本失掉精神之依恃，根本无一正常之生活态度。文化必须在社会生根，必须由社会向各方伸长。政治上之提倡，只能发生一副次的作用。若先存一利用之心，而所行所为，又皆与其文化之口号背道而驰，则此种政治之提倡某种文化，同时即毒害某种文化。故中国文化，在今日实处于一四无搭挂之地位。一部分通洋文者，为欲向美国人骗饭吃，不得不标卖中国文化，而其内心实对中国文化一无所知，则今日西方之汉学家，皆胡说八道，又何足怪。（同意）[1]

君劢先生有信给宗三兄，亦提对中国文化问题共发一宣言事，其用意甚善。然主要关键，在能有一强有力之刊物，及有若干人能埋头做研究工作。毛子水曾有一文答复弟之批评，乃代表台大及历史语言研究所诸人之共同态度，其顽鄙无知，真出人意外，弟亦与以简单之答复。宗三兄昨晚来弟处商量，如何复君劢先生

---

[1] 本信共有四个括弧内的按语，字迹与徐复观的亦有所不同，疑是唐君毅阅信时所加的按语。

之信，弟意此稿不妨由兄起草，经君劢先生商酌后，如仅以英文发表，即可由弟及宗三兄参加，在美发出，即可。此一问题，以兄把握得最清楚、最周到，故以兄动笔为宜，弟仅补充下列数点：

一、自对民族之真实影响言，则中国文化，实由孔、孟、程、朱、陆、王之系统所代表。西方人士，欲由了解中国之文化以了解中国之民族，必向此一方向致力，否则，皆为白费气力。（同意）

二、中国文化，在其演进过程中，实受有长期专制政治之影响。此一影响所给与中国文化发展之干扰及渗透，今日研究中国文化者，□自先加以澄清。然据吾人初步研究之结果，则就政治而言，民主政治，乃中国文化自然之趋归。且民主政治，在中国文化中，可得其新的荣养，新的生命。（甚是）

三、在中国文化中，没有科学的成就。但吾人不能发现中国文化中含有排斥科学之因素，亦不能发现现时科学之结论就推翻中国文化之基本精神。反之，今日世界文化的危机，乃发生于人对其自身之不能了解，因而无法在此一方面，乃有其伟大的世界意义。并且，近六亿人口之大陆，欲由共产暴政下翻身而重新站起，只有中国文化在中国人民之血液中复活（同意），始有其可能。弟身体较好，宗三兄状况亦佳。关于批评维也纳派的东西，望留意！

弟复观上　四月十七日

No.34　一九五七年八月二十一日

君毅吾兄大鉴：

此信到时，吾兄当已抵港，百闻不如一见，此行之意义实相当重大，惟不知尊体何如？嫂夫人在港，弟未能照料，时以为歉。此行当有不少感想，望能抽暇写出，交《民论》发表，以后汇印成册。

关于《文化宣言》事，宗三兄与弟皆赞成兄在旅途中肯写此长文，此乃真出于对文化之责任感。弟拟删去数段，并在文字上有少数之修改。删改之用意，在于凸显出最主要之意思，不使次要者及最易引起争论者影响到所欲讲之中心问题。为节省时间，已照删改者油印十余份，凡经宗三兄同意删去者即未印上；宗三兄不甚同意者，原文及删改者皆印上，以便去取。第九章之前半段，弟初读时，稍嫌文气之间多所委曲，故欲删去。再读，则觉保留亦未尝不可。第十章之第三项，弟意仍以删去为妥，因觉过于刻露也。但一切由兄作最后决定，故将原稿奉上，望读细看一遍，何者应改回，何者仍应保留，兄可径行处理，弟毫无他见。为节省时间，油印稿由宗三兄直寄君迈［劢］先生二份，将来正式之印刷费及邮费，如由张先生在美办理，弟可帮助美金一百元。如在港印发，则全部经费可由弟负责。印时以中、英文并举为宜（如太贵，则分印亦可）。签名人数恐不会多，亦不必多。钱先生处，弟已试探其意见，彼乃大为反对，此自在意中，故兄不必再提。

兄将稿作最后决定后，速与君迈［劢］先生取一联络。中国学艺之复兴，在日本方面之希望大于中国，故印出后，日本学术机关及学人，似可多寄。将来在港之印寄工作，如新亚方面不便办理，可由《民主评论》办理。宗三兄婚事正在成败关头，平日在人情事势上用心太少，与社会生活总不免有若干距离耳。专此敬颂

大安

弟复观敬上　八月廿一日

原稿及油印稿另寄。对此宣言发表后，须准备对各种攻击作答复。

No.35　一九五七年十二月十一日

君毅兄大鉴：

手教敬悉。《文化宣言》事，已函德璋、达凯两君，完全听兄决定。关于《老》、《庄》及《中庸》等先后问题，兄之观点，弟及宗三兄皆不甚同意。兄对"五十而知天命"之解释，与刘宝楠同失之太泛，不能由此而把握住孔子在进德历程中之肯紧关键。弟近讲中国宗教，由敬天思想，以迄禅宗、净土，发现中国文化性格总是要求由外向内收敛之之倾向，由宇宙论转向人性论之倾向，甚为明显。在孔子以前之敬天思想，系由宗教精神（外在的）向人文精神逐渐下降。至诗□□雅时代，此外在的天的观念，已完全坠落，到孔子而人文精神始真正生稳根。孔子系由道德的人文精神上升而重新涵摄宗教精神，重新肯定敬天思想。儒家中之宗教精神，只是由内在的道德精神超越化。孔子之"知天命"，实系由外落实向内，再由内超出之大转捩点。由外向内的落实，至孟子之性善说，始真归根到底。孟子由尽心知性知天，内在而超越之意更显。从思想史的立场看，及文献的立场看，弟目前不能同意兄之看法也。

敬请

大安

弟复观上　十二月十一日

No.36　一九五八年一月一日

君毅我兄：

手教奉悉。《宣言》印出来甚好，[1]但仍应将君劢先生之名放在前面，因彼属前辈也。但已安排好，亦无所谓。在台北看到钱先生，谓决将院事让由兄负责，并嘱弟从旁促成。新亚情形，弟不甚清楚，无意见可说。惟若万一此责任落在兄之身上，则兄若干太理想之想法，弟认必须稍加修正。中国传统知识分子，缺少事业精神。所谓事业精神者，即在能适应客观之基本要求而讲求实际之办法，求得实际之效率是也。私立学校，应以企业精神，逐步求取经济基础之建立。此在香港，未始绝无可能（现时在港之大陆学生渐少，故收学费为重大事项，不应太宽）。与外人合作，似亦应求进一步之办法。左右学校者为教授，教授之阵容健全，一切无顾虑矣。至钱先生是否真欲摆脱，摆脱后，新亚是否有一笔款项供彼夫妇二人出国之资，弟皆无从悬度也。敬请
双安

弟复观敬上　五八、元月元旦

No.37　一九五八年六月二日

君毅吾兄大鉴：

久未奉候，不知尊体如何？校事一切皆顺畅否？承寄赠之《文

---

① 《为中国文化敬告世界人士宣言》，一九五八年一月一日《民主评论》第九卷第一期。

化意识与道德理性》四册，[①] 除弟及宗三兄各一册，更以兄意赠吴代校长一册，送中文系学生萧欣义一册。此生系本省人，将来在思想上或有成就也。此间碌碌，乏善可陈。此半年弟新开《史记》一书，深感埋没者几近二千年，实应重新发掘。自刘知几、章学诚以下，皆不足以知此书也。下年中文系新增聘鲁实先及陈拱两先生，又刘君述先亦延请为宗三兄人文学科之助。今日请人，真非易事。去岁添聘之人，证明并不成功。弟极欲摆脱中文系之务，恐尚须继续一年耳。《民主评论》不知下年度能否继续出版？专此敬颂

俪安

弟复观敬上　六月二日

胡适之先生对《文化宣言》非常注意，曾多次提到，但未表示赞成或反对，大约以反对之意为多耳。

No.38　一九五八年八月十五日

君毅我兄：

久未奉候，深为想念。教会学校实际系有一文化殖民主义在其中，弟看破此点后，精神即深感不安，故将系主任辞去，此事实对学生不起，因为有几个好学生，实因弟及宗三兄而始转入中文系，学生闻弟辞去系务，有的哭了，有的要转出去，正力加安慰中。

---

① 唐氏此书是在一九五八年由香港友联出版社分两册出版。

《民论》存在的惟一理由，即是想在文化中为中国人讲几句话，闻国民党方面，已将一点津贴停掉，那也只好算了。惟年来大家精神渐渐分散，弟想在《民论》未关门以前，我们几个人仍集中力量，为中国文化多写几篇文章，使此一刊物能全始全中［终］，最好分别各方面写，不知兄以为何如？

　　敬请

俪安

弟复观敬上　八月十五日

　　弟意，望兄对宋明理学，仍多写成几篇（针对现实人生、社会写）启蒙性的文章，弟正看西方文艺理论方面的东西，预备把中国的文学重新讲，但仍恐系玩物丧志。

No.39　一九五八年十一月二十日

君毅兄：

　　手教及教会摘要译稿均奉到，比即由宗三兄转担任翻译之陈君作参考，并催其早日完成，完成后自以兄设法寄美国某哲学刊物发表为宜，不仅省钱，且影响较大也。由兄手写成《哲学概论》，[①] 有益青年不少，但望在文字上多加修润，弟尝想，若能将受有严密规定之长句改造成二三个短句，将对初学有许多便利。宗三兄月来每周去台北一次，可能元旦结婚，月来面光红润，因此而与其生命力以新的刺激，则在学问上或亦将随之有一新的发展。

---

① 唐氏此书是在一九六一年三月由孟氏教育基金会、大学教科书编辑委员会出版。

兄若通信时，望以此意属之。弟见其常陪小姐购买衣物，喜气洋溢，亦觉友朋添几许生意矣。专此敬颂

俪安

弟复观上　十一月廿日

熊先生有信息否？

小姐赵姓，曾在师大充职员，颇温柔，有风致，正合宗三兄脾胃也。

No.40　一九五八年十二月九日

君毅我兄大鉴：

昨日胡适之先生到东海大学，当吴校长茶会招待时，他告诉我"今天早上在农学院讲中国文化，对学生说，中国文化没有价值，不要听徐复观、牟宗三两顽固派的话"云云。他越说越起劲，接着说："包小脚的文化，是什么文化？你们讲中国文化，只是被政治的反动分子所利用。儒家对中国影响，不过千分之一，有什么值得讲？宋明新儒学，完全是佛教的化身，乌烟瘴气，你们还守住它。我忍了十年，现在要讲话了。……"弟当答以"胡先生不懂什么东西可称为文化？包小脚是从儒家思想中出来的，还是从道家思想中出来的？反动分子还把官给胡先生做，但并未给我们做。文化问题，不能用数目字表示，即使是千分之一，为什么不能讲？《水经注》值得几分之几？你知不知道宋明理学主要是从佛教影响中翻出来？你在什么地方看到我们以佛教解释中国先秦的文化？你现在遇着的对手，不是几个英文字母可以吓倒的，

他要追查英文字母里面有些什么，愿意接受胡先生的挑战"等等。今天晚上，遇见昨天听到胡先生讲演的几位朋友，才知道胡昨天指出姓名来骂的一共是五人，除弟与宗三外，还有张君劢、钱宾四两先生及兄。不是骂的"顽固"，而是骂的"不懂中国文化"。[①]此公之语无伦次，全无心肝，一至如此，真出人意外，大概以后还有一套花头出来。当然，胡有胡的苦心。既不敢明目张胆以高唱自由民主来维持自己的地位，又不能拿出学问来维持自己的地位，只好回到打倒孔家店的老路上去维持自己的地位。但这恐怕也很难达到他的愿望。

敬请

大安

弟复观上　十二月九日

此信望转宾四先生及润孙兄一阅。

No.41　一九五九年一月十六日

君毅兄：

寄来之《景风》已收到。弟之印象，则外国人较中国人为好。弟又想到今日所最缺乏者为《中国哲学思想史》一书，兄虽已写了不少的文章，但不若再综合成此一书之更切合社会需要也。

顷得郑君德璋来信，谓彼三月即赴美，因此《民论》即发生下列各问题：（一）与自亚之关系问题。（二）《民论》阵容，本极

---

① 胡、徐冲突之事还可参考胡颂平《胡适之先生年谱长编》。

单弱，郑去，仅金君一人，如何撑持对外之门面？（三）金君不懂英文，此在办刊物上亦一大困难。故无论如何，望兄费神分身，找郑、金两君一商善后办法。弟意兄可否暂兼总编辑名义，而物色一通英文而可靠之学生帮金君之忙（要无政治色彩的）。俟下年度看情形决定，或请丕介再兼总编。总之，此事必须兄分神处理，否则实无办法也，并望回信。宗三兄已于上月廿九日结婚，一切情形均极好。敬请

俪安

弟复观上　元月十六日

No.42　一九五九年一月三十日

君毅兄：

元月廿七日手教奉悉。《人生》上不成格调之文章太多，而贯之喜作宣传，故合作等说法，弟皆不赞成。郑德璋君来信以陆某名义，推荐孙君国栋，孙君如懂英文，则先兼编辑，亦未尝不可。总之，此事亦不必太急，但求慢慢解决。自亚新来之副代表（尚未到港）白克文博士，原在东大任教，必不得已时，物色一港籍之东大毕业生，亦未尝不可，但亦非易事也。昨闻吴德耀校长谈美国某大学某教授（忘其名），近来一位谓闻《文化宣言》之中有两教授在东大。如确系如此，即拟前来晤谈，已复信请其前来，大约两周后可到。宗三兄婚后，精神畅旺，新夫人注意甚周，宗三兄从此可多领略若干人生周折滋味矣。敬请

大安

弟复观上　元月卅日

No.43　一九五九年三月二日

君毅兄：

前示敬悉，弟下年或有机会做一年研究工作，并非休假。钱先生此次来台，[①] 弟曾去信热烈欢迎，并极望能见一面。但彼乃规避不愿见面，大约因兄说过想约我到新亚教书一年之故。《文化宣言》译稿，日内由宗三兄航寄，望兄详细过目，再加改定后，交人打三份（打字费由《民论》出）。一由兄寄美国哲学刊物发表，一寄君劢先生，一存兄处作底稿。如在刊物上不能刊出，则仍由民论社印行。

兄既已费了这大的力，总望能多发生一点影响。自胡适回来后，近来台北学术风气，更是不像话，连大陆都不如。整个人的地位都动摇了。弟因《文学杂志》的编者夏济安先生曾说我们不了解文学，所以对社会之影响不大，所以我便想在文学这一方面写几篇文章。最近为《东海学报》写一篇《〈文心雕龙〉的文体论》，[②] 长三万余字，百千年来谈中国传统文学者，恐尚以此文为第一篇。此文出，不仅《文心雕龙》成为能读之书，且对研究中国文学批评史者提供一新的基础。此类文章，写二三篇后，转回到思想史方面做点工作。近看到施友忠先生，此人似不及陈世骧之恳笃，其研究尚不出常识范围也。专此敬颂
大安

　　　　　　　　　　　　　　　　　　弟复观上　三月二日

---

① 钱穆是在一九五九年一月二十三日由港赴台，参加东亚学术研究计划会会议及作学术演讲，二月十九日返港（参《新亚生活双周刊》第一卷第十七期，页三）。
② 此文刊于一九五九年六月《东海学报》第一卷第一期，页四五至九五。

No.44　一九五九年四月十七日

君毅、宗三两兄：

四月十二日宗三兄来示敬悉（顷收耳）。弟意，以为人与人之间，极难互相了解，弟岂有据《民论》为己有，而必自行编辑之意？所以提议停刊者，一因刊物自身之不死不活，一因经费之困难。而主要原因，则因过去有关之朋友，皆因各有前途事业，此一刊物之使命，应即告一段落。若兄等愿分力支持，使其能延续下去，弟岂有不赞成之理？日前接学生自美来信，在美国各有名大学之图书馆中，皆定有《民论》及《民论》之合订本，即此一端，亦非易事。惟兄如愿支持下去，则应由经费情形之支配，及文稿之安排等等，必须进一步多负点责任。对香港、台湾两方面关系之维持，必须多费一番气力。凡此，皆弟在今日所无能为力者。去岁君毅兄提出幼伟先生主编之问题，以办刊物而论，幼伟先生实较宗三兄更为适宜（弟对幼伟实甚钦佩）。弟当时所以不甚同意者，金达凯以弟之故，在港孤苦零丁，幸得君毅兄特加照拂。去岁暑假中，幼伟欲去金而用一与《民论》毫无关系之人，此对金实不甚公道。至丕介兄提出经费问题，弟不知《民论》经费，果有何问题？弟虽不在港，然对经费之开支情形，决不相信有弊端。此点今望两兄应时加清查以杜他人之口。至晓峰与《民论》之关系：《民论》原布四千元之津贴。有一次张岳军先生正式向民主评论社来一公函，谓今后有二千元之津贴，已与张其昀部长量定，由张部长在教育部内支付。然《民论》除收到由钱先生转来之美金一千元外，在弟记忆中，并未接到任何款项，而《民论》此后即不断发生经费问题。凡此一切经过，将来结束时，弟必须完全公诸于世也。总之，两兄既愿继续维持，望（一）找达凯、石垒两人详细一谈，重新振作，并对经费等等，详加指示。（二）望加强社会关系，及文章内容，并望幼伟先生多出力。弟决不至无出息到不信任朋友而要以刊物自私。此点，两兄都不能相信，真使弟抱愧。

此外，今日接一青年来信，意思很诚恳。后面提到君毅兄的问题，最好望君毅兄抽出时间作一答复。此答复，似可在《民论》上公开发表。因提此类疑问者，今日正不少，弟不断接到此类来信，但来信中以此一学生为较好。君毅兄如无时间答复，则望将信退回弟处，由弟答复。在君毅兄恳切答复之文中，即可对当前一般青年与以提示，似甚有意义。

敬颂

大安

弟复观上　四月十七日

附谢国连来信。

弟近来常易疲劳，每日工作之时间，大为减少。

No.45　一九六○年二月二十二日

君毅兄：

前示敬悉。弟三月底赴日，约住三个月。返台后尚须准备上课，故不能来港。大学中自有中文系以来，由中文系起而掌握全校学生之精神领导。此定为过去教会学校所无，恐亦为北大、清华、中大所未见。群小起而反对（他们不能为中国文化而办学校），亦势所必然。而弟之性情燥急，亦非自处之道，然教书尚无问题。新亚今后亦将日趋复杂。宾四先生过去曾数函称儒家精神不足以处人处事，必出之以法家与道家。新增人物中，亦皆系非一路数耳。但弟因五年来而得一信心，即中国文化，若得一机会向青年讲述，仍可发生重大影响，但不能出之以三家村语耳。

专此敬颂

大安

弟复观上　二月廿二日

No.46　一九六一年二月十日

君毅我兄：

来示敬悉。民论社之稿件，仍由幼伟兄作最后安排与决定。弟对在台之稿，其太无聊者，不得不先予淘汰，以省邮费。弟意在今日讲中国学问，必须有法度；若太无法度，则无益反损。故弟年来对介绍新思想（即西方）者，尺度甚宽；对谈中国旧学问者，则尺度稍严，以免三家村学究之讥。其实，中国古典只要平心操气钻进去，值得说的话太多。弟此次写至荀子，[1] 即发现清代考据家，除王念孙外，对字句之解释亦多不可靠。而《道经》"人心之危，道心之微"二语，与伪《尚书》此二语之含义迥然不同，乃二千年来竟无一人看出，则知在古典方面所应做之事正多也，

----

[1] 此即《荀子经验主义的人性论——中国人性论史之五》，一九六一年一月十六日《民主评论》第十二卷第二期，页二至一二。是篇征引王先谦《荀子集解》颇多。

但不能出之以讨便宜之心耳。

东大的情形，有的是外人想象不到的。本年度的一期中文系学生毕业后（明年暑期毕业），后来者更无好学生，所以我现在非常想来香港。我可以为中文系和史学系（能开史学系之专书，如《史记》、《史通》之类，但不能开通史或断代史。弟年来对《史记》有新发现，为过去人所不了解者）开许多课，并且严格地说，现时读中国书的人，很少能真正讲文学。弟年来，亦已将此门闯开，能进新亚更好，但恐钱先生不愿意。香港其他学校能插足，亦未尝不可也（望兄为留意）。专此敬颂

俪安

弟复观上　二月十日

No.47　一九六一年十月四日

君毅我兄：

弟上月仓卒离台北，及未到机场送行，为之怅惘不已。来示加一短按语后，交《民论》刊出以当传观，安侄不知已到台大否？如已来台大，可嘱其常来敝舍，其零用钱亦不须由港拨汇，弟目前经济情形，并不佶窘，万不必客气也。尊著体大思精，而文字亦较过去者为整□。宗三兄之文字（将由刘述先君写一文，弟有暇时亦将写一文），三年来，亦大为精彩，可知进德修业不已，自可旁通四达耳。宗三兄九月廿八日来示已收到，如喜欢上次所买之茶叶，以后可随时寄上，并不麻烦。《民论》之经济情形，已函答达凯随时向兄陈明。每期之第一篇文章，仍望由宗三兄指示，不可全靠达凯、石垒两君决定，并望石垒君能多向宗三兄处联系

也。居浩然近有一篇文章骂弟，说弟毫无学问如何如何（只是捧洋人，泛骂，说弟是义和团，只怪同人太无学问），其实弟何尝说自己有学问乎？敬请

大安

宗三兄统此

弟复观敬上　十月四日

圣诞节沈刚□发表之演说，不知兄看到否？弟于双十节将在《征信新闻》上有一文，[①]稍加教训。任何人不愿孤立，然有时亦无可奈何也。

No.48　一九六二年一月五日

君毅、幼伟、宗三诸兄大鉴：

顷接达凯来信，谓自亚对《民论》之帮助，须得与新亚取得联系，钱先生去岁曾表示不过问《民论》事，不知现时态度如何云云。弟觉此事钱先生如愿帮忙更好，如不愿帮忙，便即作罢论，万不可勉强也。过去弟为新亚事，请得总统允与帮助，旋为晓峰所阻。弟乃设法由经国出面，请钱先生赴台讲学，与总统有见面之机会，得以延新亚之命脉于不坠。在新亚经济困难时，《民论》常与以周转，其中有三千港币，并未请求偿还。弟对钱先生个人及新亚，可谓尽力无微不至。及论学差池，然在大体上亦无不予以维护。若钱先生如此小气，《民论》事听其关门可耳。年来弟从

---

① 即《中国历史运命的挫折》，一九六一年十月十日《征信新闻报》。

不以势利眼看待人，亦不受人势利眼之看待也。专此敬颂

大安

弟复观上　元月五日

No.49　一九六二年二月二十日

君毅我兄：

尊作昨晚已读完，至为感动，似可单印成一小册。弟在此教书，已知学校当局，亦到某种压力。此诚出人意外，然亦未尝不在意中。弟已正式函《华侨日报》，将其津贴辞掉。万一书不能教，尚有一房出租，自己再租一小房，生活仍可支持下去。凡此，皆此一时代之所应有义。惟弟若不正式脱离《民主评论》之关系，则顺此趋势，必将《民主评论》随之拖垮，实可不必。故望兄与钱先生一商，港方望能有一位朋友多尽义务。弟今后不再阅稿，并正式登一脱离之启事。关于稿费之批定，已函德璋，请其今后自行决定，不再经弟手。在此情形下，弟能再沉潜读书，未始非塞翁之失马也。专此敬请

双安

弟佛观上　二月二十日

No.50　一九六二年三月二十六日

君毅兄：

来示敬悉。《民主评论》只须钱先生出名向张厉生先生讲一讲，即可维持现状，惟不必易觅主编，更不可因此而变为张晓峰之刊

物，否则宁可关门也。

　　钱先生文，弟读后深所不解，曾寄彼一函提出四点与之商讨，并请其勿怀疑观写文之动机，今后当不再写文答复。关于《中庸》之年代问题，弟开始亦以为战国末期作品。经反复寻绎后，又觉汉人之说为可信。宋王柏仅疑其讲诚明之部分。日人伊藤仁斋，疑《中庸》第一章为《乐经》之错简，武内义雄在其《〈易〉与〈中庸〉之研究》中曾引述之。然武内义雄本人则以此章乃儒家道德之根源，不认其为《乐经》错简。据武内之意见，由第二章（照朱子分章）至"哀公问政"之"其人亡则其政息"为止，为《中庸》之本书，出于子思之手；第一章及第二十章谈"五达道"以下之全部，为《中庸》本书之发展，出于秦始皇时代子思学派之手。其立论仍系折衷性质。关于伊藤仁斋谓儒家前期思想中无以"未发"言"中"者，弟曾以此问熊先生，熊先生谓："《左氏传》刘康公谓，民禀天地之中以生，所谓命也。此系内在之中乎？抑外在之中乎？"又弟意汉儒受荀子影响实大于孟子，因荀子在先秦为儒家殿军也。若《中庸》之意想成于战国末期，则不应此一派之思想（子思、孟子）在两汉略无影响。两汉人最喜言"中"，但几乎无以"未发"言中者。《中庸》思想，主要为道德之内在化。最低限度，若非在荀子之前，此一思想因受荀子思想之遮断，则汉人不应完全驰向外面去也。总之，正如兄所言，此等处不太重要，故保留之可耳。兄太忙，不必回信。敬请
大安

弟佛观上　三月廿六日

No.51　一九六二年七月十五日

君毅我兄大鉴：

拙文承教示，甚感。弟当写此文时，兄之观念，亦曾加以考虑。然所以在时间上断定其在孟、荀之前者：（一）从文献上言，《中庸》原系两篇。就两篇之内容与文体上研究，其间实有一发展，不能谓其成于一人、一时。若皆在孟、荀之后，则下篇最早亦将成篇于秦汉之际，不由阴阳以言天道，不由心以言性情者，殆不能发现其例。（二）道家、儒家，由向内沉潜，转而向上超拔者，实以孟、庄为顶点。孟、庄以后，儒、道两家之思想趋向，一为道家向儒家之浸透，一为向内沉潜之意味特少，不由道德中透出性命之一贯，转由阴阳以建立性命之关键，因此而皆流于较浅。故弟以孟子为儒家之终教，以庄子为道家之终教。在孟、庄以后之思想，实逐渐向外胶着，向下堕退，无成立"终教"之形迹。（三）兄以诚为圣贤工夫之极致处，固是。然若不将诚之工夫，归结于诚之实体性之上（自诚明之诚，此诚即系实体性的，或称之为本体），则诚之自身，实亦有许多层次。《大学》诚意之诚，并不与《中庸》之诚，在同一层次。《管子》"实也，诚也，厚也，施也，度也，恕也，谓之心术"的诚，亦与《中庸》之诚，不在同一层次。《中庸》之诚，可以涵盖一切；《大学》及《吕览》、《管子》上所说之诚，并不能涵盖一切，否则便不会出以分疏并列之方式。弟不赞成拉平的说法。（四）兄将道德之理想性与真实化，分为两阶段，而谓"孔、墨皆未以成为教"，"孟、荀亦只偶及之"，此无果于说孔、孟所言之道德，"皆在兴发道德性之理想与心志，而未必皆落实而全幅真实化"，至秦汉之际，始重言立，"使一切道德理想皆真实化"。此既不合于历史事实，且在理路上毛病太大。儒家思想之最大特性，即在理想性与真实化之不可分，因而处处皆是理想，处处即通过工夫以使其真实化。此真实化，不必用一诚字表达之。《论语》、《孟子》两书，随处可以证明此点。若就工夫言，则主忠信及存养、扩充与诚，固无以异也。（五）兄以立诚之教，为终教之意，此乃受周莲［濂］溪《通书》之影响。《通书》之思想实驳杂（在两年以前，弟之看法不如此），如谓"诚，五常之本，百行之源也"，诚与五常，如何可以分本末？又谓"果而确，无难焉，故曰，一日克己复礼，天下归仁焉"，是仁即是诚，亦见其不能分本末也。大约周子系"诚"字解作形而上的本体，与"无极而太极"同位。明道便不如此，《识仁篇》"学者当先识仁。义礼知信，皆仁也。识得此理，以诚敬存之而已"。故在儒家言仁是始教，亦是终教。在五常之上，去安放一个诚，以为终极，《通书》以外无有也。《中庸》之言诚，若由弟作解释，只是仁之全体实现。弟之看法，先秦思想之发展，是由天命─性─心。此以孟、庄为顶点。战国末期多言心，但少由心以上通于天命，故《荀子》"圣人不求知天"。《大学》之自身亦不言天命。秦及秦汉之际，乃又以阴阳言性命。以上不知兄以为何如也？

闻安仁今年可补入香港大学，若如此，弟以为住港尤较适宜。弟半年来曾赴台北，故亦未去看安仁，深以为歉。

敬颂

大安

弟复观敬上　七月十五日

No.52　一九六二年七月十六日

君毅我兄：

今早寄陈一函计达。兹更补充如下：

弟年来治学，常感推翻传统之说法，极不容易。乾、嘉以下之考据家，因浮浅不实，故轻于疑古，以致造成传统文化的混乱。弟决非有意维持传统说法，但对今人所提出之新说，稍一用力，立可发现其虚浮不实，如弟答复屈万里者，即其一例。《中庸》出于子思，首见于《孔丛子》及《史记》。《孔丛子》虽伪书，然亦出自汉初与孔家有关者之手；而《史记》之根据，吾人虽不得而知，然就《史记》一书之体例而言，知其必有根据。《孔丛子》及《史记》之记载，本皆可以推翻。然必提出强有力之反证，提出之反证不能成立，则除承认传统之说法外，实无他途。且兄以《中庸》下篇成篇于孟、荀之后，但荀子已及见李斯之仕秦；若有人继承荀子之后取其书之偶言及诚者，发展而为《中庸》下篇之诚之哲学，此必在秦统一天下之后。由秦统一天下之后，至两戴编纂《礼记》之时，才数十年耳，即对司马迁而言，此乃近代之作品，似不足以蒙混其耳目也。《管子》、《晏子》，皆非出于管、晏本人，且《管子》中杂著有两汉之篇章；然两书皆与管、晏有密切之关系，且皆系成书于战国时代，则无可疑，故史公即认其为二人之著作；若二书全系秦汉人所依托，史公不致归之于二人也。又著书如有体要。诚之观念，既经提出，则后人当可转用，《荀子》"养心莫善于诚"，即系转用《管子》者，《荀子》、《管子》、《庄子》外篇、《吕览》、《淮南子》，虽皆提及诚之观念，然就各书之全体而论，皆非其体要所在。故不可因此而遂断定诚为战国末年之共同终教也。此等处望兄细思之，并将两信转宗三兄一阅是幸。

专此敬颂

大安

弟复观上　七月十六日

No.53　一九六六年七月二十六日

君毅吾兄大鉴：

前得达凯君来信，知兄已赴美医治眼疾。今日得宗三兄来教，欣悉已治愈返港。长期静养，为完全恢复之必需条件，望兄一切以身体为重。弟一切如恒，惟已入老境，时有顾影待尽之感。内人肝病复发，正治疗中，想不久可以复原也。

专此敬颂

双安

弟复观敬上　六六、七月廿六日

君毅我兄：

昨匆上一函，竟忘将后页装入信封之内，罪甚。敬补上。

弟复观敬启

No.54　一九六六年八月二十六日

君毅我兄：

八月廿六日来示敬悉。成不成皆无大关系，不成时，亦乞不以此介意。但为弟向士选先生特别表示感谢之忱。弟近写《公孙龙子讲疏》一书，①到今天为止，才把《指物》篇的"指"彻底弄清楚了，今后或成为可读书。专此敬颂

双安

弟复观上　八月廿六日

弟虽反对共产党，但内心深处觉得它们假使为国家走出另外一条路出来，则我纵在此路上被它们消灭，亦未尝不引作一种安慰。但现在看它们实在是语言道断的疯狂者，国家目前无任何前途，所以近来心情的沉重为过去数年所未有。

No.55　一九六六年九月二十六日

君毅我兄：

来示敬悉。前在台北，看到任国荣兄，他说您全不知养病之道，不会爱护自己，非常为您着急；不是着急您的病，他说"那没有什么"，着急您"为人太多"，不知如何照顾自己。所以，我不愿您拿笔向我写信！

弟对两汉思想史有一构想，但须再过两年才能动笔。弟来讲此课时，预定把它铺开来讲，而不专讲少数人，在少数人中，将加入扬雄。此外都可以应付，功课多少皆无问题。兄勿以为念。敬颂

---

① 此书在一九六六年十二月由东海大学出版社初版，而其中《释〈公孙龙子·指物论〉之"指"》刊于一九六六年十月一日《出版月刊》第二卷第五期。

大安

弟复观上　九月廿六日

养病第一要心境宁静，第二要绝对遵守医生的意见和规定。

No.56　一九六六年十一月三日

君毅兄大鉴：

手教奉悉。又劳兄费一番气力，至感不安。弟当按时来港（请示知最早与最迟之时间）。此间出入境手续已办妥。入港手续，前曾函请士选先生请其代缴手续费港币三十元，托由中国旅行社代办，并即烦兄及士选先生为担保人，不知此一方面办妥否？便中乞向士选先生一提。课程方面，兄前函谓开"两汉思想史"及"荀子"，另须开何课？望早日示知，以便清带资料。弟为生活情调上之自由，决不愿借住兄宅。（弟将托他人找一住处，兄万勿费心。）至由兄赠机票事，更不成话说。若如此，则弟断无来港之理，此事兄不可再提。弟恶夫在台读书人，皆抱讨饭吃之心理出国，而最近看到贵校某系之刊物，又深感在学术上存心诈骗之风到处流行，实亦无学可讲，故偶与士选言及，此亦见涵养之不足。人生亦何尝不应为友谊而稍自贬屈乎？刊物上见安仁侄所填词甚好，望进一步多把握中国文学中之若干基本观念。此于学比较文学时多必要也。敬颂

大安

弟复观上　十一月三日

No.57　一九六六年十一月十二日

君毅兄大鉴：

十一月十日手教奉悉。弟决于明年一月底来港（假定入境证无问题，上月已向港方申请），住兄所租住宅，但决不敢接受兄赠飞机票，此点望兄勿坚持。诊病须争取时间，赴日签证手续办妥后，即迅速成行，万不可迁延时日。计兄自返港时，弟尚未返台，可以从容谈集。弟在港朋友不少，故兄先赴日，毫无顾虑也。内人不十分赞成弟来港，故其本人更无法前来也。

专此敬颂

俪安

弟复观上　六六、十一、十二

No.58　一九六六年十一月三十日

君毅兄大鉴：

十一月廿八日手教敬悉。前日晤平冈武夫教授，亦谈及兄赴京都治病事。据称京大有一权威眼科医师为兄治疗之责。不仅看书写字用脑，可使治疗归于无效，即说话亦牵动神经，对眼发生影响。兄此之赴日必下大决心、大耐心，一意静养，应接受此数月未能操养之教训。

弟定元月底来香港。如住兄寓，平时开支（兄出房租），当然由弟负责。此种必须有之分际，望兄及嫂夫人与以尊重。人事方面，尽可放心。日昨接到重规寄来数文，比即回一信。弟始终认为钱先生有功于香港文化，并常以其情形勉励学生。但彼不愿来往，弟亦不敢麻烦也。虞君质如不找客人之麻烦，客人断无向主人找麻烦之理。总之，弟系因兄之故，而到港短期教学，除教学外，决不过问他事，一切望兄放心可也。专此

敬颂

俪安

弟复观上　六六、十一、卅

No.59　一九六七年三月二十九日

君毅兄大鉴：

许久未向您写信，因为怕干扰您的休养。此信烦嫂夫人念给您听后，千万不要回信。回信对弟毫无益处，只增加内心之不安耳。

四年级之课，仍以应付考试为主，大约可以在预定期内讲完。惟讲的内容，不必与兄意完全相符。研究所之课，弟改为讨论方式，用意一在养成自动思考之习惯，二在养成找资料、整理资料之习惯。（研究中国哲学而不用力于资料，便不易得客观之承认，且亦不易精密。）第一次以《程明道行状》为中心。第二次则为程明道之《识仁篇》与朱子《仁说》之比较研究。第三次为二程之性命思想。因弟领导无方，恐不易达到目的，但既无关考试，自亦无所谓好坏也。

叶龙情形，完全如兄以前所提示，且刘百闵等在外，又说若干不负责任的话。彼在弟前力求表现，弟即让其表现，使彼自知实在无可表现而后已。盖欲其明了并未受到先生之压抑，而其无以自立，实由其自身之浮薄杂乱。如能由此而激其潜心向学，固

亦兄曲成万物而不遗之心。否则，彼亦无话可说。彼谓写信向兄谢罪，弟告以必须出于痛切之情。

来港前及来港后，曾托刘百闵及程兆熊两先生请示钱先生，愿否见面，钱答以不愿见面。如此，亦彼此心安理得。

来此后，经常找弟者为牟润孙先生。彼一身病痛，对学问、对家庭、对团体、对朋友，皆有问题。弟在人事方面，欲稍尽弥缝之责。在治学做人方面，亦常于谐笑中不断加以规劝。然积习太深，恐徒负此番往复耳。

弟来港后为减少麻烦，故不主动看任何人。唯一例外者，曾主动去看过燕归来女士。看后心中惨然不乐，"男有分，女有归"，此一聪明女子，弟不知其何所归也。（此悲剧时代中之人生悲剧。）

香港在文化地理上甚为重要（来此后始了解），然在殖民主义的金钱诱惑之下，能卓然自立者，未见一二人，故弟原意欲拉弟刘君述先来帮忙，使哲学系有承续之力。幼伟谓彼一二年内退休，届时可刘君前来，此事望兄能留意。一月以来，忙于做衣服。一家九口（包括儿、媳、孙儿等），对香港之最大愿望，即在弟能为各人添置衣服。此事约十天后大体可告一段落，实则此批衣服，皆兄嫂所赠送也。金妈不仅忠诚，而且非常能干，常能为弟出主意，无不恰当。花花极有灵性，月来以主人视弟，极尽忠顺之能事。（惜吃饭太多，故太肥，影响其生命。）

来此后，曾患轻感冒两周，闹轻肠胃病约一周，余均顽健。在可能范围内，当然希望早日返台，使精神完全恢复平静。在与金妈谈天中，知兄平日治学及对人，过分认真，今后望稍加放任。现时养病，尤应有耐心，勿多说话，更不可勉强用视力。专此敬颂

俪安

No.60　一九六七年六月四日

君毅兄大鉴：

月来目疾当已有进步，时在念虑中。新亚课早已结束，有关试卷，亦于日前评阅完毕。梁桂珍之论文，曾过目一遍，并略加指点，梁生甚用功，稍有思路，惟表达之能力不强。蔡海云之论文，前日送来，正过目中，其文字较梁生为佳。此两生大约可以通过。廖钜林所提出之论文，弟实无能为力。且事先幼伟并未说明原由。兄所指导之论文，改由弟负责，则弟实难主动对各生加以帮助。港大研究所今年有三论文请弟评阅，已阅完一篇，其程度较新亚诸生略胜。总之，到本月二十日左右，弟对新亚所应尽责任，可告一段落，故月底即返台湾。

叶龙昨日来找弟，欲弟为其向兄说情。而语言之间，颇带胁迫（非对弟），弟当告以短期作客，不便多事，且"像你这种态度，全无师生之分，即使我能帮忙，亦不肯帮忙"，遂不欢而散。此事弟当转告郑、李诸君留心。且兄万不必为此事呕气。新亚最大之失败在中文系，其次，兄在人情上之包袱太重，结果使自己动弹不得。

香港局势，今后再不能安全，然亦不致于短期内完全破灭。中国全般局势，必由大陆自身解大陆之问题，决不能由海外之力量解决问题。毛、林一垮，中国即可露出曙光，渐渐恢复常态，弟意毛、林、江三人集团，终必彻底垮掉也。专此敬颂

双安

并谢半年照拂之厚意

弟复观上　六七、六、四

No.61　一九六七年六月十三日

君毅兄大鉴：

因港大研究生口试关系，弟改于七月一日下午离港。兄返港经台时，望先示知经台时间（问清台北时间），以便弟到机场一晤。惟不赞成在台北住一两天，致妨碍休养。香港局势，在一年后即难说，故恐尚有在台聚首之机会。兄返港后，似应办一入台证，以备万一之用。许多人皆如此做。

弟对本届哲学研究生，原只给以仅可及格之分数。后见他人所给分数甚宽，故又改给梁桂珍、蔡康平（此人不用功）各八十五分，蔡海云（不用功）八十分；幼伟给廖钜林（少读书时间）六十分。如此，可一榜及第矣。研究学问，顷在感情函融之下做研究生，如何能有成就？重规先生们，对学问常以诈欺之术行之，真不能了解（此一小集团皆如此）。专此敬颂

俪安

弟复观敬上　六月十三日夜

No.62　一九六七年七月五日

君毅兄大鉴：

弟于七月一日下午七时四十分返抵台北，次日即返台中。在

九龙期间，睡眠总觉不安稳，以为系年老所致。返东海后，则每睡皆憩𤸷[熟]，始知山中寂静之可贵也。离港前三日，曾往访候刘百闵先生，将叶龙情形转告，意欲其今后不必再讲不负责任之闲话，以致徒滋纷扰。乃彼谓教书人应对青年有同情心，并谓彼甚同情叶龙云云。弟当告以同情青年，必以治学做人之基本态度相勖勉，否则只是属害青年。百闵面赤良久，亦无话可说。

港九局势，暂时无危险，但今后恐再无安定繁荣之日，不可作退步打算。

金妈对老伯母之供养，未尝一日懈怠。即此一端，亦可见其妇德之美也。专此敬颂

俪安

弟复观敬上　七月五日

No.63　一九六七年八月十六日

君毅兄大鉴：

八月十四日手教顷奉到。此信到时，计已安抵九龙。新寓所气象较好，或对健康多有好处也。惟对人对事对学，均应放下一段时间。宗三兄转新亚，对兄当有所帮助，故仍应以休养为主。弟日前在台北看丕介、幼伟，丕介病已有进步，幼伟之手术甚成功。故兄来台治眼疾，似有把握。弟自本年度起一连三年，少开两门课（分由宗三兄之学生周文杰、蔡仁厚代课），在研究上有若干方便。殷君海光得胃癌手术后，渐复原。惟医生谓其寿命不超过一年。弟曾赠医药费三千元。月初彼来弟处小住四日，对中国文化及国家民族之态度已大转变（对现实政治之态度与弟近半年

之看法极接近），对其近著《中国文化之展望》亦不满意，彼叹息谓"中国文化之价值，至垂老时始能接触到"。言下意甚诚恳。弟问其转变之由，谓因阅读文化人类学之故。哈佛请他去做研究工作，尚未拿到出境证。专此敬颂

大安

嫂夫人统此（并问候金妈，金妈应劝其打针）

弟复观上　六七、八、十六

此信望与宗三兄一阅，因正欲写一信也。

No.64　一九六七年九月二十四日

君毅兄大鉴：

弟日前陪弟{妇}赴台北检查身体（现在台大医院继续检查，因其肝藏［脏］有某种嫌疑也），晤及刘百闵先生，知兄已兼研究所长，至慰。弟意望研究诸君，首次选择有关键性之题目，须顷作文献文字上之细密考察，应参考近代人考证之文，但须做追根究柢之清查工作。又其次，始做综贯条理之工作。今日言考证者，皆无头脑之人，愈考证，愈混乱，新亚亦在所不免也。近因拙著《中国思想史论集》须再版，乃重看一遍，发现自己在思想与证据之把握上，犯有不少错误，将于再版序中一一指出。去年出版之《中国艺术精神》，亦将于最近再版。

由港返台后，写成《石涛〈画语录〉中的"一画"问题》一长文，约三万余字。此文不仅澄清百十年来中外人士有关此一问题之混乱（此文解决了三百年来无人能懂的一件公案），且亦为《中国

艺术精神》之总结。今日惟弟能写此种文章。不知《新亚学报》或《年刊》能刊用否？如能刊用，即寄上。望速回一信。敬颂

俪安

弟复观上　九月廿四日

No.65　一九七七年三月四日

君毅兄大鉴：

尊驾赴台后，念之不已。小儿武军现在新竹联合工业研究所任副所长，彼于旧历二十九日携眷来港过□节，谓于行前潘振球先生以电话通知，兄需要该所研制之一种中药（本为治蛇毒，该实验室负责人之父亲患骨癌，西医束手，不得已服此药，竟愈），始知兄在台医病。返台后赴医院省候，则兄已出院。不知兄现是否服该所之药？此间报上曾有一新闻，谓"癌并无毒，而纯系一种心理恶化过程"。据此新理论，则兄当不久可完全康复也。弟常想到庄子的"忘"与"外"的意味，望在养病中亲加体验为幸。敬颂

春厘

嫂夫人统此

弟复观上　七七、三、四

No.66　一九七七年七月三日

君毅兄大鉴：

弟二十四日到三藩市，杜维明、王靖献（来自西雅图）、翟

志成兄弟皆在机场接机，当即赴伯克来旅社。二十五日杜维明以散□招待与会诸人，见到冈田武彦、陈荣捷及余英时诸人，与观谈话时，皆前后问兄健康情形（郭少棠尤其如此），英时亦流露出真诚之关切，开会中联名问兄致候，想早已收到。会中诸人，皆对兄表示真诚之敬慕。墨子克［刻］著有一书，为兄设一书专章。冈田在诸人前亦提及译弟之《艺术精神》事。会中讨论范围虽极广泛，但无形中以对戴震之评价为中心。弟坦率指出，由戴震以通中国文化，乃属不幸，弟曾数次发言，似已发生相当影响。最后英时向弟谓"听先生之讲话，与看先生之文章，有不同的感受，许多美国朋友都受到感动"。弟第一次发言后，冈田亦特为兴奋，因彼与荣捷及 De Bary 诸人，皆对戴作过高之评价。De Bary 将弟之发言与其天主教义相印证，亦觉弟所言之孔、孟、程、朱，实深有意义。七月一日，开完会后，二日即来到小儿帅军处，不日前赴纽泽西大女处。由感冒引起之咳嗽，迄未痊愈。望兄多加调摄。弟行踪望便中转告致华为幸。敬颂

大安

弟复观上　七七、七、三早

镜神